yh 3508

Paris
1870

Schiller, Frederich von

Théatre

Tome 2

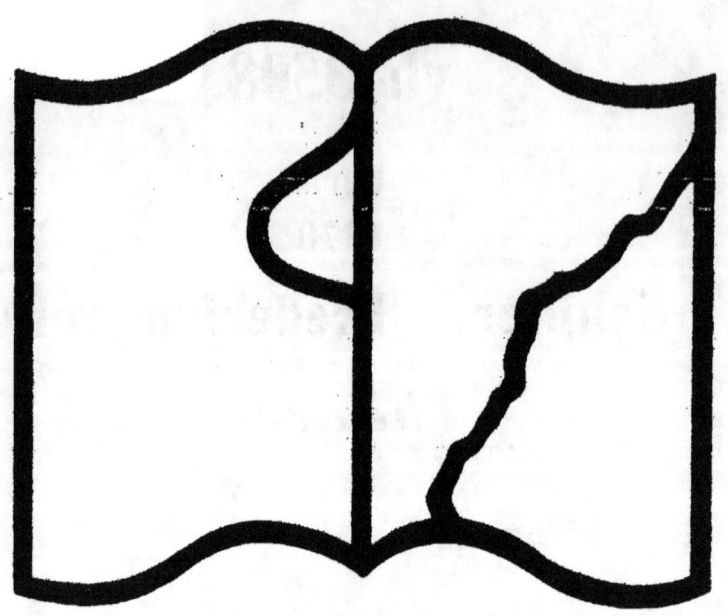

**Symbole applicable
pour tout, ou partie
des documents microfilmés**

Texte détérioré — reliure défectueuse

NF Z 43-120-11

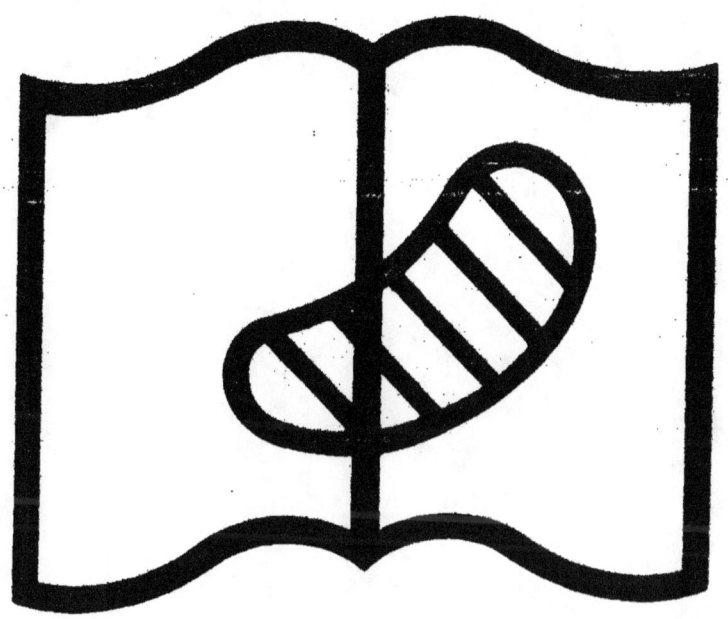

**Symbole applicable
pour tout, ou partie
des documents microfilmés**

Original illisible

NF Z 43-120-10

SCHILLER

Tous droits réservés

STRASBOURG, IMPRIMERIE DE VEUVE BERGER-LEVRAULT

SCHILLER

(THÉATRE EN VERS)

TRADUIT EN VERS FRANÇAIS

PAR

THÉODORE BRAUN

PRÉSIDENT DU CONSISTOIRE SUPÉRIEUR ET DU DIRECTOIRE DE L'ÉGLISE
DE LA CONFESSION D'AUGSBOURG
MEMBRE DU CONSEIL IMPÉRIAL DE L'INSTRUCTION PUBLIQUE
ANCIEN CONSEILLER A LA COUR IMPÉRIALE DE COLMAR, ETC.

TOME II

LE CAMP DE WALLENSTEIN. LES PICCOLOMINI.
LA MORT DE WALLENSTEIN.

PARIS

VEUVE BERGER-LEVRAULT & FILS, LIBRAIRES-ÉDITEURS

5, rue des Beaux-Arts

MÊME MAISON A STRASBOURG

1870

WALLENSTEIN.

PREMIÈRE PARTIE.

LE CAMP DE WALLENSTEIN.

PERSONNAGES.

Un Maréchal des logis } d'un régiment des carabiniers de Terzky.
Un Trompette
Un Canonnier.
Des Tirailleurs.
Deux Chasseurs a cheval du régiment de Holk.
Des Dragons du régiment de Buttler.
Des Arquebusiers du régiment de Tiefenbach.
Un Cuirassier d'un régiment wallon.
Un Cuirassier d'un régiment lombard.
Des Croates.
Des Hulans.
Une Recrue.
Un Bourgeois.
Un Paysan.
Son Fils.
Un Capucin.
Un Maître d'école de soldats.
Une Cantinière.
Sa Servante.
Des Enfants de troupe.
Des Musiciens.

La scène est devant la ville de Pilsen en Bohême.

LE
CAMP DE WALLENSTEIN.

SCÈNE PREMIÈRE.

Des tentes de cantinières. Par devant, une boutique de fripier et de mercerie. Des soldats de toute couleur et de tout uniforme sont rassemblés. Toutes les tables sont occupées. Des Croates et des Hulans font la cuisine devant un brasier. Une cantinière verse du vin. Des enfants de troupe jouent aux dés sur un tambour. On chante dans une tente.

LE PAYSAN ET SON FILS.

LE FILS.

Il nous en ira mal, mon père,
Avec tous ces soldats. Tenons-nous en arrière:
Ils sont trop insolents ces camarades-là.
Heureux si nous pouvons sauver notre peau!

LE PAYSAN.
Bah!
Quand ils auraient la main un peu brutale,
Ils ne nous mangeront pas, va!...
— Tiens! des frais débarqués. Du Main et de la Saale,
Ils rapportent butin, objets rares. — Tout ça,
Si nous y mettons quelque adresse,
Dans nos mains vite aura passé:
Un capitaine, auquel un autre avait percé
Le flanc d'un coup d'estoc, en mourant m'a laissé
Une paire de dés de la meilleure espèce.

Je vais essayer leur vertu.
Seulement, prends un air bien piteux, entends-tu ?
Ils sont bons compagnons ; à la tête un peu folle ;
Écoutant volontiers quiconque les cajole ;
Un jour beaucoup d'argent et le lendemain rien.
　　　A pleins boisseaux ils prennent notre bien ;
　　　Par cuillerée il faut qu'on le rattrape.
　　　　　Ces gaillards-là dru ça vous tape,
Mais nous avons la ruse et sommes plus fins qu'eux.
　　　　　(Chants et cris de joie dans la tente.)
　　　S'en donnent-ils là dedans ! Justes cieux !
C'est sur le paysan que tout cela retombe !
Voilà près de neuf mois que toute cette trombe
Chez nous s'est abattue. Ils se sont établis
　　　　　Dans nos étables, dans nos lits.
On ne tirerait plus de la contrée entière
Pied ni patte ; à tel point que la faim, la misère
　　　Vont nous forcer à nous ronger les os.
Le Saxon ne nous a pas causé pires maux.
Et pourtant cela prend le nom d'Impériaux !...

　　　　　LE FILS.
　　　En voilà deux venant de la cuisine :
D'oiseaux bons à plumer ils n'ont guère la mine.

　　　　　LE PAYSAN.
Ils sont de la Bohème, et tous les deux, ici,
Dans les carabiniers commandés par Terzky.
　　　　Ces hommes-là, dans la contrée,
　　　De longue date ont leurs cantonnements,
Et de tous les bandits dont elle est pressurée
　　　　Ce sont les pires garnements.

Ils se donnent des airs; ils portent haut la tête;
Ils sont trop grands seigneurs pour qu'aucun se permette
Avec le paysan de boire quelque peu...
— Mais j'aperçois, à gauche, assis autour d'un feu,
    Trois tirailleurs; — Tyroliens, je pense. —
Viens! allons les trouver: ils aiment la bombance,
    Ne sont point bavards à demi,
Ont la tenue exacte et le goussot garni.

(Ils vont vers les tentes.)

SCÈNE II.

LES PRÉCÉDENTS, LE MARÉCHAL DES LOGIS,
LE TROMPETTE, UN HULAN.

LE TROMPETTE.

Que veut ce paysan? Allons! décampe, drôle!

LE PAYSAN.

Mes bons messieurs, nous avons faim:
Quelque chose à manger, de grâce! Un coup de vin!
    Nous n'avons pris, sur ma parole,
    Rien de chaud depuis ce matin.

LE TROMPETTE.

Ça veut toujours manger et boire.

LE HULAN, tenant un verre :

Tu n'as pas déjeuné? Prends, chien! bois!

(Il le mène vers la tente; les autres s'avancent sur le devant de la scène.)

LE MARÉCHAL DES LOGIS, au trompette :

Vas-tu croire

Qu'aujourd'hui, sans motifs, on double notre prêt,
Et qu'on doive y trouver pour unique intérêt
Que chacun dans la joie et l'abondance vive ?

LE TROMPETTE.

Je croyais... la duchesse avec sa fille arrive.

LE MARÉCHAL DES LOGIS.

C'est la couleur qu'on donne à l'affaire, ceci.
Ces troupes qu'on entasse ici,
On veut que nous sachions les enjôler, mon brave ;
Qu'elles aient, tout d'abord, bons morceaux, bonne cave ;
Que tout leur soit contentement :
Pourquoi ? Pour les unir à nous plus fortement.

LE TROMPETTE.

Il se trame encor quelque chose.

LE MARÉCHAL DES LOGIS.

Ces généraux, ces chefs que l'on a rassemblés...

LE TROMPETTE.

De ce rassemblement je suspecte la cause.

LE MARÉCHAL DES LOGIS.

En si grand nombre ici...

LE TROMPETTE.

N'y sont pas appelés
Pour n'avoir autre chose à faire
Qu'à s'ennuyer. La chose est claire.

LE MARÉCHAL DES LOGIS.

Et puis, tous ces chuchotements,
Ces messages, reçus, lancés à tous moments...

SCÈNE II.

LE TROMPETTE.

Je vois tout ça : comme vous je reluque.

LE MARÉCHAL DES LOGIS.

Enfin, cette vieille perruque,
Que Vienne nous détache et qu'on voit circuler
Depuis hier dans le camp; qui prend soin d'étaler
Sa chaîne d'or de chambellan; je gage
Que tout cela pour nous est le présage
D'un grave événement.

LE TROMPETTE.

Encor quelque limier!
Vous verrez : c'est le duc que l'on vient épier.

LE MARÉCHAL DES LOGIS.

Vois-tu bien qu'ils n'ont plus en nous de confiance?
Ils ont peur, chez Friedland, de quelque manigance;
Ils trouvent que trop haut il se plaît à voler,
Et le voudraient, de là, faire dégringoler.

LE TROMPETTE.

Nous le maintiendrons, nous! — Que mon avis, le vôtre,
N'est-il celui de tous les régiments!

LE MARÉCHAL DES LOGIS.

Le nôtre
Et les quatre autres corps par Terzky commandés,
— Le beau-frère du duc, — sont les plus décidés,
Et dévoués comme un seul homme.
C'est Friedland qui nous a tous formés; seul il nomme
Nos chefs, et chaque cavalier
De corps et d'âme est à lui.

SCÈNE III.

Les précédents; UN CROATE, tenant un collier; UN TIRAILLEUR le suit.

LE TIRAILLEUR.

Ce collier,
Où l'as-tu pris, Croate? Je l'achète.
Que ferais-tu d'un objet de toilette?
Pour toi deux pistolets seront un lot meilleur :
Échangeons!

LE CROATE.

Oh! non, tirailleur;
Tu me mettrais dedans, je le parie.

LE TIRAILLEUR.

Eh bien! encor ce bonnet bleu;
Un gain par moi fait à la loterie :
Il est superbe : vois un peu!

LE CROATE, faisant briller le collier au soleil :

Rien que grenat et perle fine;
Regarde : au soleil, quelle mine!

LE TIRAILLEUR, prend le collier :

Ma gourde par dessus!
(Il le regarde.)
Je tiens à ce collier
Pour l'éclat seulement dont je le vois briller.

LE TROMPETTE.

Enfonce-t-il le Croate! — Au trompette
Moitié-part, tirailleur, et sa bouche est muette.

LE CROATE, qui a mis le bonnet :
Vraiment, ton bonnet me plaît fort.

LE TIRAILLEUR, faisant un signe au trompette :
Marché fait! Ces messieurs sont témoins de l'accord.

SCÈNE IV.

LES PRÉCÉDENTS; LE CANONNIER.

LE CANONNIER, allant au maréchal des logis :
Eh bien! carabinier, croyez-vous qu'on nous laisse
Ici longtemps encore à nous chauffer les mains,
Tandis que l'ennemi court déjà les chemins?

LE MARÉCHAL DES LOGIS.
Monsieur le canonnier, quelle rage vous presse?
Les chemins! On ne peut pas encore y passer.

LE CANONNIER.
Je ne vous dis pas ça pour ma propre personne;
Je suis très-bien ici; mais on vient d'annoncer
Que voilà l'ennemi maître de Ratisbonne.

LE TROMPETTE.
   A cheval nous allons monter,
Si la nouvelle est vraie.

LE MARÉCHAL DES LOGIS.
      Ah bien oui! Pour porter
Secours au Bavarois? Pour défendre ses terres?
L'ennemi déclaré du prince? Ce n'est guères
Le cas de s'échauffer pour lui.

LE CANONNIER.

C'est votre avis?...
Que ne savez-vous pas, maréchal des logis!

SCÈNE V.

LES PRÉCÉDENTS; LES DEUX CHASSEURS A CHEVAL, puis, successivement, LA CANTINIÈRE, DES ENFANTS DE TROUPE, LE MAITRE D'ÉCOLE, LA SERVANTE.

PREMIER CHASSEUR.

Tiens! tiens! Nous rencontrons joyeuse compagnie!

LE TROMPETTE.

Quels sont ces habits verts? La vue est réjouie
A les voir; l'uniforme est coquet, engageant.

LE MARÉCHAL DES LOGIS.

Ils sont chasseurs de Holk. — De leurs tresses d'argent
Aux foires de Leipzig ils ne font pas emplette.

LA CANTINIÈRE, apportant du vin :

Soyez les bienvenus, messieurs; je vous souhaite
Bien le bonjour!

PREMIER CHASSEUR.

Eh! Tonnerre de Dieu!
La Justine de Blasewitz!

LA CANTINIÈRE.

Un peu!
Et vous, beau fils, — je ne me trompe guère, —
Vous êtes d'Itzehœ; vous êtes le grand Pierre;

C'est vous qui dans Glückstadt avez si lestement,
En une nuit, aidé de notre régiment,
Fricassé les jaunets de monsieur votre père.

PREMIER CHASSEUR.
Laissant pour le mousquet la plume du comptoir.

LA CANTINIÈRE.
Nous sommes donc de vieilles connaissances...

PREMIER CHASSEUR.
Qui devions ici nous revoir.

LA CANTINIÈRE.
Tantôt ici, tantôt ailleurs, selon les chances
  De la guerre. — Un rude balai!
Qui d'un endroit à l'autre à nous chasser se plaît.
  J'en ai vu du pays, compère!

PREMIER CHASSEUR.
Oh! je vous crois. Ça se voit, cantinière!

LA CANTINIÈRE.
  J'ai monté jusqu'à Témeswar
  Avec les chariots de bagage
Quand nous donnions la chasse à Mansfeld. J'ai pris part
Au siège de Stralsund. J'étais sur le rivage
  Campée avec Friedland; mais, là,
  Tout mon commerce au diable s'en alla.
Mantoue est en danger, à son secours on vole:
Je pars; et Féria nous en ramenait, quand
  Je fais un crochet jusqu'à Gand,
  Avec une troupe espagnole.
En Bohème, à présent, je m'en vais essayer

Si ces messieurs, enfin, daigneront me payer.
A ravoir mon argent, le prince, j'imagine,
M'aidera bien un peu. — C'est là qu'est ma cantine.

PREMIER CHASSEUR.
Et vous avez belle chance, Justine :
Vous tenez sous la main, par un heureux hasard,
Tous vos débiteurs en retard.
— Dites-moi, qu'avez-vous su faire
De l'Écossais avec lequel, ma chère,
On vous voyait courir le monde ?

LA CANTINIÈRE.
Ah ! le gredin !
M'a-t-il trompée ! — Un beau matin
Il est parti, les poches pleines
De l'argent qu'à gagner j'avais eu tant de peines !
Il ne m'a rien laissé que ce polisson-là.

UN ENFANT DE TROUPE, accourant :
Chère maman, parles-tu de papa ?

PREMIER CHASSEUR.
Bah ! C'est à l'empereur d'entretenir cela :
De l'armée il faut bien renouveler les rôles.

LE MAITRE D'ÉCOLE, entrant :
A l'école à présent ! Marchez, mes jeunes drôles !
(Il sort, emmenant les enfants de troupe.)

PREMIER CHASSEUR.
Ça craint aussi les murs étroits, évidemment.

LA SERVANTE, qui arrive :
Tante, ils veulent partir.

SCÈNE V.

LA CANTINIÈRE.

       Bien, bien! dans un moment.

PREMIER CHASSEUR.

Ah! le joli minois! Quelle est cette petite?

LA CANTINIÈRE.

La fille de ma sœur. — En Empire elle habite.

PREMIER CHASSEUR.

Donc, une chère nièce?

       (La cantinière sort.)

SECOND CHASSEUR, arrêtant la servante :

       Eh! la belle! un instant!
Restez auprès de nous!

LA SERVANTE.

       J'ai du monde; on m'attend.

       (Elle se dégage et sort.)

PREMIER CHASSEUR.

Ce n'est pas là morceau que l'on rebute !
Et la tante! Tonnerre! A plus d'une dispute,
Chez nous, il a mené ce joli masque-là!
    — Le monde est fait comme cela :
En connaît-on des gens! Que vite le temps passe!
Que de choses à voir encore si je vis!

       (Au maréchal des logis et au trompette :)

A vos santés, messieurs! et qu'il nous soit permis
    A vos côtés de prendre place.

SCÈNE VI.

**LES DEUX CHASSEURS; LE MARÉCHAL DES LOGIS;
LE TROMPETTE.**

LE MARÉCHAL DES LOGIS.

Très-volontiers, messieurs, et de l'honneur merci !
Serrons les rangs ! — Soyez les bienvenus ici !

PREMIER CHASSEUR.

Vous êtes installés en pays de Cocagne !
Quand vous vous gobergiez, nous, nous faisions cam-
                                  pagne,
Et, ma foi ! mal à l'aise.

LE TROMPETTE.

                    A vous voir tous les deux,
On ne le dirait pas : vous êtes somptueux !

LE MARÉCHAL DES LOGIS.

        Sur la Saale et dans la Misnie,
Votre troupe n'est pas précisément bénie.

DEUXIÈME CHASSEUR.

        Laissez donc ! Que dites-vous là ?
Les Croates ont fait bien pire que cela !
Nous n'avions qu'à glaner après eux.

LE TROMPETTE.

                        Vos dentelles
Me semblent cependant être diablement belles.
Quel collet ! Parlez-moi de ces chausses de peau !
Vous portez linge fin et plumes au chapeau !
Tout cela fait merveille. Ah ! quels gaillards vous êtes !
    Pour vous toujours ces aubaines sont faites;
    Jamais pour nous !

LE MARÉCHAL DES LOGIS.

    Mais il est consolant
De se dire : L'on est régiment de Friedland.
Nous réclamons honneur et respect de tout autre.

PREMIER CHASSEUR.

 Ce n'est pas faire un compliment au nôtre.
Ce nom, il est par nous tout aussi bien porté.

LE MARÉCHAL DES LOGIS.

Oui, votre régiment dans la masse est compté.

PREMIER CHASSEUR.

 Vous n'êtes pas de race à part, je pense?
 L'habit, voilà toute la différence,
  Et je suis au mieux dans le mien.

LE MARÉCHAL DES LOGIS.

  Tenez, chasseur, je vous plains bien :
Avec le paysan vous passez votre vie.
 Mais le bon ton, la bonne compagnie,
 Ça ne s'apprend qu'autour du général.

PREMIER CHASSEUR.

A cette école-là vous profitez fort mal :
  Il se peut qu'à le voir on sache
  La façon dont il tousse et crache,
  Mais son génie et son esprit
Jamais à la parade on ne les découvrit.

DEUXIÈME CHASSEUR.

Eh! tonnerre de Dieu! demandez qui nous sommes :
Partout on vous dira qu'on appelle nos hommes
Les terribles chasseurs de Friedland. Croyez-vous

Qu'à ce nom-là nous fassions honte, nous ?
Que la contrée où l'on nous jette
Soit ennemie ou non, dès que nous paraissons,
A travers champs nous nous lançons,
Foulant aux pieds semailles et moissons.
Du régiment de Holk on connaît la trompette !
Notre troupe est en tous endroits,
Ici, là, près, loin, à la fois,
Et tombe, impétueuse, au déluge pareille,
Ou semblable au feu qui détruit,
Au milieu d'une sombre nuit,
Une maison où personne ne veille.
Songer à se défendre, à fuir ? illusion !
D'ordre, de discipline, il n'est plus question.
La jeune fille en vain, — la guerre est inhumaine, —
Dans nos bras nerveux se démène.
Allez demander aux pays
Où nous avons passé, — ce que je vous en dis
N'est pas de la forfanterie, —
A Bayreuth, en Voigtland; allez en Westphalie !
Les arrière-petits-enfants,
Pendant des cent et des cent ans,
Y rediront, dans leurs légendes,
Tous les hauts faits de Holk et de ses bandes !

LE MARÉCHAL DES LOGIS.

Allons donc ! Tapage et fracas
Font-ils le bon soldat ? Non pas !
Ce qui le fait, c'est l'exercice,
L'intelligence du service,
C'est le coup d'œil, l'esprit, l'habileté.

PREMIER CHASSEUR.

Et moi, je dis que c'est la liberté.
    — Je suis bien bon, en vérité,
De réfuter des sornettes semblables.
N'ai-je envoyé l'étude à tous les diables
    Que pour retrouver dans un camp
    Et la corvée et la galère,
Les murs étroits, la pesante atmosphère
    De mon comptoir de trafiquant?
Je prétends vivre à gogo; ne rien faire;
    Voir autre chose tous les jours;
    Du temps gaîment suivre le cours,
Sans regarder devant moi ni derrière.
A l'empereur si j'ai vendu ma peau,
C'est pour qu'aucun souci ne trouble mon cerveau.
Dites-moi d'affronter le feu de la mitraille,
    Les flots du Rhin; n'importe quoi! Qu'il faille
N'en revenir qu'un seul homme sur trois,
Vous ne m'y verrez pas regarder à deux fois.
    Mais voilà tout. De grâce, pas d'entrave!

LE MARÉCHAL DES LOGIS.

Si vous ne voulez pas davantage, mon brave,
Sous l'habit de soldat vous devez le trouver.

PREMIER CHASSEUR.

Quelles vexations, quels tourments ce Gustave,
Ce bourreau suédois, nous faisait éprouver!
    Il avait fait de son camp une église :
    A la diane, ordre qu'on dise
La prière en commun; le soir, même refrain;

Et qu'il nous vît le moins du monde en train,
Pan! un sermon : il venait nous le faire
Du haut de son cheval, qui lui servait de chaire.

LE MARÉCHAL DES LOGIS.

C'était un homme craignant Dieu.

PREMIER CHASSEUR.

Et contre les femmes quel feu!
Il ne vous en passait aucune :
A l'autel! aussitôt qu'on en approchait une.
Je n'y pouvais tenir, et je décampai.

LE MARÉCHAL DES LOGIS.

Bon!
Mais depuis, tout, là-bas, a bien changé, dit-on.

PREMIER CHASSEUR.

J'arrivai chez la Ligue au galop de ma bête;
A prendre Magdebourg son armée était prête.
Là, tout allait de bien autre façon :
Le vin, le jeu, des femmes à foison!
On s'en donnait de la belle manière.
A commander Tilly se connaissait :
Pour lui seul il était sévère;
Au soldat beaucoup il passait,
Et pourvu qu'il n'eût point à payer, sa devise
Était : « Vivre et laisser chacun vivre à sa guise. »
Mais son bonheur bientôt l'abandonna.
Depuis la funeste bataille
Où le sort, à Leipzig, contre nous se tourna,
Nous n'avons plus fait rien qui vaille.

Pour nous, depuis, sur aucun seuil,
Porte ouverte et joyeux accueil:
L'armée était de partout repoussée,
Et le respect pour elle était chose passée.
Enfin, dans les Saxons je m'enrôlai, certain
Que, là, pour mon bonheur m'attendait le destin.

LE MARÉCHAL DES LOGIS.

Et vous vîntes à point pour piller la Bohème.

PREMIER CHASSEUR.

Je me trouvai fort mal de ce nouveau système:
A notre discipline aucun écart permis;
Aucune liberté d'agir en ennemis;
Des garnisons dans chaque forteresse
De l'empereur; des compliments sans cesse,
Et toute sorte d'embarras.
La guerre? au sérieux on ne la prenait pas.
Nous allions en poules-mouillées;
On redoutait de voir les affaires brouillées
Avec qui que ce fût. Ni gloire ni profit
Pour moi, par conséquent. J'allais, dans mon dépit,
Regagner mon comptoir. Tout à coup j'entends dire
Que le prince recrute, et je me fais inscrire.

LE MARÉCHAL DES LOGIS.

Combien de temps pensez-vous nous rester?

PREMIER CHASSEUR.

Ah çà! vous voulez plaisanter?
Tant que pour chef nous aurons cette tête,
Du diable si je vais à d'autres! Pas si bête!

Dites-moi donc où le soldat
Signerait un meilleur contrat?
La guerre suit ici sa marche accoutumée;
Chacun n'y taille qu'en plein drap.
L'esprit qui vit dans cette armée
La parcourt en souffle puissant;
Le dernier cavalier lui-même le ressent.
Aussi, ne vais-je point la tête basse;
Je marche hardiment par-dessus les bourgeois,
Comme sur les princes je vois
Que le général en chef passe.
A l'ancien temps ici l'on est resté,
Où le sabre tranchait toute difficulté.
Nulle faute qu'on ne pardonne,
Sinon de résister à l'ordre qu'on vous donne:
Pas défendu? permis! Aucune question
Pour apprendre quelle est votre religion.
Il est deux points seulement à connaître:
L'intérêt de l'armée et ce qui ne peut l'être.
Mon devoir est envers le drapeau; tout est là!

LE MARÉCHAL DES LOGIS.

Chasseur, vous me plaisez! C'est s'exprimer, cela,
En soldat de Friedland.

PREMIER CHASSEUR.

Et, je vous le demande,
Trouvez-vous que le prince en délégué commande?
Se dit-il: mon pouvoir me vient de l'empereur?
Par ma foi! le servir ne lui tient guère à cœur.
Que lui doit l'empereur? Quand sa grande puissance
A-t-elle du pays assuré la défense?

Quand s'en est-il montré le protecteur?
Il veut fonder l'Empire militaire,
Incendier, bouleverser la terre ;
Il veut tout se permettre et tout s'assujettir.

LE TROMPETTE.

Ces mots de votre bouche osent-ils bien sortir !

PREMIER CHASSEUR.

J'ose dire ce que je pense ;
Le général nous en donne licence :
Il dit que la parole est libre.

LE MARÉCHAL DES LOGIS.

Cet avis,
En ma présence il l'a plus d'une fois émis :
Que la parole est libre et l'action muette,
L'obéissance aveugle. Je répète
Les mots qu'il employait.

PREMIER CHASSEUR.

Que ce les soit ou non,
L'essentiel est qu'il avait raison.

DEUXIÈME CHASSEUR.

Jamais le destin de la guerre
Ne l'a trahi.
A d'autres il est plus sévère :
Voyez Tilly
Survivant à toute sa gloire.
Mais je suis sûr de la victoire
Sous la bannière de Friedland.
La fortune? il a le talent

De l'attirer; il l'ensorcèle:
Elle doit lui rester fidèle.
Du pouvoir qui lui prête appui
Ses soldats sentent, comme lui,
L'influence surnaturelle;
Car Friedland, c'est un fait connu de l'univers,
Tient à sa solde un Esprit des enfers.

LE MARÉCHAL DES LOGIS.

Oui, le diable avec lui travaille.
Il est invulnérable, et ça se voit;
Car, à Lützen, — Dieu sait quelle bataille! —
Notre homme, à travers la mitraille,
Allait et venait de sangfroid.
Les balles trouaient sa coiffure,
Et son collet, et sa chaussure,
Les traces s'en voyaient partout;
Mais sur sa peau? bah! rien du tout;
Pas la plus mince égratignure;
Un onguent infernal le protégeait.

PREMIER CHASSEUR.

Cela
Doit-il faire crier miracle? On sait qu'il a
Un col en peau d'élan; or, dans cette peau-là,
Les balles n'entrent point, en fût-elle criblée.

LE MARÉCHAL DES LOGIS.

Du tout! c'est un onguent fait d'herbe ensorcelée,
Que l'on met cuire et mijoter,
En ayant soin de répéter,
De temps en temps, des paroles magiques.

SCÈNE VII.

LE TROMPETTE.

Voilà de suspectes pratiques !

LE MARÉCHAL DES LOGIS.

Dans les astres, dit-on, il cherche l'avenir ;
Il voit les faits prochains et les lointaines choses !
Je sais bien mieux à quoi là-dessus s'en tenir :
    Je sais qu'à travers portes closes,
    Un petit homme gris, la nuit,
    Auprès du prince s'introduit.
Les gardes, bien souvent, lui crièrent : Qui vive ?
    Et chaque fois que le bonhomme arrive,
    C'est le signal d'un grand événement.

DEUXIÈME CHASSEUR.

Il a donné son âme au diable, évidemment ;
C'est pourquoi nous menons aussi joyeuse vie.

SCÈNE VII.

LES PRÉCÉDENTS ; LA RECRUE, LE BOURGEOIS,
UN DRAGON.

LA RECRUE, *sortant de la tente, un casque sur la tête et une bouteille de vin à la main.*

Saluez pour moi père, oncles et compagnie !
    Soldat je suis ; je ne reviendrai pas.

PREMIER CHASSEUR.

Un nouveau venu !

LE BOURGEOIS.

    Franz ! tu t'en repentiras.

LA RECRUE, chantant :
    Fifres et tambours,
    Musique de guerre !
    En rôdant toujours,
    Parcourir la terre,
    A cheval monté,
    D'une ardeur guerrière
    Au loin emporté,
    Le sabre au côté ;
    Libre dans l'espace,
    Gai comme pinson
    Qui, d'arbre en buisson,
    Leste et léger passe,
    Quand il va volant,
    Dans l'air, la lumière !
    Hourra ! de Friedland
    Je suis la bannière !

DEUXIÈME CHASSEUR.
Tenez ! ce garçon-là me paraît un bon drille.
(Ils le saluent.)

LE BOURGEOIS.
Laissez-le ! C'est le fils d'une honnête famille.

PREMIER CHASSEUR.
Et nous ? est-ce que vous pensez
Que dans la rue on nous ait ramassés ?

LE BOURGEOIS.
Il a du bien ; je vous l'atteste :
Tâtez un peu l'étoffe de sa veste.

SCÈNE VII.

LE TROMPETTE.

Celle qui fait le plus d'honneur
Est la veste qu'on porte en servant l'empereur.

LE BOURGEOIS.

Son père fait de la bonneterie ;
Il en aura sa petite industrie....

DEUXIÈME CHASSEUR.

C'est dans sa volonté que l'homme a son bonheur !

LE BOURGEOIS.

De sa grand'mère un fond de mercerie....

PREMIER CHASSEUR.

Marchand d'allumettes ! Fi donc !
De ce métier-là voudrait-on ?

LE BOURGEOIS.

Un cabaret de sa marraine,
Et de bons vins la cave pleine.

LE TROMPETTE.

Eh bien ! ces vins, il les boira !...
Camarade, l'on t'aidera !

DEUXIÈME CHASSEUR, à la recrue :

Couchons sous même tente.

LE BOURGEOIS.

Et puis, sa fiancée,
Que dans les pleurs il a laissée ?

PREMIER CHASSEUR.

C'est prouver que notre homme a l'âme cuirassée.

LE BOURGEOIS.

Sa grand'mère, bien sûr, de chagrin en mourra.

DEUXIÈME CHASSEUR.

Tant mieux ! plus tôt il en héritera.

LE MARÉCHAL DES LOGIS s'avance gravement et pose la main sur le casque de la recrue :

Croyez-moi, vous prenez un parti très-louable ;
Voilà l'homme nouveau sur le vieux homme enté.
    Le casque au front et l'épée au côté,
Vous entrez dans le sein d'une classe honorable.
A l'esprit distingué formez-vous à présent.

PREMIER CHASSEUR.

Camarade, surtout n'épargnez pas l'argent !

LE MARÉCHAL DES LOGIS.

    La Fortune sur son navire,
    Jeune homme, va vous emporter :
Du monde à vos regards le voile se déchire.
Qui ne hasarde rien, sur rien ne doit compter.
    Du bourgeois l'inepte routine
    Dans le même cercle piétine,
Comme un cheval au manége attelé.
Mais à quoi le soldat n'est-il pas appelé ?
    N'est-il pas vrai que, par toute la terre,
    Le seul mot d'ordre aujourd'hui c'est : La guerre ?
Tenez ! il se pourrait qu'un jour de mon habit
    Un sceptre d'empereur sortît.
Sachez-le bien : au monde il n'est pas de puissance
    Qui ne doive au bâton naissance.
    Qu'est donc le sceptre aux mains d'un prince ? C'est

Un bâton. Rien que ça. Tout le monde le sait.
Une fois caporal, plus rien ne vous arrête :
Vous montez les degrés pour arriver au faîte,
Et le fameux bâton, pour chacun, est au bout.

PREMIER CHASSEUR.

Pourvu qu'on sache écrire et lire, voilà tout.

LE MARÉCHAL DES LOGIS.

Je vais vous en donner la preuve tout de suite ;
Elle s'est récemment devant mes yeux produite :
Le chef de nos dragons, Buttler, voici trente ans
Que tous deux nous étions soldats, et, dans ce temps,
Sur le Rhin, vers Cologne. A présent, on le nomme
Monsieur le colonel ! D'où la chance, à cet homme ?
De ce qu'il s'est toujours distingué tout de bon ;
De ce qu'il a rempli le monde de son nom.
— J'eus moins d'occasions de me faire connaître. —
Et Friedland, notre chef, notre souverain maître,
Lui qui se permet tout, qui peut tout, qu'était-il ?
Un simple gentilhomme. — Il a trouvé le fil :
C'est en se confiant au destin de la guerre
Qu'il est monté si haut ; qu'il a fait son affaire,
Et qu'après l'empereur il tient le premier rang.
— Et s'il ne se croyait pas encore assez grand ?
    Qui sait ? Jusqu'où poursuivra-t-il sa route ?...

(Finement :)

Il n'a pas dit son dernier mot.

PREMIER CHASSEUR.

                Sans doute !
Tout haut qu'il soit, bien bas il commença :

Étudiant d'Altdorf, — laissez-moi conter ça, —
Il était libertin et d'humeur diabolique :
    Il tua presque un jour son domestique.
Messieurs de Nuremberg voulurent, sans façon,
        Là-dessus, le mettre en prison.
Juste, c'était un nid de nouvelle fabrique ;
On devait lui donner le nom que porterait
Le premier prisonnier qu'on y renfermerait.
Que fait mon Wallenstein ? Avant qu'on ne le niche,
Il a soin de pousser devant lui son caniche,
        Et la prison, depuis ce jour,
Porte le nom du chien. C'était un fameux tour ;
Et de tous les exploits que Friedland a su faire,
        C'est celui-là que je préfère.

(Pendant ce temps la servante a servi ; le second chasseur badine avec elle.)

LE DRAGON, se mettant entre eux :

Camarade, allons ! laissez-la !

DEUXIÈME CHASSEUR.

De quoi se mêle celui-là ?

LE DRAGON.

Je vous dis qu'elle est ma maîtresse.

PREMIER CHASSEUR.

Quoi ! ce bijou, qu'à lui seul on le laisse ?
Ça ! le dragon est-il fou, par hasard ?

DEUXIÈME CHASSEUR.

Vouloir au camp faire ménage à part !
Il faut qu'un beau minois de jeune fille
Soit comme le soleil : que pour chacun il brille.

(Il l'embrasse.)

SCÈNE VIII.

LE DRAGON, *la tirant à lui :*

Moi, je vous dis encor que je vous le défends.

PREMIER CHASSEUR.

Voici les gens de Prague! Allons! gai! mes enfants!

DEUXIÈME CHASSEUR.

Je suis à vous, si vous cherchez querelle.

LE MARÉCHAL DES LOGIS.

Paix donc! Libre à chacun d'embrasser une belle.

SCÈNE VIII.

DES OUVRIERS MINEURS *s'avancent en jouant une valse, lentement d'abord, puis, toujours plus vite.* LE PREMIER CHASSEUR *danse avec* LA SERVANTE; LA CANTINIÈRE *avec* LA RECRUE; LA SERVANTE *s'échappe;* LE CHASSEUR *veut courir après elle et reçoit dans les bras* LE CAPUCIN, *qui entre au même instant.*

LE CAPUCIN[1].

Tra la la la! C'est à merveille! Ici
   Vous ne voulez pas de jours tristes!
Comme on s'en donne! — Eh bien! je vais m'en mettre
                  aussi :

---

1. Ce discours du capucin est rempli de jeux de mots intraduisibles. On n'a pu que chercher à en donner des équivalents.

Schiller, sur l'indication de Gœthe, a voulu rappeler les sermons d'Abraham a Sancta Clara (Ulrich Megerle), de l'ordre des Augustins, qui fut d'abord prédicateur du couvent de Taxa, en Bavière, puis de la cour, à Vienne, de 1669 à 1709, année de sa mort. — Selon ses biographes, il portait dans la chaire un esprit comique et original qui le faisait écouter et auquel il dut souvent l'utilité de ses remontrances. Il entremêlait ses sermons de plaisanteries et de petits contes. Ses écrits sont remarquables par leur singularité comme par la bizarrerie de leurs titres. Il était né en 1642.

N'êtes-vous pas chrétiens, qu'on en agisse ainsi ?
Sommes-nous Turcs ? Anabaptistes ?
Du saint jour du dimanche on fait si peu de cas ?
Eh ! vraiment, ne dirait-on pas
Que le Tout-Puissant n'y voit goutte,
Ou qu'aux deux mains il a la goutte
Et ne peut plus vous châtier ?
Est-ce le temps de festoyer ?
De la bombance et du chômage ?
Quid hic statis otiosi ?
Les bras croisés que faites-vous ici ?
Sur le Danube on se bat avec rage ;
La Bavière a perdu le rempart du pays :
Ratisbonne, tombée aux mains des ennemis,
Et notre armée, en Bohême campée,
Tranquillement est occupée
A faire de son ventre un Dieu,
Et du surplus s'inquiète fort peu ;
Chacun aimant beaucoup mieux que l'on aille
Au cabaret qu'à la bataille [1] ;
Du plat tirant plus vite un bon morceau
Que le sabre de son fourreau [2] ;
A toute fille faisant fête ;
Pour tout dire, perdant son temps à ripailler,
Quand à ce maudit Chancelier
Vous devriez tous aller tenir tête [3].

---

1. Ici, l'original joue sur les mots *Krug* (cruche, cabaret, bouchon) et *Krieg* (guerre) : « S'occupant plus de la cruche que de la guerre. »
2. Ici, sur les mots *Schnabel* (bec) et *Sabel* (sabre) : « Aiguisant plus volontiers son bec que son sabre. »
3. Le chancelier Oxenstiern, qui continua la guerre après la mort de

SCÈNE VIII.

La chrétienté se sent faiblir ;
Elle a pris le sac et la cendre ;
Mais, le sac, le soldat a soin de ne le prendre
Que quand il trouve à le remplir.
Nous sommes dans un temps de pleurs et de misère.
Dans les cieux, plus d'un signe étrange, menaçant ;
Les nuages n'ont plus que la couleur du sang,
Et, par la main du Tout-Puissant,
De leurs flancs déchirés le manteau de la guerre
Sur la terre descend.
A la porte du ciel Dieu tient une comète,
Comme une verge à frapper toute prête.
Le monde entier est gémissant
Comme une maison désolée.
L'arche de l'Église, ébranlée,
Flotte sur une mer de sang.
De l'Empire romain, — que Dieu lui soit en aide ! —
Puisque à présent, au lieu de commander, il cède,
Le nom devrait être changé[1].
Le Rhin roule l'inquiétude[2].
Un couvent, aujourd'hui, qu'est-ce ? un nid saccagé,
Pillé ; dont les oiseaux, de force, ont délogé.

Gustave-Adolphe. Ce nom se prononce comme le mot allemand *Och*. *senstirn* (front de bœuf). Le capucin reproche aux soldats « d'aimer mieux manger de la viande de bœuf que d'aller manger Front-de-bœuf ».

1. *Reich* signifie à la fois empire et riche. Le texte allemand porte : « L'Empire romain (ou : le riche romain) qu'il faudrait appeler aujourd'hui : le pauvre romain. » L'antithèse était impossible en français.

2. Dans l'original, jeu de mots sur *Rheinstrom* (fleuve du Rhin), *Reinstrom* (fleuve pur), *Peinstrom* (fleuve de tourments) : « Le fleuve du Rhin, le fleuve pur, est devenu un fleuve de tourments. »

Évêché, maintenant, veut dire solitude [1].
            De toute maison du clergé
            Des brigands ont fait un repaire [2],
Et la belle Allemagne, autrefois si prospère,
            Pays de Dieu si protégé,
            N'est plus qu'un séjour de misère [3].
D'où vient cela ? Je vous le dirai, moi :
Des crimes, des péchés dont vous chargez votre âme.
Officiers et soldats, c'est d'une vie infâme
            Que vous vivez : Vous n'avez foi ni loi.
            Or, le péché, comme un aimant, attire
            Dans le pays le fer qui le déchire,
Et le Libertinage amène les Malheurs,
            Comme amène en nos yeux les pleurs
            L'oignon piquant que l'on respire.
Voyez dans l'alphabet: L, d'abord; M, après [4].

---

1. *Bisthümer* (évêchés), *Wüstthümer* (solitudes): « Les évêchés sont changés en solitudes. »

2. *Abteien* (abbayes), *Raubteien* (maisons de voleurs, voleries; mot forgé). *Stifter* (fondations, maisons pieuses), *Diebesklüfter* (antres de vol; autre mot forgé) : « Les abbayes et les maisons pieuses sont maintenant des maisons de voleurs, des antres de vol. »

3. *Lænder* (pays) (ici, les pays allemands); *Elender* (misères).

4. Voici le jeu de mots dont il était le plus difficile de donner une idée. Les substantifs *Unrecht* (injustice, iniquité, inconduite) et *Uebel* (mal, malheur), commençant l'un et l'autre par la lettre U, le capucin y rend attentif pour dire que dans l'alphabet, après l'U vient le W, la lettre qui, en allemand, se prononce comme notre V; ce qui fait calembour avec le mot allemand *Weh* (malheur, douleur) et le *Væ!* latin. — Au surplus, il n'y a pas exactitude complète quant à l'ordre des lettres, puisque, dans l'alphabet allemand, l'U est séparé du W par le V qui se prononce *Fau* (faou) et a la valeur de l'F et du Ph. Les initiales des mots *Libertinage* et *Malheurs* se suivent aussi dans l'alphabet ; mais voilà tout ce que la traduction a pu fournir d'équivalent. — Le même rang alphabétique se

— *Ubi erit victoriæ spes,*
Si offenditur Deus ? Est-ce
Que pour la victoire on est prêt
Quand on brûle sermon et messe
Et s'éternise au cabaret ?
Dans l'Évangile, si la femme,
Allumant sa chandelle, a retrouvé sa dragme;
Les ânes de son père, si
Saül a pu les retrouver aussi,
Et Joseph ses aimables frères,
En revanche, on aurait, parmi les militaires,
Beau chercher, on trouverait peu
De décence, de mœurs et de crainte de Dieu,
Dût-on allumer cent lanternes :
Dans les camps et dans les casernes,
Ces vertus-là ne sont pas en bon lieu.
— Nous lisons dans l'Évangéliste
Que quand dans le désert prêchait saint Jean-Baptiste,
Les soldats en foule arrivaient;
Ils faisaient pénitence et mes gens recevaient
Du baptême l'eau salutaire:
« *Quid faciemus nos ?* » demandaient-ils : « Que faire,
Pour entrer dans le sein d'Abraham ? » *Et illis,*
A ces soldats, *ait,* il répondait : « Mes fils,
Neminem concutiatis :
Ne molestez, ne maltraitez personne.

---

trouve encore amené dans cette imitation, mais par le hasard seul, aux mots *Oignon* et *Pleurs.*

Le texte porte littéralement : « Après l'inconduite arrive le mal, comme après l'oignon piquant les pleurs. Après l'U vient le W. C'est l'ordre de l'A, B, C. »

Nec calumniam faciatis :
Qu'aucuns ne soient par vous diffamés ou noircis.
Contenti estote stipendiis vestris :
    Soyez contents du prêt que l'on vous donne.
    Les habitudes mauvaises, sachez
    Les condamner comme autant de péchés. »
        — Un commandement nous ordonne
De ne pas prendre en vain le nom de notre Dieu ;
    Eh bien ! où plus que dans ce lieu,
Dans ce camp où Friedland concentre son armée,
La majesté divine est-elle blasphémée ?
    Si pour chacun des : Tonnerre de Dieu !
Que lance votre bouche et dont elle accompagne
Presque chaque parole inévitablement,
    Toutes les cloches d'Allemagne
    Devaient se mettre en mouvement,
Les sacristains feraient courte carrière ;
    Et si, pour tout coupable vœu
    Que fait ouïr votre bouche ordurière,
Il vous tombait seulement un cheveu,
    Au dernier vous diriez adieu
Avant que de ce jour s'éteigne la lumière,
    Quand d'Absalon vous auriez la crinière.
    Josué fut aussi soldat ;
    Le roi David abattit Goliath,
Mais où trouverez-vous qu'ils aient, comme vous-mêmes,
    Proféré d'indignes blasphèmes ?
Il me semble qu'à dire : « Assiste-moi, mon Dieu ! »
    La bouche n'a pas plus de peine
    Qu'à proférer un : « Sacrebleu ! »
    Mais, dès que la coupe est trop pleine,

SCÈNE VIII.

De tout temps elle a débordé.
— Il est encore commandé :
« Tu ne voleras point ! » Pour cette autre parole,
Vous l'observez fidèlement ;
Vous pensez qu'on ne peut dire d'un homme : il vole,
Quand il prend tout ouvertement.
Oui, vautours, contre votre serre,
Votre œil, votre rapacité,
Rien ne peut être en sûreté :
L'argent qu'en un bahut l'on serre,
Le veau que porte encor sa mère,
Tout vous est bon et tout est emporté.
Avec l'œuf vous prenez la poule.
Le prédicateur à la foule
Disait : *Contenti estote!*
Et comme lui je vous répète :
Contentez-vous de votre ration.
Mais où trouver le serviteur honnête
Quand du maître lui vient l'abomination ?
Les membres sont ce que les fait la tête.
Le vôtre, en qui croit-il ?...

PREMIER CHASSEUR.

Monsieur le moinillon !
Passe pour nous, soldats, une telle harangue ;
Mais sur le général retenez votre langue !

LE CAPUCIN.

Ne custodias gregem meam[1] !
C'est un Achab, c'est un Jéroboam,

---

1. Schiller s'est permis *meam* pour la rime.

Qui du vrai Dieu vers les idoles
S'occupe à détourner les peuples....

LE TROMPETTE et LA RECRUE.

Par l'enfer!
Ne répétez pas ces paroles!

LE CAPUCIN.

Un Fier-à-bras, un Croque-fer,
Qui prétend s'emparer de toute citadelle.
Dans son impiété,
Ne s'est-il pas vanté
D'avoir Stralsund, cette ville fût-elle
Par des chaînes fixée aux cieux ?...

LE TROMPETTE.

Bâillonnez donc ce serpent venimeux!

LE CAPUCIN.

Un conjureur de démons ; un impie
Un Holopherne, un Saül, un Jéhu!
Semblable à Pierre, qui renie
Son maître à Caïphe vendu,
Au sien il fausse compagnie,
Et si le chant du coq l'effraie, on sait pourquoi...

LES DEUX CHASSEURS.

Calotin, c'en est fait de toi!

LE CAPUCIN.

Comme Hérode, un renard!...

LE TROMPETTE et LES DEUX CHASSEURS, se précipitant sur lui :

Silence! ou l'on te tue!

SCÈNE IX.

LES CROATES, *se mettant entre eux :*

Reste là, petit Père, et sans peur continue ;
Il nous convient de t'écouter encor.

LE CAPUCIN, *criant plus haut*

Un orgueilleux Nabuchodonosor,
Qui de péchés se fait nombreuse engeance ;
Un hérétique déjà rance ;
Une pierre d'achoppement,
Quand il devrait nous être une pierre angulaire [1] ;
Et tant que l'empereur dans son commandement
Le maintiendra, qu'il le laissera faire,
Espérer la paix, c'est chimère [2].

(Pendant ces derniers mots, qu'il a criés à haute voix, il a fait retraite peu à peu, sous la protection des Croates, qui écartent de lui les autres soldats.)

SCÈNE IX.

LES PRÉCÉDENTS, *moins* LE CAPUCIN.

PREMIER CHASSEUR, *au maréchal des logis :*

Pourquoi disait-il, l'homme au froc,
Que notre général a peur du chant du coq ?
C'était un quolibet, sans doute, ou quelque injure ?

---

1. Le capucin joue ici sur la ressemblance du nom de Wallenstein avec les mots *allen ein Stein* (à tous une pierre). C'est peut-être à cela qu'il veut se borner en disant : « Il se fait appeler Wallenstein ; oui, sans doute, il nous est à tous une pierre d'achoppement et d'angoisse. » Mais on peut admettre que le nom de Wallenstein se traduise par *pierre de remparts*, quoique le substantif *Wall* (rempart) fasse au pluriel *Wælle*, et non *Wallen*.

2. Ici, le calembour porte sur le nom de Friedland, qui signifie Pays de paix (Friedeland), et sur les mots *Friedem Land* (paix dans le pays) : « Et tant que l'empereur laissera le pouvoir à ce Friedland, il n'y aura pas de paix dans le pays. »

LE MARÉCHAL DES LOGIS.

Voici : — Ce n'était pas propos à l'aventure. —
　　Le général est d'étrange nature ;
De l'oreille surtout il est fort délicat :
On le voit frissonner dès que miaule un chat ;
　　Dès qu'à chanter un coq commence.

PREMIER CHASSEUR.

C'est avec le lion un point de ressemblance.

LE MARÉCHAL DES LOGIS.

Il faut autour de lui le plus profond silence [1] ;
La garde a pour ceci des ordres absolus :
　　A de si grands projets il pense !

DES VOIX, dans la tente. (Tumulte.)

Arrêtez le coquin ! Tapez, tapez dessus !

LE PAYSAN, dans la tente :

　　A l'aide ! Miséricorde !

D'AUTRES VOIX.

Allons ! Paix ! Que l'on s'accorde !

---

1. « Douze patrouilles faisaient la ronde autour de son palais (à Prague), pour en éloigner le moindre bruit. Sa tête, toujours en travail, avait besoin de silence. Aucun roulement de voiture ne devait approcher de sa demeure. Sa société était muette comme les avenues qui conduisaient à lui... » (Schiller, *Hist. de la guerre de Trente ans*, L. II.)

« Pendant son séjour à Memmingen, au moment de la Diète de Ratisbonne (1630), il avait fait défense de sonner les cloches, et, aux veilleurs de nuit, de crier les heures. Ses officiers, pour se présenter devant lui, étaient obligés de brider les molettes de leurs éperons. » (Gualdo Priorato, *Hist. des guerres de Ferdinand II et de Ferdinand III.*)

SCÈNE X.

PREMIER CHASSEUR.

Ah! sacrebleu! Là-dedans on se bat!

DEUXIÈME CHASSEUR.

Alors j'en suis!

(Ils s'élancent tous deux dans la tente.)

LA CANTINIÈRE, qui arrive :

Ah! voleur! scélérat!

LE TROMPETTE.

Qu'est-ce donc qui vous fâche?

LA CANTINIÈRE.

Ah! gredin! misérable!
Vagabond!... Dans ma tente un scandale semblable!
Aux yeux des officiers quelle honte pour moi!

LE MARÉCHAL DES LOGIS.

Qu'arrive-t-il? Pourquoi ce tumulte?

LA CANTINIÈRE.

Pourquoi?
Un paysan que l'on vient de surprendre
Se servant de faux dés!

LE TROMPETTE.

Avec son fils voilà
Qu'ils l'amènent.

SCÈNE X.

LES PRÉCÉDENTS; LE PAYSAN, traîné par DES SOLDATS.

PREMIER CHASSEUR.

Il faut le pendre!

DES TIRAILLEURS ET DES DRAGONS.

Au prévôt! Tout de suite! Au prévôt!

LE MARÉCHAL DES LOGIS.

        C'est cela!
Il a, tout récemment, rendu son ordonnance.

LA CANTINIÈRE.

Que son corps dans une heure à l'arbre se balance!

LE MARÉCHAL DES LOGIS.

Mauvais métier, mauvaise récompense!

PREMIER ARQUEBUSIER, à l'autre :

De désespoir ils en arrivent là :
 Par les ruiner on commence.
C'est les pousser au vol.

LE TROMPETTE.

      Eh bien! eh bien!
En sa faveur vous parlez? Pour ce chien?
 Êtes-vous possédé du diable?

PREMIER ARQUEBUSIER.

Le paysan est... presque... mon semblable.

PREMIER CHASSEUR, au trompette :

 Laisse donc ces arquebusiers,
Ces gens de Tiefenbach; ces tailleurs, ces gantiers!
Ils nous viennent de Brieg, garnison qui n'est guère
Propre à former aux usages de guerre.

SCÈNE XI.

LES PRÉCÉDENTS; LES CUIRASSIERS.

PREMIER CUIRASSIER.

A ce paysan que veut-on?

PREMIER TIRAILLEUR.

Il nous trichait au jeu; c'est un fripon.

PREMIER CUIRASSIER.

Est-ce toi qu'il trompait?

PREMIER TIRAILLEUR.

Si bien qu'il ne me laisse
Dans ma bourse pas une pièce.

PREMIER CUIRASSIER.

Comment! toi! soldat de Friedland,
Tu vas ainsi te ravalant?
Jouer contre un manant! Tu n'as pas de vergogne.
Qu'il file !

(Le paysan s'échappe; les autres se resserrent et se groupent.)

PREMIER ARQUEBUSIER.

Il va vite en besogne,
Cet autre, et ne fait pas les choses à demi!
Avec ces gens-là, bon système.
D'où vient-il? il n'est pas, je crois, de la Bohême?

LA CANTINIÈRE.

C'est un Wallon, un Pappenheim, l'ami!
Ayez pour lui déférence très-grande.

PREMIER DRAGON, *s'avançant :*
Un des cuirassiers que commande
Le jeune Piccolomini :
A Lützen, dans cette journée
Où Pappenheim trouva la mort,
Pour colonel ils l'ont choisi.

PREMIER ARQUEBUSIER.
C'est un peu fort.
Cette licence ils se la sont donnée?

PREMIER DRAGON.
De plus d'un droit particulier
Ce régiment jouit : il donne
Dans toute affaire le premier ;
Il est son haut justicier,
Et c'est lui que surtout Friedland affectionne.

PREMIER CUIRASSIER, *à l'autre :*
En es-tu sûr? La nouvelle venait...?

DEUXIÈME CUIRASSIER.
Le colonel lui-même à l'instant la donnait.

PREMIER CUIRASSIER.
Sommes-nous donc leurs chiens? Nom d'un tonnerre!

PREMIER CHASSEUR.
Qu'ont-ils donc l'un et l'autre? Ils sont bien en colère.

DEUXIÈME CHASSEUR.
Sommes-nous à l'affaire intéressés aussi?

PREMIER CUIRASSIER.
Personne n'en sera bien satisfait ici :
(*Les soldats se rapprochent.*)

On veut nous envoyer en Flandre,
Cuirassiers, chasseurs, tirailleurs;
Huit mille hommes ont à s'y rendre.

LA CANTINIÈRE.

Comment! déjà courir ailleurs?
Des Pays-Bas hier je suis arrivée.

DEUXIÈME CUIRASSIER, aux dragons:

Vous, dragons de Buttler, serez de la corvée.

PREMIER CUIRASSIER.

Et surtout nous autres Wallons.

LA CANTINIÈRE.

Précisément nos meilleurs escadrons.

PREMIER CUIRASSIER.

A l'homme de Milan pour escorte on nous donne[1]!

PREMIER CHASSEUR.

A l'Infant? C'est original!

DEUXIÈME CHASSEUR.

Au prêtre? Alors quel bacchanal!

PREMIER CUIRASSIER.

De Friedland quitter la personne,
Lui, plein pour le soldat de si nobles façons,
Et s'en aller tenir campagne
Avec ce ladre Infant d'Espagne
Que de tout cœur nous haïssons?
Non! Plutôt décamper!

1. Le Cardinal Infant, don Fernand, Infant d'Espagne, fils de Philippe III, gouverneur de Milan, un des plus habiles chefs de guerre du parti impérial et espagnol.

LE TROMPETTE.

Comment diable comprendre
Ce que nous irions faire en Flandre?
Que pour lui l'empereur nous fasse aller au feu,
Bien! mais ce chapeau rouge espagnol? Non, morbleu!

DEUXIÈME CHASSEUR.

Pour quelles causes, je vous prie,
Sommes-nous donc entrés dans la cavalerie?
Pour le crédit du prince et sur sa garantie,
Et nous ne serions pas soldats de Ferdinand,
N'était pour l'amour de Friedland.

PREMIER DRAGON.

Il nous a formés à sa guise :
Que sa fortune nous conduise!

LE MARÉCHAL DES LOGIS.

Je vais vous expliquer la chose; écoutez bien!
Tous ces propos ne nous mènent à rien;
Je vois plus loin que vous : c'est un piége.

PREMIER CHASSEUR.

Silence!
Attention au livre d'ordonnance!

LE MARÉCHAL DES LOGIS.

Mais avant tout, Justine, un verre de Melnick,
Pour me refaire l'alambic!
Et puis, je vous dirai tout ce que je suppose.

LA CANTINIÈRE, lui versant à boire :

Voilà, maréchal des logis!
Quelle frayeur tout ça me cause!
Point de malheur pourtant là-dessous?

SCÈNE XI.

LE MARÉCHAL DES LOGIS.

M'est avis,
Messieurs, que c'est une chose excellente
De regarder au plus près avant tout.
Mais, dit le général, chose plus importante,
C'est de saisir l'ensemble en regardant partout.
Tous, de Friedland nous nous disons la troupe;
Il faut que le bourgeois nous donne logement,
Ait soin de nous, prépare notre soupe.
Le paysan se plaindrait vainement
Que de nos chariots de bagage
Ses bœufs et ses chevaux fournissent l'attelage.
Aussitôt que dans un village
Se montre, de loin seulement,
Un caporal avec sept hommes,
Il est maître et ne suit dans son commandement
Que le caprice du moment.
Tous ces gens-là voudraient, tant que nous sommes,
Nous voir au diable, assurément.
S'il leur apparaissait, je jure
Qu'ils trouveraient toujours plus noir que sa figure
Le jaune de notre collet.
Eh! tonnerre de Dieu! pourquoi donc, s'il vous plaît,
De nous chasser n'ont-ils pas le courage?
Du nombre, cependant, pour eux est l'avantage;
Si nous portons l'épée, ils portent le gourdin;
Pourquoi leur pouvons-nous montrer notre dédain?
Parce que nous formons une terrible masse.

PREMIER CHASSEUR.

Oui, l'ensemble; c'est là que la force se place.
Friedland le savait bien, lorsque, voici huit ans,

— On neuf, — pour l'empereur il leva cette armée :
On voulait seulement alors la voir formée
  De douze mille combattants.
 « Non, les nourrir serait trop difficile, »
  Dit-il ; «j'en veux lever soixante mille,
Et de faim, j'en réponds, ceux-là ne mourront pas. »
Et voilà comme quoi nous sommes ses soldats.

LE MARÉCHAL DES LOGIS.

  A la main droite qu'il arrive
  Qu'on me coupe le petit doigt,
   — C'est un exemple, — est-ce qu'on croit
   Que de ce seul doigt on me prive ?
Du diable ! c'est la main qu'on m'ôte bel et bien ;
On me laisse un moignon qui n'est plus bon à rien ;
   C'est une chose positive.
Ces huit mille chevaux qu'en Flandre on enverrait,
   Sont le petit doigt de l'armée.
Or, de les voir partis, qui se consolerait
  En se disant qu'elle n'est entamée
   Que d'un cinquième seulement ?
  Bien du plaisir ! Alors, en un moment,
  Tout croulerait : plus rien qui les arrête
Ces gens-là : Respect, crainte ? ah ! oui, je t'en souhaite !
  Le paysan relèverait la tête.
  Nos rations et notre logement,
   Ce sera Vienne et la chancellerie
Qui nous les fixeront, comme au commencement :
  Nous reverrons l'ancienne gueuserie.
   Le général aurait son tour :
Vous en verriez bientôt un autre à notre tête :

Il n'est pas bien avec la cour ;
La débâcle serait complète.
Quel garant aurions-nous, alors, de notre prêt?
Ce qu'on nous a promis, alors, qui le tiendrait?
Où donc serait la force intelligente,
L'esprit prompt, la main puissante
Qui relierait, gouvernerait les rangs
De cette armée aux contrastes si grands?
— Par exemple, dragon, d'où viens-tu?

PREMIER DRAGON.

De l'Irlande.

LE MARÉCHAL DES LOGIS, aux deux cuirassiers :

De vous autres, je le sais bien,
L'un est Wallon et l'autre Italien :
Votre accent prévient ma demande.

PREMIER CUIRASSIER.

Qui je suis? Je n'ai pu le savoir jusqu'ici :
Enfant, on m'a volé.

LE MARÉCHAL DES LOGIS, au premier arquebusier :

Tu viens de loin aussi?

PREMIER ARQUEBUSIER.

De Buchau, sur le lac Féder.

LE MARÉCHAL DES LOGIS, au deuxième arquebusier :

Et vous, compère?

LE DEUXIÈME ARQUEBUSIER.

De la Suisse.

LE MARÉCHAL DES LOGIS, au deuxième chasseur :

Chasseur! toi?

DEUXIÈME CHASSEUR.

Mon père et ma mère
Demeurent à Wismar.

LE MARÉCHAL DES LOGIS, montrant le trompette :

Nous deux, sommes d'Egra.
Eh bien! qui donc remarquera
Que le Sud et le Nord ont fourni cette masse
D'hommes poussés jusqu'à ce camp,
Pareils à la neige que chasse
Et qu'amoncèle l'ouragan?
On nous dirait taillés du même bois. — Il semble
Que nous soyons collés, fondus ensemble,
Pour résister aux ennemis. — Un mot,
Un signe, et, comme un engrenage
De moulin, tout s'ajuste et tout marche aussitôt.
Tout ça, de qui, messieurs, est-ce l'ouvrage?
Qui, comme un même fer, nous a forgés au point
Qu'entre nous tous on ne distingue point?
Nul autre que Friedland.

PREMIER CHASSEUR.

Je n'avais de ma vie
Songé que nous vivions en si bonne harmonie;
Je me laissais aller.

PREMIER CUIRASSIER.

Maréchal des logis,
Sur tout cela je suis de votre avis.
Ils voudraient bien, la chose est claire,
Ravaler le soldat et l'état militaire,
Pour être maîtres seuls. — Voilà ce qu'il leur faut:
C'est de leur part un vrai complot.

SCÈNE XI.

LA CANTINIÈRE.

Un complot? Juste ciel! ne dites pas ce mot.
Alors tous ces messieurs ne paieraient plus?

LE MARÉCHAL DES LOGIS.

       Sans doute!
  Alors, partout la banqueroute:
Beaucoup de généraux, beaucoup de chefs de corps,
De leurs propres deniers ont équipé leurs hommes,
  N'y mettant pas, ma foi! de faibles sommes;
  Pour mieux briller rivalisant d'efforts.
Par delà leurs moyens ils ont fait ces dépenses,
Croyant avec profit rentrer dans leurs avances.
   Une fois notre chef tombé,
   Tout cet argent serait flambé!

LA CANTINIÈRE.

Ah! Jésus! mais cela me couperait les vivres!
La moitié de l'armée est encor sur mes livres!
Le comte Isolani, ce payeur en retard,
Voilà deux cents écus qu'il me doit pour sa part.

PREMIER CUIRASSIER.

  Eh bien! camarades, que faire?
Je ne vois qu'un moyen de nous tirer d'affaire:
Bien unis, nous n'avons rien à craindre. Aussi, tous,
   Comme un seul homme tenons-nous!
Laissons-les décréter et demeurons, quand même,
   Fermement plantés en Bohème.
Nous ne céderons point; nous ne marcherons pas!
Il s'agit maintenant de notre honneur, soldats!

DEUXIÈME CHASSEUR.

Nous n'accepterons pas toutes ces promenades.
Qu'on essaie! On verra.

PREMIER ARQUEBUSIER.

     Songez, chers camarades,
Que c'est la volonté de l'empereur.

LE TROMPETTE.

       Parbleu!
De l'empereur nous nous soucions peu.

PREMIER ARQUEBUSIER.

Ne nous répétez pas ces mots!

LE TROMPETTE.

       Je n'en retire
Aucun; la chose est bien ainsi.

PREMIER CHASSEUR.

Oui, Friedland seul a droit de commander ici :
Je l'ai toujours entendu dire.

LE MARÉCHAL DES LOGIS.

Et ce qu'on vous a dit est bien la vérité :
 Ses conditions, son traité[1]

---

[1]. Voici ce que demanda Wallenstein, *et ce qui lui fut accordé*, lorsque Questenberg, Werdenberg et Eggenberg vinrent à Znaïm le prier au nom de l'empereur de reprendre le commandement:

Art. 1. Le duc de Friedland sera et demeurera généralissime tant des armées de Sa Majesté impériale que de celles de la maison d'Autriche et de la Couronne d'Espagne.

Art. 2. Il sera généralissime *in absolutissima forma*.

Art. 3. Le roi de Hongrie ne pourra point paraître à l'armée, ni, à plus forte raison, y prendre aucun commandement.

Art. 4. Le duc de Friedland demande, à titre de récompense extraor-

Lui donnent, on le sait, droit absolu de faire
La paix aussi bien que la guerre ;
De confisquer argent et terre ;
D'ordonner qu'on vous pende, ou de vous gracier ;
De conférer les grades d'officier.
Les colonels même, il les nomme !
En un mot, messieurs, c'est un homme
Qui tient de l'empereur lui-même tous ces droits,
Et tous ces honneurs, à la fois.

PREMIER ARQUEBUSIER.

Le duc est très-puissant, sans doute ;
Très-habile, mais, somme toute,
Il est, comme nous tous, sujet de l'empereur.

LE MARÉCHAL DES LOGIS.

Comme nous tous ? C'est une erreur :
Il est prince d'Empire, immédiat et libre,
Puisqu'il faut vous l'apprendre ; et d'aussi bon calibre

---

dinaire (*extraordinar recompens*), la souveraineté, *in optima forma*, d'une province héréditaire.

Art. 5. A titre de récompense extraordinaire encore, il jouira des droits souverains (*das hœhste Regal*), dans tous les pays de l'Empire occupés par ses armées.

Art. 6. Il aura le droit de confiscation dans tout l'Empire, *in optima forma*.

Art. 7. De même, plein droit (*liberrime*) de vie et de mort. Car le chef de l'Empire romain est bien indulgent et laisserait faire....

Art. 8. . . . .

Art. 9. Le duc de Friedland sera maître de tous moyens, d'argent ou autres, de continuer la guerre.

Art. 10. Tous les pays héréditaires de Sa Majesté impériale sont et resteront ouverts au duc de Friedland et à son armée.

(ARETIN, *Wallenstein*, etc. Ratisbonne, 1846, in-8°. Appendice, n° 13.)

Que peut l'être le Bavarois.
Moi-même, à Brandeis, une fois
Que je montais la garde, étant en sentinelle,
J'ai très-bien vu Sa Majesté
Reconnaître sa qualité,
Quand à se couvrir devant elle,
Comme prince il fut engagé.

PREMIER ARQUEBUSIER.

C'est pour le Mecklenbourg, qu'il avait exigé
Comme gage de ses avances.

PREMIER CHASSEUR, au maréchal des logis :

Quoi ! devant l'empereur ? C'est bien fort !

LE MARÉCHAL DES LOGIS, fouillant dans sa poche :

Si tu penses
Que je ne dis pas vrai, qu'il n'avait pas ce droit,
Je te ferai toucher la chose au doigt :

(Il montre une pièce de monnaie.)

De qui cette effigie et ce coin ?

LA CANTINIÈRE.

Cette pièce ?
Eh ! c'est un Wallenstein !

LE MARÉCHAL DES LOGIS.

Voilà ! Tout doute cesse,
N'est-ce pas ? Il est prince, et de la bonne espèce ;
Autant que prince que ce soit.
Tout comme Ferdinand ne bat-il pas monnaie ?
Un État, des sujets, niera-t-on qu'il les aie ?
Ne l'appelle-t-on point Altesse, et n'a-t-il pas
Le droit, par conséquent, de lever des soldats ?

SCÈNE XI.

PREMIER ARQUEBUSIER.

Soit! mais une chose aussi vraie,
C'est que si nous avons engagé notre foi,
C'est bien à l'empereur. Qui donc fait notre paie?
C'est l'empereur.

LE TROMPETTE.

Je vous le nie en face, moi :
Qui ne nous la fait pas, c'est lui!... Calembredaines!
Oui ; depuis quarante semaines,
Notre solde, parbleu! nous l'attendons en vain.

PREMIER ARQUEBUSIER.

Eh bien! quoi? Votre argent est en très-bonne main.

PREMIER CUIRASSIER.

Paix, messieurs! Voulez-vous qu'aux coups on en
arrive?
Faut-il donc se traiter de façon aussi vive
Pour décider si l'empereur
Est en effet notre maître et seigneur?
C'est parce qu'il est notre maître,
Qu'en tout honneur nous voulons être
Ses braves cavaliers, et non pas ses troupeaux.
Nous ne souffrirons pas qu'on aille,
De par ses courtisans et de par sa prêtraille,
Nous trimbaler et par monts et par vaux.
Quand le soldat sent un peu son mérite,
N'est-il pas vrai qu'au maître ça profite?
Par qui, sinon par ses soldats,
Le nôtre est-il si grand parmi les potentats?

Sur le monde chrétien son action puissante,
Qui, sinon ses soldats, la lui donne et l'augmente ?
    Que sous son joug se courbe le flatteur,
    Ambitieux de sa seule faveur,
De ses salons dorés empressé parasite !
      De tant de gloire et de splendeur,
Nous ne retirons, nous, que fatigue et douleur,
      Et l'orgueil que dans l'homme excite
      Le sentiment de sa valeur.

DEUXIÈME CHASSEUR.

Ainsi pensaient, — et c'étaient les plus sages, —
Les grands tyrans et les grands souverains :
Pour leurs autres sujets les tourments, les outrages ;
Mais ils portaient le soldat sur leurs mains.

PREMIER CUIRASSIER.

Que de lui le soldat ait conscience entière !
Si vous ne voulez pas suivre votre carrière
Noblement, fièrement, renoncez-y plutôt.
Si j'expose mes jours gaîment, avec courage,
    C'est, évidemment, qu'il me faut
Autre chose qu'encor j'estime davantage ;
    Ou, comme un Croate, j'irais
Me faire ouvrir le flanc et me mépriserais.

LES DEUX CHASSEURS.

Oui, l'honneur passe avant la vie !

PREMIER CUIRASSIER.

Est-ce une charrue, un hoyau
Que notre épée ? Il ferait beau,

Voir que nous fussions pris d'envie
D'en labourer la terre ! Où voyons-nous fleurir
L'épi semé par nous ? notre moisson mûrir ?
　　　Sans patrie, à travers le monde,
Il faut que le soldat sans trêve vagabonde.
Toujours marchant, jamais il ne peut s'égayer
　　　　A la flamme de son foyer ;
　　　Il ne voit la splendeur des villes,
Le village riant, ses prés, ses champs fertiles,
　　　Les vendanges, les gerbes d'or,
　　　Que de loin, et marchant encor.
Que vaudrait le soldat, qu'aurait-il sur la terre,
　　　Si lui-même il ne s'honorait ?
Au bout du compte, il faut qu'il soit propriétaire
　　　De quelque chose, ou bien il ne serait
　　　Qu'un meurtrier ou qu'un incendiaire.

PREMIER ARQUEBUSIER.

Dieu le sait, notre vie est pleine de misère !

PREMIER CUIRASSIER.

Je ne l'échangerais contre aucune autre. — J'ai
　　　　Par tout le monde voyagé.
　　　Je crois qu'il n'est pas d'entreprise
　　　Où je ne me sois engagé :
　　　En Espagne, à Naple, à Venise
J'ai pris du service, et, ma foi !
Le bonheur s'est partout déclaré contre moi.
　　　　J'ai vu marchand et gentilhomme,
　　　　Artisan et Jésuite : en somme,
Des habits que le sort m'a fait apprécier,
Nul ne me plait autant que ma panse d'acier.

PREMIER ARQUEBUSIER.

Je ne pourrais pas, cuirassier,
A cet avis m'associer.

PREMIER CUIRASSIER.

Pour réussir, il faut qu'on se démène,
Qu'on se donne du mal. Que si vous convoitez
Les honneurs et les dignités,
Un bien rude chemin y mène;
Pour des fardeaux dorés vous y serez bâtés.
Que le bonheur du père vous sourie,
Voulez-vous voir autour de vous grouiller
Enfants, petits-enfants? choisissez un métier;
Exercez en repos votre honnête industrie.
Rien de tout ça n'est à mon gré.
Libre je veux vivre et mourrai,
Sans voler mon prochain, sans vouloir davantage
M'enrichir par quelque héritage;
Et du haut de ma bête, à ces misères-là
Ne jeter qu'un regard de pitié.

PREMIER CHASSEUR.

C'est cela!
Il m'en va tout à fait de même.

PREMIER ARQUEBUSIER.

En effet, je comprends qu'on aime
A trotter comme ça sur la tête de tous.

PREMIER CUIRASSIER.

Arquebusier! les temps sont durs pour nous.
Près des plateaux de la justice
Le glaive ne tient plus sa place d'autrefois;
Mais personne n'irait, je crois,

Trouver mal que je le choisisse.
Je puis bien, sans être un bourreau,
Faire ce que la guerre ordonne ;
Mais je ne permets à personne
De faire un tambour de ma peau.

PREMIER ARQUEBUSIER.

Si ceux qui cultivent la terre,
Si tout le peuple est malheureux,
A qui la faute ? A nous. Sur eux,
Voici seize ans que cette triste guerre
Fait peser tourments et misère.

PREMIER CUIRASSIER.

Il est impossible, l'ami,
Qu'à la fois par chacun le bon Dieu soit béni :
Du soleil ! lui dit l'un ; l'autre : qu'il disparaisse !
L'un veut l'humidité, l'autre la sécheresse.
La vie est belle à mes yeux, justement,
Où tu ne vois que misère et tourment.
Nous vivons aux dépens de l'habitant, sans doute ;
Je le plains, mais qu'y puis-je ? — Écoute !
Il faut voir dans ceci comme une charge à fond :
Les chevaux une fois lancés, eh ! que me font
Les hommes qui tombent par terre ?
Quand ce serait mon propre frère,
Mon fils chéri, ne faut-il pas alors
Que je lui passe sur le corps,
Dût à ses cris mon cœur se fendre ?
Je ne puis pas aller le prendre
Et le porter à l'écart doucement.

PREMIER CHASSEUR.

S'occupe-t-on d'autrui dans un pareil moment ?

PREMIER CUIRASSIER.

Puisqu'une fois la fortune propice
Vient nous sourire, à nous soldats,
Que des deux mains on la saisisse :
Ce bon temps ne durera pas.
Qu'un beau matin la paix vienne ; avec elle
Viendra la fin de nos beaux jours :
Nous débridons, le paysan attèle,
Et tout, sans qu'on y songe, aura repris son cours.
Dans le pays l'armée est encore massée ;
Donc, nous avons toujours le bon bout dans la main.
Si nous souffrons qu'elle soit dispersée,
Ils nous tiendront plus haut encor la planche au pain.

PREMIER CHASSEUR.

Nous disperser ? Jamais ! Tonnerre !
Comme un seul homme tenons-nous !

DEUXIÈME CHASSEUR.

Concertons-nous ! Voyons !

PREMIER ARQUEBUSIER, à la cantinière, en tirant une bourse de cuir :

Que dois-je, ma commère ?

LA CANTINIÈRE.

Laissez donc ! c'est une misère.

(Ils règlent.)

LE TROMPETTE.

Vous faites bien de vous en aller, vous ;
Vous n'êtes que des trouble-fête !

(Les arquebusiers s'en vont.)

SCÈNE XI.

PREMIER CUIRASSIER.

C'est dommage ! Au surplus, rien que de très-honnête.

PREMIER CHASSEUR.

Mais ça raisonne en savonnier.

DEUXIÈME CHASSEUR.

Eh bien !
Puisque nous voilà seuls, voyons par quel moyen
Nous parerons le coup qu'on nous destine.

LE TROMPETTE.

Le moyen ? C'est celui de ne pas marcher.

PREMIER CUIRASSIER.

Rien,
Messieurs, contre la discipline !
Que chacun retourne à son corps ;
Aux camarades qu'il expose
Ce qu'envers nous on a de torts.
Faites bien comprendre la chose :
Pour aller aussi loin nous ne pouvons partir.
Tous mes Wallons je puis les garantir ;
Nous avons tous même avis.

LE MARÉCHAL DES LOGIS.

Je déclare
Qu'à pied comme à cheval tous les corps de Terzky
D'une commune voix seront pour ce parti.

DEUXIÈME CUIRASSIER, se mettant à côté du premier :

Le Lombard du Wallon jamais ne se sépare !

PREMIER CHASSEUR.

L'élément du chasseur c'est la liberté !

DEUXIÈME CHASSEUR.

Mais,
Sans la force qu'est-elle ? Aussi, moi, je me mets
Du côté de Friedland : avec lui je veux vivre
Et mourir !

PREMIER TIRAILLEUR.

Le Lorrain au grand courant se livre ;
Au parti de la joie et de la bonne humeur !

LE DRAGON.

L'Irlandais suit l'étoile du bonheur !

DEUXIÈME TIRAILLEUR.

Et le Tyrolien, le maître qui commande !

PREMIER CUIRASSIER.

Que chaque corps fasse donc sa demande ;
Qu'on l'écrive bien proprement :
Chacun y dira nettement
Que de se détacher des autres il refuse,
Et que jamais force ni ruse
Ne ferait qu'on le séparât
De Wallenstein, le père du soldat.
Quand notre feuille sera prête,
A Piccolomini, — le fils, — qu'on la remette,
Humblement. — Il s'entend à ces affaires-là.
On sait tout le crédit qu'auprès du prince il a.
Il exerce de même une grande influence
Sur Sa Majesté l'empereur.

DEUXIÈME CHASSEUR.

Convenu ! Topons tous en signe d'alliance !
Que Piccolomini parle en notre faveur !

SCÈNE XI.

LE TROMPETTE, LES DRAGONS, LE PREMIER CHASSEUR,
LE SECOND CUIRASSIER, LES TIRAILLEURS, ensemble:

Oui, Piccolomini sera notre orateur!

(Ils veulent sortir.)

LE MARÉCHAL DES LOGIS.

Un petit verre encore avant que l'on s'en aille!

(Il boit.)

A la santé de Piccolomini!

LA CANTINIÈRE, apportant une bouteille:

Celle-ci n'aura pas sa coche sur la taille :
    C'est de tout cœur que ce vin est fourni.
Bonne chance, messieurs!

UN CUIRASSIER.

Vivent les gens de guerre!

LES DEUX CHASSEURS.

Que l'habitant leur donne abondamment!

LES DRAGONS et LES TIRAILLEURS.

A l'armée! et qu'elle prospère!

LE TROMPETTE et LE MARÉCHAL DES LOGIS.

Et qu'à Friedland soit le commandement!

LE SECOND CUIRASSIER, chante:

A cheval! Au combat! Alerte!
A la liberté nous volons!
Le combat! c'est la chance offerte
De montrer ce que nous valons.
Si l'homme est encor quelque chose,
S'il a du cœur, c'est aux combats!

C'est pour son compte qu'il s'expose :
On ne vous y remplace pas.

(Pendant ce couplet, les soldats qui étaient au fond du théâtre se sont avancés et forment le chœur.)

LE CHŒUR.

C'est pour son compte qu'il s'expose :
On ne vous y remplace pas.

UN DRAGON.

La liberté n'est plus au monde :
Partout le maître et le valet !
La fausseté, la ruse abonde,
Grâce à l'homme, lâche qu'il est !
Mais, sur la terrestre surface,
Le soldat seul libre est resté :
Il regarde la mort en face ;
Au soldat est la liberté !

LE CHŒUR.

Il regarde la mort en face ;
Au soldat est la liberté !

PREMIER CHASSEUR.

Tous les soucis, il les rejette ;
Pour lui, ni crainte, ni tourment.
Au-devant du Sort, qui le guette,
Il galope résolûment.
Tôt ou tard chacun est sa proie ;
Si demain ce doit être à lui,
Buvons de la coupe de joie
La dernière goutte aujourd'hui !

SCÈNE XI.

####LE CHŒUR.

Buvons de la coupe de joie
La dernière goutte aujourd'hui !
(On remplit de nouveau les verres; on trinque et boit.)

LE MARÉCHAL DES LOGIS.

Du ciel lui tombe vie heureuse ;
Pour se l'assurer, nul effort.
Le paysan dans le sol creuse,
Croyant y trouver un trésor.
Il fait ainsi, sa vie entière,
Aller la pelle et le hoyau,
Tant qu'enfin, dans la même terre,
Il se creuse aussi son tombeau.

LE CHŒUR.

Tant qu'enfin, dans la même terre,
Il se creuse aussi son tombeau.

PREMIER CHASSEUR.

Le cavalier avec sa bête
Est un convive redouté :
Noce au château ? Brillante fête ?
Le voilà ! sans être invité.
Il n'a point d'or qu'il offre aux belles ;
Il ne leur fait pas longue cour :
C'est toujours d'assaut qu'auprès d'elles
Il enlève le prix d'amour.

LE CHŒUR.

C'est toujours d'assaut qu'auprès d'elles
Il enlève le prix d'amour.

DEUXIÈME CUIRASSIER.

Pourquoi donc se désole-t-elle
La fillette? Eh! ma chère enfant,
Laisse-le remonter en selle :
D'être fidèle on lui défend.
Le rapide destin, sans cesse,
Le pousse et l'entraîne plus loin.
Pour son repos, il ne lui laisse
Nulle part le plus petit coin.

LE CHŒUR.

Pour son repos il ne lui laisse
Nulle part le plus petit coin.

PREMIER CHASSEUR.

(Il prend par la main ses deux voisins. Les autres l'imitent. Tous ceux qui ont parlé forment un grand demi-cercle.)

Donc, bride en main! — Dans la bataille
On respire mieux que partout.
Vite! la vie en nous travaille ;
La jeunesse y pétille et bout.
Vite! avant qu'il ne prenne envie
A l'esprit de perdre son feu.
Pour gagner l'enjeu de la vie,
Il faut mettre sa vie en jeu!

LE CHŒUR.

Pour gagner l'enjeu de la vie,
Il faut mettre sa vie en jeu!
(Le rideau tombe pendant que le chœur chante le refrain.)

FIN DU CAMP DE WALLENSTEIN.

LES PICCOLOMINI.

PERSONNAGES.

WALLENSTEIN, DUC DE FRIEDLAND, généralissime de l'empereur dans la guerre de Trente ans.
OCTAVIO PICCOLOMINI, lieutenant-général.
MAX PICCOLOMINI, son fils, colonel d'un régiment de cuirassiers.
LE COMTE TERZKY, beau-frère de Wallenstein, chef de plusieurs régiments.
ILLO, feld-maréchal, dans l'intimité de Wallenstein.
LE COMTE ISOLANI, général des Croates.
BUTTLER, chef d'un régiment de dragons[1].
TIEFENBACH,
DON MARADAS,
GOETZ,   } généraux sous Wallenstein.
COLALTO,
LE CAPITAINE NEUMANN, aide-de-camp de Terzky.
LE CONSEILLER DE GUERRE QUESTENBERG, envoyé de l'empereur.
BAPTISTE SÉNI, astrologue.
LA DUCHESSE DE FRIEDLAND, femme de Wallenstein.
THÉCLA, PRINCESSE DE FRIEDLAND, leur fille.
LA COMTESSE TERZKY, sœur de la duchesse.
UN CORNETTE.
LE SOMMELIER du comte Terzky.
PAGES et DOMESTIQUES du duc de Friedland.
DOMESTIQUES et MUSICIENS de Terzky.
GÉNÉRAUX et COLONELS.

La scène est à Pilsen.

[1]. Buttler, indiqué ici comme *chef* d'un régiment, le commandait sans avoir le grade. Wallenstein vient de le lui conférer (voir *les Piccolomini*, acte I, scène I); il y est confirmé, au nom de l'empereur (*la Mort de Wallenstein*, acte II, scène VI), par Octavio Piccolomini, qui ne l'appelle jamais que colonel. Le titre de général-major lui est donné, *passim*, dans les trois pièces, et celui de général par les subalternes Gordon, Macdonald et Dévéroux, aux deux derniers actes de *la Mort de Wallenstein*, c'est-à-dire qu'il est traité, tantôt de mestre-de-camp, ancienne dénomination du grade, et tantôt de colonel, mot qui a remplacé l'autre. Je lui donne partout ce dernier titre.

ACTE PREMIER.

LES PICCOLOMINI.

ACTE PREMIER.

Une vieille salle gothique de l'hôtel de ville de Pilsen, décorée de drapeaux et d'autres attributs guerriers.

SCÈNE PREMIÈRE.

ILLO, BUTTLER, ISOLANI.

ILLO.

Comte, vous venez tard. — Mais vous venez, enfin :
Votre excuse sera la longueur du chemin.

ISOLANI.

Si nous arrivons tard, ce n'est pas les mains vides.
Auprès de Donawert, un avis de nos guides
Nous avait fait savoir qu'un transport suédois
En route s'était mis ; — six cents chariots, je crois ;
Pleins de provisions. — Mes Croates les tiennent,
Et nous les amenons.

ILLO.

A propos elles viennent :
Nous avons bien du monde, et du grand, à traiter.

BUTTLER.

Oui, je m'en aperçois, ça commence à compter.

ISOLANI.
Il a fallu remplir de troupes chaque église.
(Regardant autour de lui :)
Ah çà ! dites-moi donc, le sort vous favorise :
Peste ! A l'hôtel de ville ! Installés pour le mieux !
A la guerre, au surplus, c'est à l'heureux l'heureux.

ILLO.
Déjà de colonels on compte une escouade :
Trente ! On embrassera plus d'un vieux camarade.
Nous avons Tiefenbach, Gœtz, Colalto, Terzky,
Maradas, Hinnersam, les Piccolomini ;
Ils sont venus tous deux, et le fils et le père.
Altringer et Gallas restent seuls en arrière.

BUTTLER.
N'attendez point Gallas.

ILLO, étonné :
Et savez-vous pourquoi ?

ISOLANI, l'interrompant :
Max Piccolomini ? Vers lui conduisez-moi.
Je le verrai toujours à Dessau, dans l'affaire
Où Mansfeld fut pour nous un si rude adversaire :
Son père est en danger ; de la hauteur du pont
Max pousse son cheval, et dans l'Elbe, d'un bond,
Dans ces rapides eaux, s'élance, et sur la rive,
Pour délivrer son père, à temps encore arrive.
Voici de çà dix ans. A peine voyait-on
Quelque léger duvet pousser à son menton.
Mais, d'après ce qu'on dit, maintenant ce doit être
Un guerrier accompli.

ILLO.

Vous l'allez voir paraître,
Venant de Carinthie et ramenant ici
La duchesse et sa fille. Au camp, avant midi,
Elles vont arriver.

BUTTLER.

Sa femme et la princesse !
Le duc veut bien du monde.

ISOLANI.

Eh ! si nous avons presse,
Tant mieux ! J'imaginais que, pour tout entretien,
On parlerait canon, attaque, marche ; eh bien !
Vous voyez chez le duc les soins les plus aimables
D'offrir à nos regards des objets agréables.

ILLO, il est resté pensif et dit à Buttler, qu'il conduit un peu à l'écart :

Vous savez que Gallas refuse de venir ?

BUTTLER, d'un air significatif :

Oui ; si bien qu'il voulait aussi me retenir.

ILLO, avec chaleur :

Et vous avez bien loin repoussé cette avance ?

(Lui serrant la main :)

Brave Buttler !

BUTTLER.

Lié par la reconnaissance :
Le duc qui vient encor....

ILLO.

C'est vrai ! Mon compliment,
Colonel !

ISOLANI.

Oui, le duc lui donne un régiment :
Et c'est celui-là même, à ce que j'entends dire,
Où, simple cavalier, il s'était fait inscrire.
Eh bien ! en vérité, cet exemple est fort bon ;
C'est là, pour chaque corps, un puissant aiguillon
De voir qu'un vieux soldat, un homme de mérite,
Fasse ainsi son chemin.

BUTTLER.

Et cependant j'hésite
A recevoir déjà le nom qui m'est donné :
L'empereur ne l'a pas encor sanctionné.

ISOLANI.

Prenez toujours ! Celui qui jusque vous porte,
Pour vous y maintenir a la main assez forte.
Que lui font l'empereur et les ministres ?

ILLO.

Bah !
Si nous devions avoir de ces scrupules-là !...
L'empereur ! Convenez qu'il ne nous gâte guère ;
Tout ce que l'on obtient, tout ce que l'on espère,
Nous vient du prince seul.

ISOLANI.

Vous ai-je dit, Illo,
Que le prince réduit mes dettes à zéro ?
Il se fait mon caissier et, — pour dire la chose, —
Veut qu'en homme rangé je me métamorphose.
Pour la troisième fois sa royale faveur
Me sauve en même temps ruine et déshonneur.

ILLO.

Ah! que n'est-il le maître! On ne tarderait guères
A voir à ses soldats des vassaux et des terres;
Sa générosité ne leur défaudrait pas.
Mais, à Vienne, l'on sait lui raccourcir le bras,
Et chaque fois qu'on peut on lui rogne les ailes.
Et puis, ce Questenberg encore! Elles sont belles,
Hein? les prétentions qu'il nous apporte ici!

BUTTLER.

Ce que veut l'empereur, on me l'a dit aussi;
Mais à ne rien céder le duc sera tenace,
J'espère.

ILLO.

Oui, de ses droits. Mais s'il quitte sa place?

BUTTLER, étonné:

Comment donc? Savez-vous quelque chose?

ISOLANI, en même temps:

Alors, tous,
Nous serions ruinés!

ILLO.

Sur ce point, taisons-nous.
J'aperçois justement venir notre homme. Il entre
Avec le général Piccolomini.

BUTTLER, secouant la tête:

Diantre!
Nous pourrions bien partir tout autrement d'ici
Que nous n'étions venus.

SCÈNE II.

LES PRÉCÉDENTS, OCTAVIO PICCOLOMINI, QUESTENBERG.

OCTAVIO, encore dans l'éloignement :

Comment ! Encor ceux-ci ?
Cette réunion est extraordinaire !...
Il ne fallait rien moins que cette horrible guerre,
Convenez, mon ami, pour qu'il s'offrît aux yeux,
Dans l'enceinte d'un camp, tant de fronts glorieux.

QUESTENBERG.

Ce n'est pas dans un camp où Friedland est le maître
Que pour blâmer la guerre on fait bien de paraître :
A l'éloge on pourrait se sentir rallié.
Tout ce qu'est le fléau, je l'ai presque oublié
Devant l'esprit puissant, l'habileté profonde
Qui fait qu'en un tel ordre, en dévastant le monde,
La guerre se maintient ; quand j'ai pu de mes yeux
Juger de ce qu'il sait créer de merveilleux.

OCTAVIO.

Deux braves, mon ami, qui complètent ensemble
Le cercle de héros qu'ici le camp rassemble :
Le comte Isolani, le colonel Buttler.
Le résumé de l'art en eux nous est offert :
(Présentant Buttler et Isolani :)
Force et célérité.

QUESTENBERG, à Octavio :

Que la sagesse éclaire.

OCTAVIO, *présentant Questenberg*:

Monsieur le chambellan et conseiller de guerre
Questenberg. Dans cet hôte honorons le porteur
Des volontés du trône et le grand protecteur,
Le patron du soldat.
     (Silence général.)

ILLO, *s'approchant de Questenberg*:
    Déjà Votre Excellence
Est venue honorer le camp de sa présence.

QUESTENBERG.

Oui, ces mêmes drapeaux, je les ai déjà vus.

ILLO.

De l'endroit où c'était ne vous souvient-il plus?
C'était en Moravie, à Znaïm. La détresse
Contraignait l'empereur au vœu que Son Altesse
Dans son commandement consentît à rentrer,
Et pour qu'elle cédât vous veniez l'implorer.

QUESTENBERG.

L'implorer, général? Ma mémoire est fidèle:
Je n'ai porté si loin mon mandat ni mon zèle.

ILLO.

Eh bien! pour la forcer, si vous voulez. Le Lech
Avait vu de Tilly l'épouvantable échec;
Ouverte à l'ennemi se montrait la Bavière,
Et, sans que devant lui se dressât de barrière,
Jusqu'au cœur de l'Autriche il aurait pénétré.
Alors, devant le duc vous vous êtes montré,
Et, Werdenberg aidant, par prière et menace,

Au nom de l'empereur, sous peine de disgrâce,
Vous avez demandé qu'il lui prêtât appui.

ISOLANI, s'approchant à son tour de Questenberg :

Ah! monsieur le ministre, on comprend qu'aujourd'hui,
Dans le nouveau mandat qui chez nous vous amène,
Vous ne vous souveniez du premier qu'avec peine.

QUESTENBERG.

Pourquoi donc? l'un des deux m'aurait-il compromis?
Se contredisent-ils? C'est à ses ennemis
Qu'il s'agissait alors d'arracher la Bohème;
C'est de ses protecteurs et de ses amis même
Que je viens la sauver.

ILLO.

Belle commission!
Au prix de notre sang on l'arrache au Saxon,
Et pour nous en payer voilà qu'on nous en chasse!

QUESTENBERG.

Si d'une plaie à l'autre on ne veut point qu'il passe,
Il faut vite affranchir ce malheureux pays
Du joug de ses amis et de ses ennemis.

ILLO.

Que dites-vous? Après une année aussi bonne?
Voilà le paysan fourni de tout. Qu'il donne!

QUESTENBERG.

Oui, sans doute, et fourrage et bétail; je comprend.
Bornez-vous à cela, monsieur, ce qu'on lui prend?

ISOLANI.

La guerre à tous besoins doit pourvoir en campagne.
Des paysans qu'on perd sont des soldats qu'on gagne.
Qu'importe à l'empereur !

QUESTENBERG.

Eh ! que n'ajoutez-vous :
Et des sujets de moins ?

ISOLANI.

Bah ! nous le sommes tous !

QUESTENBERG.

Ah ! comte Isolani, distinguons, je vous prie :
Par son activité, son utile industrie,
Le paysan remplit les coffres de l'État ;
Ce n'est qu'à les vider que s'entend le soldat.
L'empereur, trop longtemps appauvri par l'épée,
Tient à voir de nouveau la charrue occupée.

BUTTLER.

L'empereur ne serait point pauvre, à mon avis,
S'il ne laissait sucer la moelle du pays
Par tout ce qu'à ses flancs nous voyons de sangsues.

ISOLANI.

Les choses n'en sont pas à ce degré venues :
(Se plaçant devant Questenberg et examinant son habit :)
Tout l'or n'est pas encor monnayé.

QUESTENBERG.

Grâce à Dieu,
A qui nous avons dû d'en sauver quelque peu...
Des Croates !

ILLO.

Eh bien! si c'est ainsi, qu'on laisse
Slawata, Martinitz et ceux de leur espèce[1],
Tous ces hommes, enfin, sur lesquels l'empereur
Accumule les dons qu'invente sa faveur;
Qu'il se plaît à combler de ses grâces suprêmes,
Au scandale profond de tous les bons Bohèmes;
Ces hommes que l'on voit tour à tour engraissés
Des dépouilles de gens injustement chassés;
Ces hommes que grandit la ruine commune;
Qui mettent à profit la publique infortune;
Dont le luxe royal, — insolents favoris! —
Ne craint pas d'insulter aux malheurs du pays;
Puisque de cette guerre ils sont la seule cause,
Qu'on les laisse payer les grands frais qu'elle impose!

BUTTLER.

Et ces écornifleurs de biens, ces gens titrés,
Sous la table, à la cour, toujours les pieds fourrés;
Aux aguets pour happer le moindre bénéfice,
Ils veulent au soldat, dans son rude service,
Et rogner sa dépense, et mesurer son pain.

---

1. Le baron de Slawata, président des États de Bohême, et le baron de Martinitz, conseiller. On connaît, à leur sujet, la *Défenestration de Prague*, rappelée dans la description de la coupe d'or (acte IV, scène v).

C'est encore à ces deux personnages qu'il est fait allusion (*Mort de Wallenstein*, acte I, scène v) dans les vers :

> Pourrait-on bien jamais faire oublier aux fils
> Qu'on instruisait des chiens à cette horrible adresse
> De chasser devant eux les pères à la messe.

« De tous les seigneurs catholiques aucuns n'étaient aussi durs envers leurs vassaux protestants. On les accusait de lâcher des chiens contre eux pour les pousser à la messe, et de les ramener de force au catholicisme par le refus du baptême, du mariage et de la sépulture. » (Schiller, L. l.)

ISOLANI.

Jamais je n'oublîrai l'impertinent dédain
Qu'à Vienne on me fit voir quand j'allai, pour le compte
Des corps que je commande, y presser la remonte.
Comme d'une antichambre à l'autre on me traînait,
Et, des heures durant, comme on m'abandonnait
Parmi tous les valets, tous les flatteurs du trône.
On m'aurait dit venu pour demander l'aumône.
— Cela m'est arrivé voici sept ans. — Enfin,
La cour auprès de moi détache un capucin :
On veut de mes péchés qu'à lui je me confesse,
Me dis-je. Pas du tout ! C'est l'homme qu'on m'adresse
Pour traiter avec moi l'affaire des chevaux !
Mais je dus repartir sans en avoir plus gros,
Et le duc, en trois jours, me termina l'affaire
Qu'à Vienne, dans un mois, je n'avais pas pu faire.

QUESTENBERG.

Dans nos comptes l'article, en effet, est porté ;
Il n'est pas même encor tout à fait acquitté.

ILLO.

La guerre est un métier de dure violence ;
Les moyens de douceur n'y seraient qu'impuissance,
Et les ménagements que d'inutiles mots.
Ah ! si l'on attendait que de vingt-quatre maux
Vienne ait choisi le moindre, on aurait longue attente.
Il vaut mieux se lancer au travers. — Qu'on le tente !
Qu'importent les accrocs ! — Ici recoudre, là
Remettre un morceau, l'homme est expert en cela,
Et la nécessité, — qu'il hait, — il la préfère
A l'embarras d'un choix qui lui répugne à faire.

QUESTENBERG.

Oui ; mais le duc pour nous prévient cet embarras.

ILLO.

Lui ! Quel soin paternel il a de ses soldats !
L'empereur, nous voyons à quel point il nous aime.

QUESTENBERG.

Soyez sûr que son cœur pour chacun est le même,
Et des conditions qu'occupent ses sujets
Il ne sacrifiera l'une à l'autre jamais.

ISOLANI.

Et pour mieux le prouver, sans doute, il nous envoie
Au désert, et parmi les animaux de proie,
Pour que ses chers agneaux en soient mieux préservés.

QUESTENBERG, avec ironie :

De la comparaison c'est vous qui vous servez ;
Ce n'est pas moi, monsieur.

ILLO.

Et pourtant, si nous sommes
Ce que la cour suppose, est-ce qu'à de tels hommes
Donner la liberté n'a pas quelque danger ?

QUESTENBERG, gravement :

C'est une liberté qu'on a su s'arroger,
Et le frein, trouvons-nous, lui devient nécessaire.

ILLO.

Le cheval pourrait bien ne pas se laisser faire.

QUESTENBERG.

Il aura qui le calme.

ILLO.

Il ne voudra porter
Que celui qui trouva moyen de le dompter.

QUESTENBERG.

S'il l'est, à le conduire un enfant doit s'entendre.

ILLO.

L'enfant? On n'en est plus à chercher où le prendre [1].
Je le sais.

QUESTENBERG.

De son nom n'ayez aucun souci;
Mais de votre devoir.

BUTTLER, qui jusqu'ici s'est tenu à l'écart avec Piccolomini, mais
en prenant un intérêt visible à l'entretien, s'avance:

Veuillez m'entendre aussi,
Monsieur le président! Dans toute l'Allemagne
Nous avons une armée admirable en campagne :
Dans ce royaume seul, en mettant au plus bas,
Se trouvent cantonnés trente mille soldats;
Leur chiffre, en Silésie, à seize mille monte;
Sur le Rhin, sur le Mein, sur le Weser, on compte
Jusqu'à dix régiments, et, fortement assis,
Dans la Bavière douze, et, la Souabe, six :
Contre les Suédois c'est autant de barrières.
J'omets les garnisons de nos places frontières.
Eh bien! aux généraux, aux hommes de Friedland

---

1. Ferdinand III, roi de Hongrie et de Bohême, fils de Ferdinand II. Il avait été question de lui donner le commandement en chef après la dépossession de Wallenstein et la défaite de Tilly. Illo fait ironiquement allusion à ce projet.

Tout ce monde obéit, et chaque commandant
Est imbu des leçons du généralissime.
Nourris du même lait, même cœur les anime.
A ce sol ils n'ont rien qui puisse les lier :
Le service, voilà leur pays, leur foyer.
Leur stimulant n'est point l'amour de la patrie :
Ils ont pour la plupart ailleurs reçu la vie;
Et moi-même comme eux. L'amour de l'empereur
Ne peut pas davantage exciter leur ardeur :
La moitié des soldats qu'il a dans cette guerre
A déserté pour lui quelque armée étrangère.
Il est clair que chacun, selon l'occasion,
Combattra sous les lis, sous l'aigle ou le lion.
Un seul homme les tient sous sa puissante bride;
Par l'amour et la crainte à la fois il les guide;
Il n'en fait qu'un seul peuple; et tel, du haut de l'air,
Sur le fer conducteur tombe et glisse l'éclair,
Suivant, rapide et sûr, le fil qui le dirige[1],
Tel part l'ordre qu'il donne : il s'étend, il oblige
Du poste reculé d'où le soldat entend
Le flot de la Baltique à la dune battant,
Du poste que l'Adige en ses vallons recèle,
Jusqu'au seuil du palais où de la sentinelle
L'empereur peut ouïr le pas accoutumé.

QUESTENBERG.

Et de ce long discours quel est le résumé?

BUTTLER.

C'est qu'au premier venu que nous enverra Vienne

[1]. La liberté du poëte est allée, ici, jusqu'à l'anachronisme.

Il ne faut pas compter que, de plein droit, revienne
Ce que le duc en nous trouve d'attachement,
De zèle et de respect dans son commandement.
Et cette autorité qu'on craint, d'où lui vient-elle ?
Nous en avons gardé le souvenir fidèle :
En ses mains l'empereur avait-il donc remis
Une armée en état d'aller aux ennemis ?
Ne manquait-il qu'un chef à placer à sa tête ?
Nous savons à quel point cette armée était prête :
Il a fallu d'abord que Friedland la créât ;
Il en a fait venir jusqu'au premier soldat.
Est-ce de l'empereur qu'il reçut cette armée ?
Non ! il la lui donna quand elle fut formée.
Est-ce que notre chef nous vient de l'empereur ?
Non ! et mille fois non ! C'est une grosse erreur.
C'est de lui que nous vient l'empereur, au contraire ;
Il le fit notre maître, et sous cette bannière
Friedland seul nous retient.

OCTAVIO, se mettant entre eux, à Questenberg :

Monsieur, n'oubliez pas
Que vous êtes au camp et parmi des soldats.
Pour former le soldat il est bon qu'on lui laisse
Sa part de liberté, même de hardiesse.
Comment agirait-il avec audace, si
On ne la souffrait pas dans son langage aussi ?
L'une fait passer l'autre. — Et, tenez ! c'est l'audace
De ce brave officier.

(Montrant Buttler :)

— qui se trompe et dépasse
Le but auquel il tend, — c'est l'audace qu'il eut

A Prague, et quand l'audace était le seul salut,
Qui de Sa Majesté sauva la capitale,
Dans un jour de révolte horrible et générale
De cette garnison.

(On entend dans le lointain une musique guerrière.)

ILLO.

Écoutez ! Les voilà !
Cette musique dit que la princesse est là ;
Que la garde lui rend le salut militaire.

OCTAVIO, à Questenberg :

Mon fils était allé la chercher dans sa terre,
Et de la Carinthie il la ramène ici.

ISOLANI, à Illo :

Allons les saluer.

ILLO.

Allons ! Venez aussi,
Buttler !

(A Octavio :)

Avant midi, comte, chez Son Altesse ;
Avec monsieur. — Veuillez y songer. — Je vous laisse.

SCÈNE III.

OCTAVIO, QUESTENBERG.

QUESTENBERG, avec des marques d'étonnement :

Lieutenant-général ! quels discours ! Justes cieux !
Quel esprit de révolte et quelle audace en eux !
Si de tels sentiments la troupe est animée....

ACTE I. — SCÈNE III.

OCTAVIO.

Vous avez entendu les trois quarts de l'armée.

QUESTENBERG.

Pour nous garantir d'elle, il nous faudrait, hélas !
Une seconde armée, et nous ne l'avons pas.
Cet Illo m'a paru dire moins qu'il ne pense,
Et Buttler ne sait pas se faire violence :
Ses mauvais sentiments au jour ont éclaté.

OCTAVIO.

C'est blessure d'orgueil, susceptibilité ;
Voilà tout. En Buttler jusqu'à présent j'espère :
Je connais le moyen d'apaiser ce Cerbère[1].

QUESTENBERG, allant et venant avec agitation :

Non, mon ami, le mal à ce point arrivé,
Passe tout ce qu'à Vienne on en avait rêvé !
Nous jugions tout avec l'illusion que donne
A l'œil du courtisan l'éclat de la couronne ;
Nous n'avions pas encore observé dans son camp
Le général en chef, le maître tout-puissant.
Pour bien me rendre compte, il fallait que je vinsse :
Ici plus d'empereur ; l'empereur, c'est le prince !
En parcourant le camp j'ai perdu tout espoir.

OCTAVIO.

Vous voyez les dangers que pour moi peut avoir
Le mandat que la cour par vos mains me confie :
Un soupçon, et je perds la liberté, la vie ;

1. Il l'emploie dans la belle scène VI, acte II, de la *Mort de Wallenstein*.

Et Friedland accomplit ses plans audacieux.
Le rôle que je joue est des plus périlleux.

QUESTENBERG.

Mettre en de telles mains une telle puissance !
Armer ce forcené ! quel excès d'imprudence !
C'était tenter trop fort un cœur si mal gardé.
A la tentation un meilleur eût cédé.
Vous verrez que le duc prétendra se soustraire
A l'ordre impérial; il peut, il va le faire.
Il va mettre au grand jour, par d'insolents défis,
La honteuse impuissance où nous sommes réduits.

OCTAVIO.

Et s'il appelle au camp et sa femme et sa fille,
S'il veut être entouré de toute sa famille,
Quand pour recommencer la guerre tout est prêt,
Croyez-vous que ce soit sans un motif secret ?
Le duc à l'empereur ôte le dernier gage
De sa fidélité. Tout ceci nous présage
Que la rébellion est bien près d'éclater.

QUESTENBERG.

Oh oui ! Malheur ! Malheur ! Et comment affronter
L'orage qui sur nous de tous les points s'amasse ?
Aux frontières, partout l'ennemi nous menace,
Et de tout le Danube il domine le cours;
De progrès en progrès il s'avance toujours.
Au dedans, la révolte et le tocsin d'alarme;
Chacun près d'éclater; le paysan qui s'arme;
Et la troupe, à laquelle on demandait appui,
Pervertie, égarée et sans frein aujourd'hui,

Du chef qui la conduit partageant le vertige,
Trouve qu'envers l'État il n'est rien qui l'oblige,
Rien envers l'empereur! — Redoutable instrument
Qui, prêt à tout pour lui, se livre aveuglément
Au plus audacieux des hommes.

OCTAVIO.

Patience,
Mon ami; ne perdez pas si tôt l'espérance.
Jamais le fait du mot n'a la témérité,
Et tel qui maintenant, par son zèle emporté,
Paraît bien résolu d'aller jusqu'à l'extrême,
Au vrai nom de son crime, en dedans de lui-même
Retrouverait un cœur. Puis, nous ne sommes pas
Sans aucuns défenseurs : Altringer et Gallas
Ajoutent tous les jours à leur petite armée,
Qu'ils ont dans le devoir sagement renfermée.
Lui ne peut nous surprendre, environné qu'il est
De tous mes espions; et, quelque soin qu'il ait,
De sa moindre démarche on est prêt à m'instruire.
Lui-même est le premier, du reste, à tout me dire.

QUESTENBERG.

Et de cet ennemi qui s'attache à ses pas,
Il est bien surprenant qu'il ne se doute pas.

OCTAVIO.

Ne croyez pas que j'aie, ou par mes artifices,
Par de l'hypocrisie ou d'empressés services,
Dans la faveur du prince eu soin de me glisser.
A son aveuglement si j'ai dû le laisser,
C'est sans avoir en rien nourri sa confiance;

Et, bien que ce me fût une loi de prudence,
Dans mes devoirs envers l'État et l'empereur,
D'empêcher qu'il ne pût lire au fond de mon cœur,
D'un mensonge envers lui je ne suis point coupable.

QUESTENBERG.
Le ciel témoigne bien qu'il nous est favorable.

OCTAVIO.
Pour mon fils et pour moi, je ne sais pas comment
Il a pu concevoir un tel attachement.
Nous fûmes de tout temps de bons amis. Notre âge,
Une vie en commun, des dangers qu'on partage,
Ont formé ce lien. J'ai toujours à l'esprit
Le jour où, tout à coup, son cœur à moi s'ouvrit.
Sa confiance entière alors me fut donnée :
C'est le jour de Lützen. Dans cette matinée,
A chercher Wallenstein je me sentis conduit
Par un rêve mauvais que j'avais fait la nuit
Et qui m'avertissait que le duc, dans l'affaire,
Eût à ne pas monter son cheval ordinaire.
Bien en dehors du camp, contre un arbre appuyé,
Il s'était endormi. Quand, par moi réveillé,
Il sait pourquoi je fais ma démarche secrète,
Son regard étonné longtemps sur moi s'arrête;
Puis, plein d'émotion, il se jette en mes bras.
Ce service léger ne le méritait pas.
Sa confiance en moi, depuis cette aventure,
Me poursuit, et dans lui diminue à mesure
La mienne.

QUESTENBERG.
        A votre fils vous allez vous ouvrir?

OCTAVIO.

Non.

QUESTENBERG.

Que me dites-vous? Ne pas lui découvrir
Qu'en de méchantes mains il est tombé?

OCTAVIO.

Je pense
Qu'il vaut mieux le laisser à sa seule innocence.
La feinte est inconnue à ce cœur tout ouvert.
De Max, pour nos desseins, l'ignorance nous sert ;
Sa liberté d'esprit fait notre certitude
Qu'au duc nous maintiendrons toute sa quiétude.

QUESTENBERG, soucieux :

Nul n'a du colonel meilleure opinion
Que moi, comte. Pourtant, en cette occasion...
Si... Voyez...

OCTAVIO.

C'est un risque à courir. — Du mystère :
Il vient.

SCÈNE IV.

LES PRÉCÉDENTS: MAX.

MAX.

Je suis heureux de vous revoir, mon père !
(Il l'embrasse. En se retournant, il aperçoit Questenberg et se retire
avec froideur.)
Vous êtes occupé? Je vous dérangerais.

OCTAVIO.

Mon fils, regarde donc notre hôte de plus près :

Un peu d'attention pour l'ami de ton père !
Pour qui de l'empereur est ici mandataire,
Des égards !

MAX, froidement :

   Questenberg, si vous venez ici
A bonne intention, vous y serez aussi
Le bienvenu pour moi.

QUESTENBERG, qui lui a pris la main :

      Que cette main me reste !
Ne la retirez pas, comte ! Je vous atteste
Que je ne l'ai point prise en mon nom seulement,
Ni sous forme d'acquit d'un banal compliment.

(Il leur prend la main à tous deux :)

Les Piccolomini ! Salutaire assemblage !
O noms bien précieux ! noms d'un heureux présage !
L'Autriche à son bonheur ne verra rien changer,
Tant que pour la bénir et pour la protéger,
Deux astres comme vous luiront sur ses armées !
Non !

MAX.

  Vos instructions sont-elles transformées,
Monsieur le conseiller ? De grâce, restez-y.
Ce n'est pas pour louer que vous êtes ici,
C'est pour nous faire entendre et blâme et réprimande.
Donc, pas d'exception pour moi ; je le demande.

OCTAVIO, à son fils :

Il arrive de Vienne où du prince, en effet,
Au même point qu'ici l'on n'est pas satisfait.

MAX.

A quel reproche encor le prince est-il en butte ?
Que ce qu'il comprend seul, de même, il l'exécute ?
Il a raison ; qu'il fasse ! — Un homme comme lui
Doit-il avec souplesse agir au gré d'autrui ?
C'est contre sa nature, il ne peut s'y soumettre.
Il a tout à la fois l'âme et le rang d'un maître :
C'est un bonheur pour nous. Combien voit-on de gens
Qui sachent se conduire ? Assez intelligents
Pour user comme il faut de leur intelligence ?
Heureux les hommes, donc, quand, une fois, s'avance,
Du milieu de la foule, un esprit vigoureux
Qui s'établisse en centre, en point d'appui pour eux ;
Colonne inébranlable, à laquelle l'on coure,
Et que, chacun, heureux et confiant, entoure !
Wallenstein est pour nous l'homme de ce portrait.
Qu'il en soit qu'à la cour on lui préférerait,
N'importe ! Il est le seul qui convienne à l'armée.

QUESTENBERG.

A l'armée ! Oui, sans doute.

MAX.

On a l'âme charmée
A voir avec quel art profond, autour de lui
Il réveille, il anime, il donne nerf, appui.
Toute force latente aussitôt se révèle,
Et toute faculté sent sa valeur réelle.
Il sait faire valoir un homme ce qu'il vaut,
Et fait que son mérite aille toujours plus haut.
Dans sa nature propre il veut que chacun reste ;

Il prend soin seulement qu'elle se manifeste
Au moment opportun; et des divers moyens
Dont est doué chaque homme, il fait ainsi les siens.

QUESTENBERG.

Qu'il se connaisse bien en hommes, qui le nie ?
On sait qu'il est expert dans l'art qui les manie;
Mais, dans son rang de maître, il a trop peu souci
De se ressouvenir qu'il est sujet aussi,
Comme s'il l'occupait, lui, par droit de naissance.

MAX.

Il en est bien ainsi, car, pour cette puissance,
Dieu lui donna la force, et lui donna, surtout,
La force qu'il lui faut pour remplir jusqu'au bout
Le vœu de sa nature, et conquérir en maître
Un rang de souverain, lui qui s'entend à l'être.

QUESTENBERG.

A la fin, ce serait sa magnanimité
Qui ferait la mesure à notre autorité.

MAX.

Confiance au génie ! Accordez-lui l'espace,
Et souffrez que son but lui-même il se le place.

QUESTENBERG.

Nous connaissons ce but.

MAX.

              Ils voient tous de façon
Que chaque profondeur leur donne le frisson;
Il faut que tout soit plat pour leur offrir des charmes !

ACTE I. — SCÈNE IV.

OCTAVIO, à Questenberg :

Allons ! de bonne grâce, ami, rendez les armes :
Avec lui vous n'aurez jamais le dernier mot.

MAX.

On les voit invoquer le génie aussitôt
Qu'ils sont dans la détresse, et, dès qu'il se présente,
Les voilà, devant lui, tous frappés d'épouvante.
A de vulgaires faits préparés seulement,
Ils ne conçoivent point que se passe autrement
Et l'extraordinaire, et le sublime même.
En campagne, l'instant, voilà la loi suprême.
Il faut qu'un général soit libre. Laissez-lui
Voir par ses propres yeux, et non par ceux d'autrui.
Il lui faut les grandeurs qu'étale la nature ;
Que sur ses grandes lois il règle son allure ;
Qu'il n'ait à consulter que l'oracle vivant
Qui parle dans son cœur, et non à mettre avant,
Des livres qui sont morts, d'anciennes ordonnances,
De vieux papiers poudreux.

OCTAVIO.

Max ! comme tu t'avances !
Tu nous permettras bien d'être moins dédaigneux
Pour ces vieux règlements, sagement rigoureux.
Ils nous sont un trésor ; un bien inestimable.
Aux mains de l'opprimé c'est le poids redoutable
Qu'il jette à l'oppresseur quand par sa volonté
Impétueuse et dure il le voit emporté.
L'arbitraire, toujours, est chose dangereuse ;
L'ordre, même en suivant la route sinueuse,

Ne fait point de détours. A la foudre, au canon
De tracer droit dans l'air leur terrible sillon ;
Par le plus court chemin de lancer leur ravage,
Et, pour détruire encor, de s'ouvrir leur passage !
Mais, mon fils, le chemin de l'homme, pour trouver
Le bonheur où chacun s'efforce d'arriver,
Ce chemin, qui n'a point de lignes calculées,
Des fleuves suit le cours, les circuits des vallées ;
Il contourne les champs où la moisson mûrit ;
Il longe les coteaux où la vigne fleurit.
Ce chemin, de chacun respecte l'héritage.
Pour arriver au but plus long est le voyage,
Mais plus sûr.

QUESTENBERG.

Oh ! de grâce, écoutez cette voix !
Et l'homme, et le héros vous parlent à la fois.

OCTAVIO.

Max ! c'est l'enfant des camps qui parle par ta bouche.
Élevé dans la guerre, elle seule te touche ;
Seule elle t'a formé par quinze ans de combats,
Et la paix, jusqu'ici, tu ne la connais pas.
Être un guerrier n'est pas le mérite suprême.
La guerre a d'autres buts que la guerre elle-même.
Ce que la violence a de grand et de prompt,
Les faits prodigieux qui du moment naîtront,
Ne font pas le bonheur sûr, durable, tranquille.
Le soldat lestement sait se bâtir la ville
Où, pour toute maison, c'est la toile qu'il tend :
Le mouvement, le bruit s'y forme au même instant ;
Des marchés sont ouverts ; la route, la rivière

Se chargent de convois pour la cité guerrière ;
Industrie et commerce y prospèrent. Soudain
On le voit replier ses tentes un matin ;
Plus loin pousse la horde, et la terre, foulée,
La terre où le blé croît, reste là, désolée,
Telle qu'un cimetière, et pour le laboureur
C'en est fait du travail d'un an.

MAX.

                Que l'empereur
Fasse la paix, mon père, et volontiers je jette
Mes lauriers teints de sang, pour une violette,
Ce gage parfumé du retour du printemps !

OCTAVIO.

Max ! Quelle émotion ! Est-ce toi que j'entends ?

MAX.

La paix, avez-vous dit, m'est encore inconnue ?
Oh ! non ! je la connais, mon père ; je l'ai vue !
La paix ! tout récemment j'ai quitté son séjour,
Et c'est de ce matin que j'en suis de retour :
Un pays étranger encore au bruit des armes.
Je l'ai vu ce pays ! — Oui, la vie a des charmes
Qui nous sont inconnus. Ce n'était, jusqu'ici,
Qu'un rivage désert que nous avons suivi ;
Comme errent des forbans, dont la troupe se presse
Dans leur navire étroit, à l'atmosphère épaisse ;
Qui, sur la rude mer, plus rudes qu'elle encor,
Vivent pour la débauche et le vol et la mort,
Et qui du continent ne savent que les rives,
Les anses où risquer leurs descentes furtives.

De tout ce que la terre a de délicieux
Au fond de ses vallons, il n'est rien qu'à mes yeux
Ait offert jusqu'ici notre course sauvage.

OCTAVIO, attentif.

Tu le sais maintenant ? Et depuis ton voyage ?

MAX.

C'est le premier loisir qu'on m'offrait ; je l'ai pris.
Dites-moi donc, enfin, quel est le but, le prix
De ces rudes travaux où se perd ma jeunesse ;
Qui me laissent le cœur vide, plein de tristesse ;
Dont aucun n'a jamais rafraîchi, relevé
Mon esprit que nul art encor n'a cultivé ?
Le tumulte du camp, des chevaux qui hennissent ;
Des trompettes qui d'heure en heure retentissent ;
Le service réglé de moments en moments ;
Des évolutions et des commandements,
Qu'est-ce que tout cela pour le cœur que tourmente
Le désir d'autres biens, comme une soif ardente ?
Non, non, j'éprouve en moi qu'à l'aride métier
L'âme résolûment ne peut s'associer ;
Elle a d'autres bonheurs, mon père, d'autres joies !

OCTAVIO.

C'est un bien grand savoir, mon fils, que tu déploies !
De ton si court voyage est-il le résultat ?

MAX.

Qu'il est beau, qu'il est doux le jour où le soldat
Enfin redevient homme et rentre dans la vie !

ACTE I. — SCÈNE IV.

Où pour le gai retour son drapeau se déplie !
Où la marche qui bat est celle de la paix !
Où casques et chapeaux s'ornent de verts bouquets,
Dernier vol fait aux champs ! A ces joyeuses bandes
Les villes ont ouvert leurs portes toutes grandes.
Elles ne sautent plus sous le choc des pétards.
Une foule paisible en couvre les remparts
Et lance dans les airs ses cris de bienvenue.
Les cloches, à leur tour, font retentir la nue,
Et disent l'heureux soir d'un jour qui fut de sang.
Tout un peuple, joyeux, en foule se pressant,
A la ronde a quitté la ville, le village,
Pour saluer l'armée accourt sur son passage,
Et pousse son amour à l'importunité.
Et le soldat en est dans sa marche arrêté !
Heureux de vivre encor ce jour plein d'allégresse,
Le vieillard voit son fils et dans ses bras le presse.
Ce fils, en étranger il se sent ramené
Sous le toit qu'il avait, longtemps, abandonné !
L'arbrisseau qu'il pliait en quittant le village
Le couvre maintenant de son épais feuillage,
Et celle qui vers lui s'avance en hésitant,
La belle jeune fille, il l'a vue, en partant,
Au sein de sa nourrice encore suspendue.
Heureux, heureux qui voit de même, à sa venue,
Une porte s'ouvrir et des bras l'enlacer !

QUESTENBERG, avec émotion :

Ah ! quel lointain tableau vous venez de tracer,
Et que ne pouvez-vous dire que ce jour vienne
Demain, aujourd'hui même !

MAX, se tournant vers lui avec vivacité :

                        A qui la faute? A Vienne !
Franchement, tout à l'heure, en vous voyant ici,
C'est l'indignation qui, d'abord, m'a saisi.
Si l'on n'a pas la paix, vous seuls en êtes cause ;
Vous ! Il faut que ce soit le guerrier qui l'impose !
A tourmenter le duc vous vous étudiez ;
Vous l'entravez en tout ; vous le calomniez ;
Pourquoi ? c'est qu'à ses yeux l'Europe tout entière
Doit passer bien avant quelques arpents de terre
Que, de plus ou de moins, l'Autriche peut avoir.
Mais, c'est un révolté qu'en lui vous faites voir ;
C'est même de bien pis, Dieu le sait, qu'on le taxe,
Parce que vous voyez qu'il ménage la Saxe,
Qu'il veut chez l'ennemi rassurer les esprits.
Et la paix, cependant, ne sera qu'à ce prix.
Car, comment voulez-vous que l'on puisse la faire
Si la guerre ne cesse au milieu de la guerre ?
Allez, monsieur, allez ! autant j'aime le bien,
Autant, vous, je vous hais, — je ne vous cache rien, —
Et voici mon serment, que vous pouvez entendre :
Pour lui, pour Wallenstein, je jure de répandre
Mon sang, mon dernier sang, tout ce qu'au cœur j'en ai,
Et goutte à goutte, avant qu'il ne vous soit donné
D'applaudir à sa chute.

                    (Il sort.)

SCÈNE V.

QUESTENBERG, OCTAVIO.

QUESTENBERG.

O ciel! comme on s'écarte
Des devoirs les plus saints!

(Pressant et avec impatience:)

Et nous souffrons qu'il parte?
Et le fatal bandeau dont ses yeux sont couverts,
Nous ne l'arrachons pas?

OCTAVIO, sortant d'une profonde réflexion:

Voilà les miens ouverts:
Plus que je ne voudrais je comprends son langage.

QUESTENBERG.

Qu'est-ce donc, mon ami?

OCTAVIO.

Maudit soit ce voyage!

QUESTENBERG.

Que dites-vous?

OCTAVIO.

Venez! — Indices malheureux!
Je veux vite les suivre et tout voir de mes yeux.
— Venez!

(Il veut l'emmener.)

QUESTENBERG.

Où donc?

OCTAVIO, vivement :

La voir.

QUESTENBERG.

Qui ?

OCTAVIO, se reprenant :

Voir le duc. — Je tremble ;
Je vois dans quel filet ils l'ont pris, tous ensemble.
Il ne me revient pas tel qu'il était parti.

QUESTENBERG.

Mais, enfin...?

OCTAVIO.

Je devais être assez averti,
Empêcher ce voyage, à mon fils ne rien taire.
Ah ! vous aviez raison ! Regrettable mystère !
Ah ! j'ai trop attendu.

QUESTENBERG.

Trop attendu ? Pourquoi ?
Mon ami, vos discours sont énigmes pour moi.

OCTAVIO, plus maître de lui :

Rendons-nous chez le duc, car je vois que s'avance
L'heure à laquelle il a fixé votre audience.
Venez ! ne tardons pas. — O voyage fatal !
Maudits, trois fois maudits ceux de qui vient le mal !

(Il emmène Questenberg. La toile tombe.)

FIN DU PREMIER ACTE.

though
ACTE SECOND.

LES PICCOLOMINI.

ACTE SECOND.

Une salle chez le duc de Friedland.

SCÈNE PREMIÈRE.

DES DOMESTIQUES placent des siéges et étendent des tapis de pied. Peu après, SÉNI, vêtu de noir, comme un docteur italien, et d'une façon un peu bizarre. Il s'avance au milieu de la salle, tenant à la main une baguette blanche, avec laquelle il désigne les divers points du ciel.

UN DOMESTIQUE, allant et venant avec une cassolette :

Vite ! dépêchez-vous de ranger ce qui reste.
La garde les salue. Ils viennent. Allons ! leste !

SECOND DOMESTIQUE.

Pourquoi nous a-t-on fait laisser l'autre salon,
Cet appartement rouge et si clair du balcon ?

PREMIER DOMESTIQUE.

Consulte là-dessus l'astrologue. Il assure
Que cet appartement est de mauvais augure.

SECOND DOMESTIQUE.

Quelle plaisanterie ! Il se moque, vraiment !
C'est un appartement pour un appartement.
A celui-ci pourquoi donner la préférence ?

SÉNI, gravement :

Il n'est au monde rien qui n'ait son importance,
Mon fils ; mais les deux points principaux, ici-bas,
Sont dans l'heure et le lieu.

TROISIÈME DOMESTIQUE.

      Ne lui réplique pas,
Nathanaël ! Tu sais fort bien que notre maître,
Lui-même, à ce qu'il veut est prompt à se soumettre.

SÉNI, comptant les siéges :

Onze ! Ajoutez un siége ! Onze, nombre fatal !
Le Zodiaque a cinq et sept, à douze égal.
Ce sont nombres sacrés que douze nous présente.

SECOND DOMESTIQUE.

Dites pour quel motif onze vous mécontente ?

SÉNI.

Onze, c'est le péché. Ce serait transgresser
Les Dix Commandements de Dieu.

SECOND DOMESTIQUE.

      Pourquoi placer
Cinq aux nombres sacrés ?

SÉNI.

     Cinq, c'est l'âme de l'homme ;
Premier nombre formé de pair et d'impair, comme
Sont le bien et le mal dans l'homme en même temps.

PREMIER DOMESTIQUE.

Le fou !

TROISIÈME DOMESTIQUE.

Laisse-le donc ! volontiers je l'entends ;
Souvent ce qu'il nous dit à réfléchir me porte.

SECOND DOMESTIQUE.

Ils arrivent. Partons !
(Montrant une porte latérale :)
Prenons par cette porte.
(Ils sortent à la hâte. Séni les suit lentement.)

SCÈNE II.

WALLENSTEIN, LA DUCHESSE.

WALLENSTEIN.

Eh bien ! duchesse, à Vienne, en vous rendant ici,
Vous venez de toucher. J'attends votre récit.
Vous devez avoir vu la reine de Hongrie.
Qu'avez-vous fait ? Comment vous a-t-on accueillie ?

LA DUCHESSE.

J'ai vu l'impératrice et la reine, en chemin.
Toutes deux nous ont fait l'honneur d'un baise-main.

WALLENSTEIN.

Sur ce qu'en plein hiver au camp je vous appelle,
Sur cet ordre, comment la cour s'exprime-t-elle ?

LA DUCHESSE.

Selon votre désir, j'ai dit sur ce point-là
Que vous aviez fait choix d'un parti pour Thécla ;
Qu'à votre gendre, avant la prochaine campagne,
Vous vouliez présenter sa future compagne.

WALLENSTEIN.

Soupçonne-t-on ce choix ?

LA DUCHESSE.

On craindrait un époux
Qui fût, soit étranger, soit luthérien.

WALLENSTEIN.

Et vous ?

LA DUCHESSE.

A votre volonté vous me savez soumise.

WALLENSTEIN, *après un moment de silence:*
Et quel accueil la cour...?
(La duchesse baisse les yeux et se tait.)
Une entière franchise !

LA DUCHESSE.

Hélas ! des précédents il a bien différé :
A Vienne un changement pour nous s'est opéré.

WALLENSTEIN.

N'avez-vous plus trouvé l'ancienne déférence ?

LA DUCHESSE.

Si ; cet accueil fut digne et plein de convenance ;
Mais, au lieu d'abandon et d'affabilité,
L'étiquette, toujours, et sa solennité.
Tous leurs ménagements avaient le caractère
De pitié, beaucoup plus que de faveur sincère.
L'épouse de Friedland, fille du comte Harrach
Avait droit de s'attendre à ce qu'on l'honorât
Un peu différemment.

WALLENSTEIN.

    La cour est mécontente,
Sans doute ? Elle a blâmé ma conduite récente ?

LA DUCHESSE.

Que ne l'a-t-on blâmée ! Hélas ! depuis longtemps,
Devant qui vous attaque, Albert, je vous défends;
J'apaise les esprits. — J'y suis accoutumée. —
Oh non ! votre conduite, on ne l'a point blâmée,
Mais chacun affectait, sur le duc de Friedland,
Un solennel silence, un silence accablant.
Nous voudrions en vain chercher dans ce mystère
Susceptibilité; quelque erreur passagère :
Il s'y cache un malheur : vous êtes menacé.
Fatal, irréparable est ce qui s'est passé.
Enfin, jusqu'à présent, la reine de Hongrie
Aimait à m'appeler sa cousine chérie,
Et quand je la quittais me donnait un baiser.

WALLENSTEIN.

Et vous vous l'êtes vu, cette fois, refuser ?

LA DUCHESSE, essuyant ses larmes, après un moment de silence :

Elle me l'a donné, mais de tout autre sorte :
Lorsque j'eus pris congé, que j'allais vers la porte,
Comme se ravisant, et d'un rapide pas,
Elle est venue à moi, m'a pressée en ses bras,
Dans une émotion bien plus triste que tendre.

WALLENSTEIN, lui prenant la main :

Duchesse, calmez-vous. — Que vous ont fait entendre
Eggenberg, Lichtenstein et nos autres amis ?

LA DUCHESSE, *secouant la tête :*

Je ne les ai pas vus.

WALLENSTEIN.

     Et quels sont les avis
Du comte ambassadeur d'Espagne ? A ma défense
Il mettait autrefois toute son éloquence.

LA DUCHESSE.

Sa bouche ne sait plus trouver un mot pour vous.

WALLENSTEIN.

Ces soleils cessent donc de luire aussi sur nous !
Il nous faut désormais notre propre lumière.

LA DUCHESSE.

Est-il fondé, cher duc, ce bruit qu'avec mystère,
La cour se communique et, tout haut, le pays ?
Du Père Lamormain quelques mots m'ont appris...[1]

WALLENSTEIN, *vivement :*

Lamormain ? Que dit-il ?

LA DUCHESSE.

      Que vous portez au crime
L'abus de vos pouvoirs de généralissime,
Et que vous opposez un coupable dédain
Aux ordres les plus hauts, à ceux du souverain.

---

[1] Guillaume Germeau de Lamormaini, jésuite belge, confesseur de l'empereur Ferdinand II, à partir de 1624 ; mort à Vienne en 1648 ; l'inspirateur énergique des mesures qui frappèrent les protestants ; de 1626 à 1637, l'agent le plus actif du pape et de l'ordre des Jésuites auprès de la cour de Vienne.

Avec les Espagnols, le fier duc de Bavière
Hautement vous accuse. Au dire encor du Père,
L'orage que sur vous on amasse aujourd'hui
Serait plus menaçant encore que celui
Dont vous avez été victime à Ratisbonne.
Il serait question ; — à ce mot je frissonne ; —
Comment le dire !

WALLENSTEIN, très-attentif :
Eh bien ?

LA DUCHESSE.
Il serait question,
Comme alors....
(Elle s'arrête.)

WALLENSTEIN.
Comme alors ?

LA DUCHESSE.
De déposition ;
Et plus injurieuse encore, il faut le craindre.

WALLENSTEIN.
Ils en sont venus là ?
(Il se promène avec agitation.)
C'est vouloir me contraindre ;
C'est me violenter !

LA DUCHESSE, s'appuyant sur lui, et d'un ton suppliant :
De grâce, ô mon époux !
Si vous pouvez encor la détourner de vous
Par la soumission, par la condescendance,
Écoutez-moi : sachez vous faire violence !

Surmontez, surmontez l'orgueil de votre cœur !
A qui céderez-vous ? c'est à votre empereur.
Il ne faut plus souffrir que la haine envenime
Vos plus nobles desseins et vous en fasse un crime.
Fort de la vérité, sûr de votre succès,
Mensonge et calomnie, allez, confondez-les !
Il nous reste si peu de vrais amis ! Nous sommes,
Vous le savez, en butte à la haine des hommes ;
Trop promptement heureux, nous sommes enviés.
Que deviendrions-nous, Albert, disgraciés ?

SCÈNE III.

Les précédents, LA COMTESSE TERZKY, conduisant
THÉCLA par la main.

LA COMTESSE.

Pouvez-vous bien, ma sœur, l'entretenir d'affaires,
Et de celles, je vois, qui ne le charment guères,
Et ne pas le laisser, au moins ce premier jour,
Au bonheur d'embrasser sa fille de retour ?
Que ces premiers moments soient tout à l'allégresse.
Tenez, Friedland, voici votre chère princesse !

(Thécla s'approche de lui timidement et veut s'incliner pour lui baiser la main. Il la reçoit dans ses bras et reste un moment absorbé dans le plaisir de la contempler.)

WALLENSTEIN.

Elle a réalisé mon espoir d'autrefois !
En signe d'un bonheur plus grand je la reçois.

LA DUCHESSE.

Quand vous êtes allé rassembler une armée
Au nom de l'empereur, cette enfant bien-aimée

Était si jeune encor ! Lorsqu'il me fut donné
De vous revoir plus tard, — vous aviez terminé
Votre expédition dans la Poméranie, —
Elle était au couvent, dont elle n'est sortie
Que pour venir ici.

WALLENSTEIN.

Tandis qu'à sa grandeur
J'employais mon épée et ce que j'ai d'ardeur ;
Que je lui conquérais le plus haut rang sur terre,
La nature à son tour, en bienfaisante mère,
Sur cette chère enfant, dans de tranquilles murs,
Se plaisait à verser ses trésors les plus purs,
La guidant, à la fois, parée ainsi d'avance,
Vers son brillant destin et vers mon espérance.

LA DUCHESSE, à sa fille :

L'aurais-tu reconnu ton père ? Non, je crois.
Tu n'avais que huit ans quand, la dernière fois,
Tu le vis, mon enfant.

THÉCLA.

Du premier coup, ma mère :
Les ans n'ont point laissé leur trace sur mon père.
Il m'apparaît encore aujourd'hui florissant,
Tel que l'avait gardé mon cœur.

WALLENSTEIN, à la duchesse :

L'aimable enfant !
Qu'elle a fait sa remarque avec délicatesse,
Et que d'intelligence elle annonce, duchesse !
Le sort n'a pas voulu donner à ma maison
Un fils à qui laisser ma fortune et mon nom,

Et qui continuât dans une noble race,
Un père dont la vie aussi rapide passe.
Je m'en suis irrité souvent contre le sort...
Je l'avoue à présent, duchesse, j'avais tort :
C'est sur ce front si pur, à beauté printanière,
Que je déposerai ma couronne guerrière ;
Et je ne l'aurai pas conquise vainement,
Si je puis voir le jour où, pour ce front charmant,
En un bandeau royal ses fleurs seront changées.

(Il la tient dans ses bras au moment où Max paraît.)

SCÈNE IV.

Les précédents, MAX PICCOLOMINI, puis, LE COMTE TERZKY.

LA COMTESSE.

Voici le paladin qui nous a protégées.

WALLENSTEIN.

Max, sois le bienvenu ! Chaque fois qu'à mes yeux
Tu parais, c'est porteur d'un message joyeux :
Tu m'es l'astre riant qui précède l'aurore ;
Ma vie, à ton aspect, de son soleil se dore.

MAX.

Ah ! mon général !

WALLENSTEIN.

         Max, tes services passés,
L'empereur, par mes mains, les a récompensés ;
Mais tu viens d'obliger le père, l'heureux père :
Friedland à cette dette a seul à satisfaire.

MAX.

Prince ! qu'à l'acquitter vous avez été prompt !
Je viens avec douleur, et la rougeur au front :
A peine suis-je ici, je vous remets à peine
La duchesse et sa fille, et voilà qu'on m'amène
L'équipage de chasse, orné si richement,
Qui doit être le prix du service ! — Oui, vraiment,
Prince, c'est là vouloir me payer mon salaire.
Ce voyage était donc une peine, une affaire,
Et non une faveur, comme je l'espérais ?
Pour vous en rendre grâce à l'instant j'accourais...
Vous n'avez pas voulu que mon mandat lui-même,
Ce mandat seul, pour moi fût le bonheur suprême.

(Terzky entre et remet au duc des lettres que celui-ci ouvre avec empressement.)

LA COMTESSE, à Max :

A payer votre peine il n'a pas pu songer ;
C'est sa joie, avec vous, qu'il voulait partager.
Ce scrupule vous sied, comme sied à mon frère
La générosité toujours grande, princière.

THÉCLA.

J'aurais donc à douter aussi de son amour,
Car ses mains m'ont parée à peine de retour ;
Même avant que son cœur m'exprimât sa tendresse.

MAX.

Ne faut-il pas qu'il donne et rende heureux sans cesse ?

(Il prend la main de la duchesse ; puis, avec une vivacité croissante :)

Que ne lui dois-je pas à cet homme si grand ?
Tout n'est-il pas pour moi dans ce nom de Friedland ?
Je veux à tout jamais en subir la puissance ;

J'y mets tout ce que j'ai de joie et d'espérance ;
Le sort fait de ce nom, qui me retient charmé,
Comme un cercle magique où je suis enfermé.

LA COMTESSE, qui, dans l'intervalle, a observé attentivement le duc,
remarque qu'à la lecture des lettres il est devenu pensif :

Retirons-nous : le duc désire qu'on le laisse.

WALLENSTEIN, se retourne vivement, et, se maîtrisant, dit d'un
ton calme à la duchesse :

Une seconde fois, je vous le dis, duchesse,
Soyez la bienvenue et reine à cette cour.
— Max, il faut t'acquitter encore pour un jour
De ton ancien emploi. Va ! pendant qu'aux affaires
Je vais donner ici quelques soins nécessaires.

(Max offre le bras à la duchesse ; la comtesse emmène Thécla.)

TERZKY, à Max qui s'éloigne :

Pour la réunion ayez soin d'être ici.

SCÈNE V.

WALLENSTEIN, TERZKY.

WALLENSTEIN, dans une profonde rêverie, se parlant à lui-même :

Elle a bien observé. Les choses sont ainsi.
Avec tous mes rapports son récit coïncide.
Voilà qu'à frapper fort à Vienne on se décide ;
Je vois qu'ils m'ont déjà donné mon successeur :
C'est le roi de Hongrie, un fils de l'empereur,
Son enfant préféré. C'est en lui que leur rêve
Leur fait voir un sauveur, un astre qui se lève.
On croit s'être de moi défait sans plus d'effort,
Et j'ai mon héritier comme si j'étais mort.

Allons! il faut sur eux que je prenne l'avance!
(En se retournant, il aperçoit Terzky et lui passe une lettre.)
Altringer et Gallas excusent leur absence.
Cela ne me plaît point.

TERZKY.

Eh bien! agis! sois prompt!
Sinon, l'un après l'autre ils t'abandonneront.

WALLENSTEIN.

Des gorges du Tyrol Altringer est le maître;
Qu'il me les garde bien! Les Espagnols, peut-être,
De Milan, jusqu'à nous, par là comptent venir.
Expédie un courrier qui l'aille prévenir.
— A propos! Sésina, notre ancien mandataire[1],
Que nous a-t-il appris? On l'a revu naguère.
C'est le comte de Thurn qui doit me l'envoyer?

TERZKY.

Le comte à Halberstadt a vu le chancelier:
— La diète en ce moment siége dans cette ville; —
Toute offre désormais deviendrait inutile;
De traiter avec toi le chancelier est las.

WALLENSTEIN.

Comment? Que veut-il dire?

TERZKY.

Il dit qu'il ne peut pas

---

1. Jaroslav Sésyna Raschin, l'intermédiaire, pendant quatre ans (1630-1634), entre Wallenstein et les Suédois et les chefs de l'Union. Sa relation se trouve en entier dans l'ouvrage de De Murr, *Meurtre d'Albert, duc de Friedland*, 1806.

Dans ce que tu lui dis voir que tu sois sincère :
Tromper les Suédois est ton unique affaire,
Et, prêt à t'allier à la Saxe, tu veux,
Moyennant quelque argent, te débarrasser d'eux.

WALLENSTEIN.

Ah! sans doute, pour proie il convoite et demande
Quelque riche morceau de la terre allemande?
Comme si nous pouvions être un jour assez fous
Pour ne vouloir plus seuls rester maîtres chez nous!
Qu'ils partent! Il le faut! Que je m'en débarrasse !
Pour des voisins comme eux nous n'avons point de place.

TERZKY.

Ne leur refuse pas un bout de ce pays;
Ce n'est pas sur tes biens, ma foi! qu'il serait pris.
Qu'importe le payant, du moment où l'on gagne?

WALLENSTEIN.

Je te dis que je veux qu'ils quittent l'Allemagne!
Tu ne comprends pas, toi, tout le prix que j'y mets :
Eh bien! il ne faut pas qu'on m'accuse jamais
De l'avoir morcelée et d'avoir su m'y faire
Ma part, en même temps qu'à la race étrangère.
Je veux qu'en moi l'Empire honore un protecteur;
Je veux, prince d'Empire, en sauver la grandeur,
Et, sans que contre moi l'on ait rien à redire,
Prendre place au milieu des princes de l'Empire;
Je veux que dans l'Empire on ne puisse pas voir
Des étrangers un jour établir leur pouvoir;
Et, moins que tous, ces Goths, cette gent famélique,
Qui sur notre heureux sol, sur ce sol germanique,

Porte un regard d'envie et de rapacité :
Ils m'auront sans profit dans mes plans assisté.

     TERZKY.

Du côté des Saxons, plus loyales, je pense,
Sont tes intentions. Ils perdent patience
A voir que tu ne suis qu'un chemin tortueux.
Jette le masque enfin et dis ce que tu veux.
Ils doutent, tes amis ; tes plans, on les ignore ;
D'Oxenstiern et d'Arnheim aucun ne sait encore
Pourquoi tes longs retards. A la fin, c'est à moi
Que l'on va reprocher un tel manque de foi :
A chacun en ton nom je parle, et n'ai pas même
Un seul mot de ta main.

     WALLENSTEIN.

      Jamais ! C'est mon système ;
Tu le sais.

     TERZKY.

    Mais où voir ta vraie intention,
Si ton dire n'est pas suivi de l'action ?
Ta conduite leur semble à bon droit singulière.
Ma foi ! tu n'aurais pas agi d'autre manière
Si tu n'avais pour but que de te moquer d'eux.

  WALLENSTEIN, après un moment de silence et en le regardant fixement :

Sais-tu si ce n'est pas ce qu'en effet je veux ?
Les jouer ; et vous tous ? Crois-tu donc me connaître ?
T'ai-je fait lire au fond de mon âme, peut-être ?
Oui, l'empereur pour moi n'a pas été loyal ;
Je pourrais, en retour, lui faire bien du mal.

J'éprouve de la joie à sentir ma puissance ;
Mais, que j'en use ou non, sur ce point-là, je pense
Que tu n'en sais pas plus que vous n'en savez tous.

TERZKY.

De sorte que toujours tu t'es joué de nous !

SCÈNE VI.

LES PRÉCÉDENTS, ILLO.

WALLENSTEIN.

Les affaires, Illo, là-bas, comment vont-elles ?
Les dispositions des généraux....?

ILLO.

      Sont telles
Qu'on peut les désirer. Ils ont avec fureur
Appris ce que de vous exige l'empereur.

WALLENSTEIN.

Que dit Isolani ?

ILLO.

     Celui-là ? tout de flamme ;
Se disant hautement à vous de corps et d'âme :
Vous avez relevé sa banque au pharaon !

WALLENSTEIN.

As-tu bien su, du moins, t'assurer chaque nom ?
Colalto, Déodat, Tiefenbach sont-ils nôtres ?

ILLO.

Sur Piccolomini se régleront les autres.

WALLENSTEIN.

Tu crois donc que je puis me risquer avec eux?

ILLO.

Des Piccolomini vous êtes sûr? — Des deux?

WALLENSTEIN.

Comme de moi. — Voilà les bons par excellence.

TERZKY.

Tu ne devrais pas mettre autant de confiance
Dans cet Octavio, dans ce renard.

WALLENSTEIN.

                        Tu vas
M'apprendre à discerner mes hommes, n'est-ce pas?
Avec lui seize fois déjà j'ai fait la guerre.
— Et, d'ailleurs, j'ai dressé l'horoscope du père :
Les astres sous lesquels je suis né sont les siens.
                     (Mystérieusement:)
Voilà qui dit assez, je pense, et je m'y tiens.
Si donc tu me réponds des autres....

ILLO.

                        On exprime
Dans la réunion cet avis unanime
Qu'en ce commandement il faut vous maintenir.
En députation ils parlent de venir.

WALLENSTEIN.

Envers les généraux s'il faut que je m'engage,
De leur part, à mon tour, je veux gage pour gage.

ILLO.

Cela s'entend.

WALLENSTEIN.

Il faut, par écrit, par serment,
Qu'ils se donnent à moi sans réserve.

ILLO.

Comment
S'y refuseraient-ils ?

TERZKY.

Quoi ! sans réserve aucune ?
Il est bien évident qu'ils en voudront faire une
De leurs devoirs envers l'Autriche et l'empereur.

WALLENSTEIN, secouant la tête :

Sans réserve ! Pour moi c'est de toute rigueur.

ILLO.

Comte ! votre banquet, — il me vient une idée, —
Vous le donnez ce soir ?

TERZKY.

C'est chose décidée,
Et pas un général qui n'y soit invité.

ILLO, à Wallenstein :

Voulez-vous me laisser entière liberté ?
De tous j'aurai parole.

WALLENSTEIN.

Obtiens qu'on me la donne
Par écrit. Les moyens, je te les abandonne.

ILLO.

Et s'il vous dit enfin, ce papier convaincant,
Que tous les généraux rassemblés dans le camp

Veulent aveuglément embrasser votre cause,
Voudrez-vous prendre alors au sérieux la chose,
Et par un coup d'audace enfin tenter le sort?

WALLENSTEIN.

L'engagement écrit! Obtiens-le-moi d'abord.

ILLO.

Il faut bien réfléchir: que Votre Altesse plie,
Qu'elle consente à voir son armée affaiblie
Et donne aux Espagnols tel ou tel régiment,
Vous perdez à jamais votre commandement.
Et que,—songez-y bien!—qu'on vous voie, au contraire,
Braver, et l'empereur, et son ordre sévère,
Chercher des faux-fuyants nouveaux, temporiser,
Avec la cour c'est là formellement briser.
Décidez! Voulez-vous la prévenir et prendre
Un parti décisif? Ou voulez-vous attendre,
Et la laisser venir à quelque extrémité?

WALLENSTEIN.

Oui, plutôt qu'y venir d'abord de mon côté.

ILLO.

Oh! saisissez, avant qu'elle vous soit ravie,
L'heure propice! Ils sont si rares dans la vie
Les moments solennels, d'un suprême intérêt!
Il faut à qui décide un important projet,
Le concours de beaucoup d'heureuses circonstances.
Nous voyons d'ordinaire à de grandes distances
Ces opportunités; ils ne sont qu'isolés

Tous ces fils du bonheur. Une fois rassemblés
Sur un point de la vie, ils nouent et rendent ferme
Du fruit que l'on attend le difficile germe.
Voyez tout concourir vers une heureuse fin ;
Ces signes décisifs que donne le Destin :
Les meilleurs généraux de toute votre armée,
Ceux qui se sont acquis le plus de renommée,
Groupés autour de vous, leur commandant royal,
Pour se donner à lui n'attendant qu'un signal !...
Oh ! ne les laissez pas se séparer ! La guerre
Ne vous offrirait plus l'occasion prospère
De les réunir tous dans ce commun accord.
Ils sont le flot montant qui soulève du port
Et dans la pleine mer porte la nef pesante.
Songez que de chacun le courage s'augmente
Dans la foule, et devient le courage de tous.
A présent, à présent encore, ils sont à vous ;
Bientôt vous les verrez dispersés par la guerre,
L'un ici, l'autre là. Devant la moindre affaire,
Intérêt, ou souci, que chacun d'eux aura,
Cet esprit général vite disparaîtra.
Tel aujourd'hui s'oublie, au torrent s'abandonne,
Qui, lorsqu'à ses côtés il ne verra personne,
Ne la subira plus l'ivresse du moment,
De sa seule impuissance aura le sentiment,
Et reprendra soudain l'ancienne et large ornière,
Le chemin rebattu du devoir ordinaire,
Pour trouver un abri.

WALLENSTEIN.
Le temps n'est pas venu.

ILLO.

Seul mot que jusqu'ici nous ayons obtenu!
Quand viendra-t-il, le temps?

WALLENSTEIN.

Je le dirai.

ILLO.

De grâce!

Ne faites pas qu'ici l'heure propice passe
Pendant que vous allez la demander aux cieux.
Consultez votre cœur, il vous répondra mieux.
Confiance en vous-même et songez qui vous êtes!
C'est au-dedans de vous qu'elles sont vos planètes!
L'astre heureux pour vous, c'est la Résolution;
Le seul astre ennemi, c'est l'Hésitation!

WALLENSTEIN.

Tu parles sans comprendre, et, sur nos destinées,
Que d'explications pourtant je t'ai données!
Le brillant Jupiter était à son déclin
A l'heure où tu naquis, et tu voudrais en vain
Essayer de sonder les choses du mystère.
Tu ne peux que fouiller dans celles de la terre,
En aveugle et semblable à l'astre ténébreux
Qui s'y cache et qui seul a de ses pâles feux,
De sa lueur plombée, éclairé ta naissance.
Tu vois, tu peux juger avec quelque prudence
Ces choses de la terre et les rapports secrets
De celles qui, parmi, se touchent de plus près:
Là, je veux bien te croire et sur toi je m'assure.
Mais, dans sa profondeur, tout ce que la nature

Prépare et développe, en en cachant aux yeux
Des vulgaires humains le sens mystérieux ;
L'échelle des Esprits qui, de notre poussière,
Monte jusqu'au séjour d'éternelle lumière
Par ces mille degrés que, pour son action,
Des puissances du ciel parcourt la légion ;
Ces cercles que toujours un autre cercle enlace ;
Qui, se rétrécissant, se pressent vers la place
Où le soleil, leur centre, est par eux entouré,
Voilà pour l'œil serein, clairvoyant, épuré,
De ceux dont Jupiter éclaira la naissance.

(Après quelques pas dans la salle, il s'arrête et continue :)

Les astres ne font pas la seule intermittence
Du jour et de la nuit, des printemps, des étés.
A dire au laboureur : Semez ! ou : Récoltez !
Ils ne se bornent pas. Non, de l'homme lui-même
Toute l'activité n'est que le grain qu'il sème
Aux champs de l'avenir, pour lui sombres encor,
Et livre, plein d'espoir, aux puissances du sort.
C'est là qu'habilement il faut que l'on choisisse
L'heure de la semaille et de l'astre propice ;
Que des maisons du ciel notre œil doit, avec soin [1],
Savoir interroger jusqu'au moindre recoin.

---

[1]. On sait que le ciel entier est divisé en quatre parties par l'horizon et le méridien, qui est perpendiculaire à l'horizon. Les astrologues ont imaginé de faire passer par l'intersection de ces deux cercles, c'est-à-dire, par la ligne Nord-Sud, quatre autres cercles, à gauche et à droite du méridien, par les points de l'équateur, qui en sont distants de 30 et de 60 degrés. Le ciel se trouve ainsi partagé en douze parties ayant la forme de fuseaux, terminés aux points Nord et Sud, et ces douze parties s'appellent *domus*. Il en est question encore : *Mort de Wallenstein*, acte I, scène Ire ; et acte V, scène V.

De peur que l'ennemi de toute réussite,
De tout accroissement, dans l'un d'eux ne s'abrite.
— Donnez-moi donc du temps. — Vous, à votre devoir
Restez. — Ce n'est pas l'heure où vous devez savoir
Ce que je résoudrai. Mais une chose sûre,
C'est que je ne veux pas céder ; je vous le jure !
C'est, encor, qu'à présent je ne souffrirais plus
Qu'on m'osât déposer. Comptez bien là-dessus !

UN VALET DE CHAMBRE, annonçant :

Messieurs les généraux !

WALLENSTEIN.

Qu'ils entrent !

TERZKY.

Veux-tu dire
Que tous les chefs de corps il les faille introduire ?

WALLENSTEIN.

Inutile : Appelez les Piccolomini,
Caraffa, Déodat, Forgatsch, Isolani,
Maradas et Buttler.

(Terzky sort avec le valet de chambre.)

(A Illo :)

As-tu pris soin de faire
Surveiller Questenberg ?... Le conseiller de guerre
Avec eux en secret s'est-il entretenu ?

ILLO.

Surveillance sévère : Il s'est toujours tenu
Avec Octavio.

SCÈNE VII.

Les précédents, QUESTENBERG, les deux PICCOLOMINI, BUTTLER, ISOLANI, MARADAS et trois autres généraux, entrent. Sur un signe du général, Questenberg se place vis-à-vis de lui ; les autres suivant leur rang. Moment de silence.

WALLENSTEIN.

J'ai déjà connaissance
Du mandat qui motive ici votre présence,
Questenberg, et je l'ai médité mûrement.
Mon parti, je l'ai pris ; irrévocablement.
Toutefois, il est bon que votre bouche même,
Devant les généraux dise l'ordre suprême
Dont vous êtes porteur. — Dites, vous le pouvez,
Devant ces nobles chefs, quels ordres vous avez.

QUESTENBERG.

Je suis prêt ; cependant il faut que je rappelle
Que la voix que je vais vous faire entendre est celle
Qu'emprunte l'empereur, que veut sa dignité :
Vous n'imputerez rien à ma témérité.

WALLENSTEIN.

Passez le préambule.

QUESTENBERG.

A sa vaillante armée
Pour assurer un chef de qui la renommée
Dise l'expérience et la gloire à la fois,
Quand du duc de Friedland Sa Majesté fit choix,
C'est qu'elle avait alors cette douce espérance

Que, bientôt, de la guerre allait tourner la chance.
Son vœu sembla d'abord devoir être exaucé :
De la Bohême, enfin, le Saxon fut chassé ;
Le Suédois sentit une digue puissante
Arrêter tout à coup sa course triomphante.
Ce pays, de nouveau, librement respira
Quand le duc de Friedland sur ses pas attira
L'ennemi, dispersé sur toute l'Allemagne,
Et, par l'habileté de son plan de campagne,
Sur un unique point parvint à rallier
Le Rhingrave [1], Bernard, Banner, le chancelier,
Et ce roi réputé jusqu'alors invincible,
Pour que, sous Nuremberg, cette lutte terrible,
Cette guerre de sang se terminât enfin.

WALLENSTEIN.

Au fait, de grâce !

QUESTENBERG.

Alors, un changement soudain
Du nouveau général annonça la présence :
La bravoure n'eut plus l'aspect de la démence ;
La bataille suivit un plan prémédité ;
L'audace se brisa contre la fermeté ;

---

1. Othon-Louis, de la branche de Kirberg-Mœrchingen (Kirbourg-Morhange), général de cavalerie au service de la Suède.

La maison des Wild-et-Rhingraves, qui date du milieu du XIIe siècle, possédait primitivement, au nord de l'Alsace, dans le Rhingau occidental, un petit domaine auquel elle réunit successivement Diemeringen, Fénétrange, Ogéviller, dans le bassin de la Sarre ; la principauté de Salm et quelques domaines situés entre Louvain et Bruxelles.

Plusieurs membres de cette famille se sont distingués dans la guerre de Trente ans.

L'art habile et prudent fatigua le courage.
Ce chef, c'est vainement qu'au combat on l'engage,
Que par maint artifice on va l'y provoquant ;
Friedland, de plus en plus, s'enterre dans son camp,
Comme s'il y fondait son éternel domaine.
Le roi, désespéré, veut l'assaut ; il entraîne
A cette boucherie, à ce suprême effort,
Ses malheureux soldats, qu'atteint la lente mort
De la contagion, de la faim, qui sévissent
Dans un camp que déjà les cadavres remplissent.
Sur ces retranchements où pour lui, par milliers,
La mort tient attentifs ses tubes meurtriers,
Ce roi, dont rien jamais n'arrêta le courage,
S'élance et croit pouvoir s'y forcer un passage.
Assaut, défense, alors, sont un prodige tel
Que jamais n'en a vu le regard d'un mortel.
De l'horrible combat enfin le roi ramène
Ses soldats mutilés, et la phalange humaine
Sacrifiée ainsi ne lui fait pas gagner
Un pouce de terrain.

WALLENSTEIN.

Veuillez nous épargner
Ces récits dont, partout, les gazettes sont pleines.
N'étions-nous pas acteurs dans ces horribles scènes ?

QUESTENBERG.

J'ai reçu mission d'accuser seulement ;
C'est mon cœur qui s'arrête à louer un moment...
Au camp de Nuremberg le roi laissa sa gloire,
Et sa vie à Lützen. Mais, après la victoire,
Après notre grand jour, qui ne dut s'étonner

De voir, comme un vaincu, Friedland abandonner
Le théâtre où devait se poursuivre la guerre ?
De la Bohème, en hâte, atteindre la frontière,
Au moment où Bernard, où ce jeune héros
Entrait en Franconie, et, de nos généraux,
Pour s'opposer à lui ne trouvant plus personne,
Poussait jusqu'au Danube, et devant Ratisbonne
Tombait à l'improviste, en remplissant d'effroi
Tout chrétien catholique et fidèle à sa foi ?
Quand un prince, pour nous, dans toute cette guerre
Un fidèle allié, le prince de Bavière,
Pour qu'on vînt à son aide instamment supplia,
Et qu'au duc de Friedland l'empereur envoya
Jusqu'à sept messagers, daignant lui faire dire
En ami, ce qu'en maître il aurait pu prescrire,
Ce fut en vain ! Le duc, dans ce fatal moment,
N'écouta que sa haine et son ressentiment ;
Avant le bien public il plaça sa vengeance :
Ratisbonne tomba !

WALLENSTEIN, à Max :
Je n'ai pas souvenance,
Max, du temps dont il parle. En sais-tu plus que moi ?

MAX.
C'était en Silésie.

WALLENSTEIN.
Ah ! oui ! — Fort bien ! — Pourquoi
Étions-nous donc là-bas ?

MAX.
C'est quand de la province
Nous chassions les Saxons et les Suédois, prince.

WALLENSTEIN.

Bon! sa description me faisait oublier
Toute la guerre.
(A Questenberg :)
Après, monsieur le conseiller?

QUESTENBERG.

Des compensations à ces honteuses pertes,
Peut-être sur l'Oder s'étaient-elles offertes.
Sur ce nouveau théâtre, — on en avait l'espoir, —
Des faits prodigieux allaient se faire voir :
Friedland y commandait, et ce point de la guerre
Au rival de Gustave offrait.... quel adversaire?
Un de Thurn! Un d'Arnheim! Eh bien! là, qu'a-t-on fait?
De bien près l'on s'est vu l'un et l'autre, en effet,
Mais en hôte, en ami. Sous la guerre cruelle,
L'Allemagne exhalait sa plainte universelle,
Mais on avait la paix dans le camp de Friedland!

WALLENSTEIN.

On livre sans motifs plus d'un combat sanglant :
Qu'un jeune général veuille avoir sa victoire,
En voilà bien assez. — Mais le chef que sa gloire
A déjà signalé, n'a plus besoin, — c'est là,
Sur le chef inconnu, l'avantage qu'il a —
N'a plus besoin d'entrer en ligne de bataille
Pour prouver qu'il sait vaincre. Or, quel profit que j'aille
User de mon bonheur contre un d'Arnheim? J'aurais
De l'Allemagne mieux servi les intérêts
Si j'avais pu briser, selon mon espérance,
Par mes ménagements, la funeste alliance
Qui maintient contre nous Saxons et Suédois.

ACTE II. — SCÈNE VII.

QUESTENBERG.

Oui, mais vos plans n'ont pas réussi cette fois :
Il fallut retourner à la sanglante guerre.
Friedland fut digne enfin de sa gloire première,
Et, sans que leur épée ait quitté le fourreau,
Fit rendre aux Suédois les armes à Steinau.
Celui qui l'alluma cette guerre funeste,
Mathias Thurn, ce maudit, la justice céleste
A la main vengeresse alors l'avait jeté.
Mais il ne rencontra que magnanimité.
Au lieu du châtiment il eut la récompense,
Et c'est comblé des dons de sa munificence,
Que de son empereur le prince renvoya
Le mortel ennemi.

WALLENSTEIN, en riant :

   Je sais, je sais : déjà
Chacun avait payé son balcon, sa fenêtre
Pour le jour du supplice. On m'eût absous peut-être
D'avoir pu me laisser battre honteusement,
Mais je ne devais pas frustrer impunément
Les Viennois d'un spectacle !

QUESTENBERG.

   Alors la Silésie
Par cet heureux exploit se trouvait affranchie.
Mais quel joug la Bavière avait-elle à souffrir !
Tout disait à Friedland d'aller la secourir :
Il part, prend le plus long, traverse la Bohême,
Tout à son aise, et puis, brusquement, avant même
D'avoir vu l'ennemi, revenant sur ses pas,

Prend ses quartiers d'hiver ; et ces mêmes soldats
Qui servent l'empereur, oppriment une terre
De l'empereur !

WALLENSTEIN.

L'armée était dans la misère ;
Pour son bien-être, rien ! Même pour subvenir
A ses premiers besoins. L'hiver allait venir.
Quelle idée a de nous Sa Majesté ? Nous sommes,
Nous, ses soldats, soumis comme les autres hommes
A l'action du froid et de l'humidité,
Aux rigoureuses lois de la nécessité.
Sort fatal du soldat ! Il vient : on se retire,
Tout fuit. Il part : chacun se met à le maudire ;
On ne lui donne rien, il faut qu'il prenne tout ;
Partout forcé de prendre, on l'exècre partout.
Voici mes généraux : Eh bien ! Caraffa, comte
Déodat, vous, Buttler, le dernier prêt remonte
A quelle date ?

BUTTLER.

Un an.

WALLENSTEIN.

Au soldat pourquoi donc
Ne pas payer sa solde ? Il en tire son nom.

QUESTENBERG.

Le prince de Friedland, sur la même matière,
Voici huit ou neuf ans, parlait d'autre manière.

WALLENSTEIN.

C'est vrai ; de ces retards je sens bien que je doi

Ne faire de reproche à nul autre qu'à moi :
J'ai gâté l'empereur. — Lorsqu'il eut à combattre,
Voici de ça neuf ans, le roi Christian-Quatre,
Sans prendre un seul ducat dans ses coffres je sus
Lui trouver des soldats, quand il n'en avait plus,
Et je la lui donnai cette armée aguerrie,
Et de la Saxe au Belt déployant sa furie,
La guerre de son nom répandit la terreur.
Quel temps ! Dans les États soumis à l'empereur
On n'eût, à mon égal, béni, fêté personne ;
Un des trois diamants dont brillait sa couronne
S'appelait Wallenstein ! — Mon bonheur s'arrêta.
A Ratisbonne enfin mon secret éclata,
Et l'on vit où j'avais puisé pour ma dépense ;
C'était clair. Quelle fut alors ma récompense
Pour avoir consenti, fidèle à l'empereur,
Pour le trop bien servir, d'être un objet d'horreur
Aux populations par la guerre opprimées ?
Pour avoir fait payer aux princes ces armées
Qui l'ont grandi lui seul ? Eh bien ! sacrifié
A toutes leurs clameurs, je fus disgracié !

QUESTENBERG.

Votre Altesse le sait : dans cette triste diète
L'empereur n'a pas eu sa liberté complète.

WALLENSTEIN.

Mort et diable ! il était bien maître de l'avoir :
J'en offrais les moyens. — Depuis que j'ai pu voir
Quelle était mon erreur, et quel fruit j'en retire,
D'aller servir le trône aux dépens de l'Empire,

Je me fais sur l'Empire un autre sentiment.
Sans doute, l'empereur dans ce commandement
M'a placé, mais je suis général de l'Empire
Pour qu'un grand intérêt, celui de tous, m'inspire,
Et non pas pour grandir une seule maison.
— Arrivez-en au fait : de moi qu'exige-t-on ?

QUESTENBERG.

D'abord Sa Majesté veut que de la Bohème
Vous fassiez retirer l'armée à l'instant même.

WALLENSTEIN.

En hiver ? Pour me rendre... ?

QUESTENBERG.

Où sont les ennemis ;
C'est là qu'il faut aller. L'empereur s'est promis
Qu'avant Pâque il ferait reprendre Ratisbonne ;
Que de sa cathédrale où l'hérésie entonne
Les chants des luthériens, leur culte, rejeté,
Ne pourrait, plus longtemps, souiller la sainteté.

WALLENSTEIN.

Généraux, selon vous est-ce chose faisable ?

ILLO.

Non ; ça ne se peut pas.

BUTTLER.

C'est inexécutable.

QUESTENBERG.

Un ordre impérial à Suys dépêché
En Bavière l'envoie.

ACTE II. — SCÈNE VII.

WALLENSTEIN.

Et Suys... ?

QUESTENBERG.

A marché,
Ainsi que son devoir lui disait de le faire.

WALLENSTEIN.

Marché! quand moi, son chef, je voulais, au contraire,
Qu'il restât à son poste, et quand expressément
Je l'avais ordonné? De mon commandement
Voilà quel cas on fait? Voilà l'obéissance
Qu'on me doit? Qui d'un chef seule fait la puissance?

(Se tournant vers les généraux :)

— A vous de prononcer, messieurs : quel châtiment
L'officier qui viole un ordre et son serment
Mérite-t-il?

ILLO.

La mort!

WALLENSTEIN, d'une voix plus forte, à Max Piccolomini, pendant que
les autres restent silencieux et pensifs :

Comte! A vous j'en appelle.

MAX, après un long silence :

D'après la loi, la mort!

ISOLANI.

La mort!

BUTTLER.

La mort! — Oui, telle
Est la loi de la guerre.

(Questenberg se lève; Wallenstein après lui; puis, tous les autres.)

WALLENSTEIN.

Ainsi, ce n'est pas moi
Qui sur cet officier prononce ; c'est la loi ;
Et s'il reste impuni, c'est à la déférence
Que j'ai pour l'empereur qu'il devra ma clémence.

QUESTENBERG.

Dès qu'il en est ainsi, je me tais.

WALLENSTEIN.

J'acceptai
A mes conditions, monsieur, ma dignité[1] :
La première est que nul, que le chef de l'Empire
Lui-même, ne pût pas avoir un mot à dire
Dans mon commandement. Du moment que je mets
Mon honneur et ma tête en garants du succès,
Il me faut un pouvoir libre de toute entrave.
Pourquoi fut-il si fort, invincible, Gustave ?
Parce qu'il était roi dans son armée. Un roi
Ne fut jamais vaincu que par égal à soi ;
Un roi digne de l'être. — Allons ! sans plus attendre,
Concluez ! Vous avez mieux à nous faire entendre.

QUESTENBERG.

Au printemps, — l'empereur vous en fait avertir, —
Le Cardinal Infant de Milan doit partir,
Et dans les Pays-Bas, à travers l'Allemagne,
Conduira les renforts envoyés par l'Espagne.
De crainte qu'en sa route il n'ait quelque souci,

---

1. Voir la note page 54.

L'empereur trouve bon qu'il reçoive, d'ici,
Huit de vos régiments à cheval, comme escorte.

WALLENSTEIN.

Ah, ah! huit régiments pour lui prêter main-forte!
Je comprends, je comprends! — O père Lamormain,
Que vous êtes habile! — Un semblable dessein,
On voudrait de tout cœur le traiter de stupide,
Si l'on ne voyait pas combien il est perfide.
Huit mille cavaliers! Je vous vois venir, vous.
C'est fort bien!

QUESTENBERG.

Il ne faut rien chercher là-dessous :
Nécessité, prudence ici se font entendre.

WALLENSTEIN.

Quoi, monsieur l'envoyé! je ne dois pas comprendre
Que l'on est fatigué depuis longtemps de voir
Dans ma main, à la fois, l'épée et le pouvoir?
Qu'on prend avidement un prétexte frivole,
Que l'on vient me parler d'une armée espagnole,
Pour affaiblir la mienne et pour en amener
Une autre à qui je n'aie aucun ordre à donner?
Ma puissance à vos yeux est encore trop forte
Pour que vous m'écartiez du coup. Mon traité porte
Que l'armée est soumise à mon commandement
Partout où dans l'Empire on parle l'allemand.
Il ne dit rien d'Infant ni d'armée espagnole
Voyageant dans l'Empire. Or, donc, on le viole
Ce traité; doucement, en silence. — D'abord,
On applique ses soins à me rendre moins fort;

Plus tard, je cesse d'être un homme nécessaire,
Enfin, on en arrive au procédé sommaire.
Mais, monsieur le ministre, à quoi bon biaiser?
Parlez donc franchement: l'empereur sent peser
Notre traité sur lui; Sa Majesté désire
Que du commandement enfin je me retire.
Eh bien! c'est un plaisir que je lui donnerai.
Avant même qu'ici vous vous soyez montré,
C'était un parti pris, monsieur.
(Il se manifeste parmi les généraux une agitation qui va toujours croissant.)

        Mais je regrette
Pour tous mes généraux ma subite retraite :
Leurs avances d'argent, qui les remboursera?
Les services rendus, qui les reconnaîtra?
Autour d'un nouveau chef d'autres hommes surgissent.
Des services anciens les souvenirs vieillissent...
L'armée ouvrit ses rangs à beaucoup d'étrangers:
Qu'un homme se montrât fort et brave aux dangers,
De lui, je n'ai jamais exigé qu'il me dise
Sa généalogie, et, pas plus, son Église.
Tout ira, désormais, autrement. — Soit! — Cela
Ne me regarde plus.
(Il s'assied.)

MAX.

      D'en venir jusque-là
Nous préserve le ciel! — Qu'elle en soit informée,
On verra s'agiter, se soulever l'armée...
On trompe l'empereur. Vous ne pouvez partir!

ISOLANI.

Impossible! A la fois c'est tout anéantir.

WALLENSTEIN.

Eh! il le faudra bien que tout s'anéantisse,
Mon brave. Nous avions élevé l'édifice
Avec beaucoup de soins; eh bien! il croulera.
Un autre général, pourtant, se trouvera;
Et de nouveaux soldats, si la trompette sonne,
Viendront de l'empereur entourer la personne.

MAX, courant avec empressement de l'un à l'autre et tâchant de les calmer :

Mon général!... Messieurs!... Écoutez-moi!... Que tous...
Mon prince, laissez-vous fléchir! Promettez-nous
De ne rien décider sans avoir daigné prendre
Nos avis. En conseil nous allons nous entendre.
Venez, amis! tout peut encor se réparer,
Je l'espère.

TERZKY.

Venez! nous allons rencontrer
Les autres près d'ici.
(Ils sortent.)

BUTTLER, à Questenberg :

Monsieur le commissaire,
Voulez-vous écouter un conseil salutaire?
Ne vous faites pas voir dans les premiers moments :
Pour vous mettre à l'abri de mauvais traitements,
Votre clef d'or pourrait fort bien vous faire faute.
(Bruyante agitation au dehors.)

WALLENSTEIN.

C'est sage!... Octavio, tu réponds de notre hôte.
— Questenberg, adieu!
(Questenberg veut parler.)

— Non! Je ne veux rien savoir
De l'odieux sujet... C'était votre devoir.
Je sais de son emploi distinguer la personne.

(Au moment où Questenberg veut sortir avec Octavio, se précipitent sur
la scène Gœtz, Tiefenbach, Colalto et plusieurs autres chefs.)

GŒTZ.

Montrez-le-moi, celui!...

TIEFENBACH, en même temps:

Friedland nous abandonne?

COLALTO, en même temps:

A la vie, à la mort, notre fidélité!

WALLENSTEIN, avec dignité, en montrant Illo:

Le général Illo connaît ma volonté.

(Il sort.)

FIN DU SECOND ACTE.

ACTE TROISIÈME.

LES PICCOLOMINI.

ACTE TROISIÈME.

Une chambre.

SCÈNE PREMIÈRE.

ILLO, TERZKY.

TERZKY.

Avec les généraux comment allez-vous faire,
Au banquet de ce soir? Voyons!

ILLO.

      Voici l'affaire :
Nous allons rédiger un écrit par lequel
Chacun de nous prendra l'engagement formel
D'être de corps et d'âme au duc; de le défendre,
Dût jusqu'à s'épuiser notre sang se répandre.
Mais, dans ce dévoûment nous dirons respecté
Le serment qui nous lie envers Sa Majesté.
Une clause à part, claire, à cet égard stipule,
Et met la conscience à l'abri du scrupule.
C'est avant le festin qu'on leur présentera
L'écrit ainsi conçu; nul ne s'en choquera.
A la fin du banquet, et cette heure venue
Où le vin, en ouvrant le cœur, trouble la vue,

Nos hommes signeront un tout autre papier,
Qui ne portera plus la clause du premier.

TERZKY.

Croiront-ils, en effet, que le serment les lie,
Si vous ne l'obtenez que par supercherie?

ILLO.

Eh bien! nous les tiendrons toujours par un côté,
Et nous les laisserons crier en liberté;
Ils y perdront leur temps : de surprise et de ruse,
Aussi haut qu'il voudra, que chacun nous accuse,
Vienne en croira la feuille où se liront leurs seings,
Plus qu'elle n'en croira leurs serments les plus saints :
Ils seront bel et bien traîtres, la chose est claire,
Et de nécessité c'est vertu qu'ils vont faire.

TERZKY.

N'importe à quels moyens, enfin, nous recourions,
Pourvu que l'on agisse et que nous démarrions.

ILLO.

Le principal n'est point, dans cette tentative,
Qu'à s'assurer les chefs plus ou moins on arrive;
Il suffira qu'on puisse au duc persuader
Qu'ils lui sont gagnés, tous. S'il peut se décider,
S'il agit, convaincu que leur aide est certaine,
Il les tient et, dès lors, avec lui les entraîne!

TERZKY.

Le prince quelquefois déroute mon esprit :
Il prête à l'ennemi l'oreille ; il me prescrit
Des lettres à de Thurn, à d'Arnheim. Sans mystère

Il parle à Sésina, crûment, en téméraire.
De ses projets il aime à nous entretenir ;
Et quand je m'imagine à la fin le tenir,
Il m'échappe ; je crois que tout son plan s'efface,
Et qu'il ne songe à mieux qu'à conserver sa place.

ILLO.

Le prince renoncer aux projets qu'il nourrit ?
Mais, qu'il veille ou qu'il dorme, il les a dans l'esprit,
Et c'est pour consulter là-dessus les planètes
Que, chaque soir, au ciel il braque ses lunettes.

TERZKY.

Je le sais, et peut-être êtes-vous informé
Que cette nuit encor, dans sa tour, enfermé
Avec son astrologue, il va chercher à lire
Ce que sur ses projets les astres peuvent dire.
La nuit sera féconde en signes importants :
Un événement grave, attendu bien longtemps,
Doit s'annoncer, dit-il.

ILLO.

Pour ma part, je préfère
Voir se passer enfin quelque chose sur terre.
Voilà les généraux disposés pour le mieux,
Pleins de zèle ; ils feront tout ce qu'on voudra d'eux
Pour conserver leur chef. Voyez donc quelle chance
De former contre Vienne une étroite alliance !
Et l'innocent prétexte ! il s'agit seulement
De maintenir le duc dans son commandement !
Pourtant, vous le savez, l'ardeur de la poursuite
Loin du point de départ nous entraîne bien vite.

Mais j'espère jouer avec assez de soins,
Pour qu'en eux le duc trouve,—ou croie avoir, du moins,—
Des gens sur qui compter, n'importe l'entreprise,
Et qu'une occasion si belle le séduise.
Qu'il en arrive, enfin, à faire ce grand pas,
Qu'évidemment la cour ne pardonnera pas,
Et les événements lui feront bien comprendre
Qu'il faut aller plus loin. Pour lui, tout est de prendre
Une décision. Que la nécessité
Le presse, il a bientôt vigueur, lucidité.

TERZKY.

Et pour nous amener les troupes qu'il demande,
C'est là le seul moment que la Suède attende.

ILLO.

Venez! En quelques jours nous allons faire plus
Que lui-même n'a fait en bien des ans perdus;
Et si tout ici-bas à nos vœux est prospère,
Les étoiles diront comme dira la terre.
Retournons vers les chefs. C'est pendant qu'il est chaud
Qu'on doit battre le fer.

TERZKY.

        Allez-y seul; il faut
Qu'en cet appartement j'attende la comtesse.
Nous ne nous livrons pas non plus à la paresse,
Croyez-moi : qu'il nous casse une corde, elle en a
Une autre toute prête.

ILLO.

        Ah! ah! c'est donc cela

Qui la faisait sourire? Eh bien! en confidence,
Dites....

TERZKY.

C'est un secret.... Elle approche : silence !
(Illo sort.)

SCÈNE II.

TERZKY, LA COMTESSE, qui sort d'un cabinet; ensuite,
UN DOMESTIQUE, puis, ILLO.

TERZKY.

Vient-elle? Plus longtemps comment le retenir?

LA COMTESSE.

Notre nièce me suit. — Dis-lui qu'il peut venir.

TERZKY.

Je ne sais pas encor si ce que tu vas faire,
A notre puissant maître est de nature à plaire.
Son avis là-dessus jamais ne s'est fait voir.
Tu m'as persuadé; c'est à toi de savoir
Jusqu'où tu peux aller.

LA COMTESSE.

Je prends sur moi la chose.
(A part:)
Un pouvoir? A quoi bon? — C'est même bouche close
Que nous nous comprenons, beau-frère! Dieu merci,
J'ai deviné pourquoi ta fille vient ici,
Pourquoi c'est Max qui dut protéger son voyage.
Qu'à ce prétexte vain du plan d'un mariage
Avec un prétendu de chacun ignoré,

D'autres se trouvent pris! Moi, je t'ai pénétré.
Mais il ne convient pas qu'en ce jeu tu paraisses,
Et toute cette affaire à mes soins tu la laisses,
A ma sagacité. Soit! Eh bien! tu verras
Que cet espoir, ta sœur ne le trompera pas.

UN DOMESTIQUE, entrant :

Les généraux!

(Il sort.)

TERZKY.

Prends soin de lui monter la tête;
Qu'il ait à réfléchir... Qu'arrivant à la fête
Il signe sans broncher.

LA COMTESSE.

A tes convives! Va!
Et dis-lui de venir.

TERZKY.

Qu'il signe! Tout est là.

LA COMTESSE.

Va donc!

ILLO, entrant :

Que tardez-vous, Terzky? La salle est pleine;
On vous attend!

TERZKY.

J'y vais.
(A la comtesse :)
Et que bientôt il vienne,
Afin qu'Octavio ne se doute de rien.

LA COMTESSE.

Inutile souci!

(Terzky et Illo sortent.)

SCÈNE III.

LA COMTESSE, MAX PICCOLOMINI.

MAX, qui jette dans la chambre un regard timide :
Madame.... puis-je bien....?
(Il s'avance jusqu'au milieu de la chambre et regarde avec inquiétude autour de lui.)
Elle n'est pas ici? De grâce, où peut-elle être?

LA COMTESSE.
Cherchez dans tous les coins; ce paravent, peut-être,
La cache à vos regards.

MAX.
Voici ses gants!
(Il étend vivement la main pour les saisir; la comtesse les prend.)
Mon Dieu!
Que vous êtes cruelle! Ainsi vous faire un jeu
De mes tourments!

LA COMTESSE.
C'est là votre reconnaissance
De tous mes soins pour vous?

MAX.
Ah! si de ma souffrance
Vous vous doutiez!... Depuis que nous sommes ici,
Pas un mot, un regard! De me contraindre ainsi
Je n'ai pas l'habitude!

LA COMTESSE.
Il sera nécessaire
Qu'à plus d'une autre encor vous vouliez bien vous faire,
Mon bel ami! Pour moi c'est un point arrêté

D'éprouver jusqu'au bout votre docilité :
C'est la condition mise à mon assistance.

MAX.

Où donc est-elle ? A quoi tient cette longue absence ?

LA COMTESSE.

Il faut vous confier entièrement à moi.
Aux sentiments de qui mettre plus grande foi ?
Mais, silence pour tous ! Même pour votre père,
Pour lui surtout !

MAX.

L'avis n'était pas nécessaire.
Il n'est ici personne à qui mon cœur voudrait
De son ravissement confier le secret.
— Tout est-il donc changé dans ce qui m'environne,
Chère comtesse ? ou bien seulement ma personne ?
Parmi des étrangers il semble que je sois.
Plus rien de mes bonheurs, de mes vœux d'autrefois !
Que sont-ils devenus ? Jadis, j'étais à l'aise
Au milieu de ce monde. A présent, tout m'y pèse.
Comme tout m'est vulgaire, insipide aujourd'hui !
Avec mes compagnons, quel écrasant ennui !
Et mon père ? pour lui je n'ai plus de paroles.
Mes armes ne sont plus que des jouets frivoles,
Les devoirs du guerrier que de futiles jeux.
Tel, sans doute, serait un Esprit bienheureux,
Qui, revenant vers nous des éternelles sphères,
Aux jeux, aux amitiés, aux petites affaires,
Aux penchants vers lesquels un enfant est porté.
Retrouverait en plein sa pauvre humanité.

LA COMTESSE.

Si vulgaire que soit ce monde, je demande
Que de vous, cependant, un regard y descende :
Plus d'un fait s'y prépare, et grave.

MAX.

       Je le croi ;
Quelque chose, en effet, se passe autour de moi :
Cette agitation, ce mouvement extrême....
Quand ce sera fini, peut-être, enfin, moi-même
Saurai-je ce que c'est. — Mais, devinez un peu
D'où je viens. N'allez pas rire de mon aveu !
Le tumulte du camp, cette foule importune,
Ces fades entretiens, cette gaîté commune,
Tout cela m'oppressait ; j'étais trop à l'étroit.
Je suis parti, voulant me chercher un endroit
Où, trop rempli, mon cœur, silencieux, tranquille,
Goûterait son bonheur comme en un pur asile.
— Ne riez pas, comtesse ! — Eh bien ! je suis allé
A l'église. Ici-près est un cloître appelé
« Porte du ciel » ; c'est là que je m'en fus, madame ;
Qu'au bonheur d'être seul j'abandonnai mon âme.
Un tableau, que l'on voit au-dessus de l'autel,
Représente les traits de la Vierge du Ciel,
Et, bien que fort mauvais, c'est l'ami secourable
Que je cherchais en lui dans un moment semblable.
Que de fois j'avais vu la Vierge en sa splendeur,
Et la dévotion dans toute sa ferveur,
Sans être ému ! Soudain, la piété, mon âme,
Aussi bien que l'amour, l'a comprise, madame.

LA COMTESSE.

Goûtez-le tout entier votre bonheur si doux.
Ne vous souvenez pas d'un monde autour de vous.
Comptez sur l'amitié pour veiller, attentive,
A tous vos intérêts. Mais, que l'instant arrive
Où sa voix vous dira : voici votre chemin !
Docile, laissez-vous conduire par la main.

MAX.

Elle ne vient donc pas ? — O route fortunée,
Où nous réunissait la nouvelle journée,
Où la nuit seulement, bien tard, nous séparait !
Pour nous au sablier le sable en vain filtrait;
La cloche n'avait pas d'heure à nous faire entendre ;
J'étais un Bienheureux ! Le temps semblait suspendre,
En ma faveur, la loi de son cours éternel.
Ah ! c'est être déjà retombé de mon ciel
Que d'avoir à songer à l'heure qui s'approche :
Ce n'est pas aux heureux que l'indique la cloche !

LA COMTESSE.

L'aveu de votre amour remonte à quel moment ?

MAX.

J'ai, ce matin, osé....

LA COMTESSE.

     Ce matin seulement ?
Après vingt jours qu'ensemble en voyage l'on passe ?

MAX.

C'était au dernier gîte ; au pavillon de chasse
Où vous avez trouvé ces dames ce matin,

En venant nous chercher : à moitié du chemin
Qui conduit de Pilsen à Saint-Népomucène.
Seuls dans une embrasure et muets, sur la plaine
Nous promenions tous deux nos regards; on voyait
L'escorte de dragons que le duc envoyait.
La séparation qui s'apprêtait, madame,
D'une angoisse cruelle avait étreint mon âme.
J'osai lui dire enfin, mais en tremblant : «Sous peu,
Il faudra que je dise à mon bonheur adieu;
Tout vient m'en avertir ici, mademoiselle.
Bientôt on va vous rendre à l'amour paternelle;
Vous verrez de nouveaux amis vous entourer;
Dans la foule perdu, moi je vais demeurer
Un étranger pour vous!» — Elle, la voix tremblante,
Me jette alors ces mots : « Ouvrez-vous à ma tante!»
Et je vois se couvrir son visage charmant
D'une rougeur brûlante; et lorsque, lentement,
Son regard abaissé remonte de la terre,
Il rencontre le mien! Éperdu, téméraire,
Je ne me contiens plus....

   (La princesse paraît à la porte et s'y arrête, vue de la comtesse, mais non pas de Max.)

                    Je la presse en mes bras;
Ma bouche ose effleurer la sienne!... Un bruit de pas,
Dans le salon voisin, soudain se fait entendre...
Nous nous quittons... Je n'ai plus rien à vous apprendre :
C'était vous qui veniez.

LA COMTESSE, après un moment de silence et en jetant à la dérobée un regard sur Théela :

          Êtes-vous si discret,

Ou si peu curieux, que, mon propre secret,
Vous ne demandiez pas qu'aussi je vous le dise ?

MAX.

Votre secret ?

LA COMTESSE.

Sans doute : après cette surprise,
Comment dans le salon je vous ai remplacé ;
Entre ma nièce et moi comment tout s'est passé ;
Ce que son cœur...?

MAX, vivement :

Parlez !

SCÈNE IV.

LES PRÉCÉDENTS, THÉCLA, qui s'est avancée précipitamment.

THÉCLA.

N'en prenez pas la peine,
Ma tante! de ma bouche il vaut mieux qu'il l'apprenne.

MAX, reculant :

Ah ! princesse!...

(A la comtesse :)

M'avoir laissé parler ainsi !

THÉCLA, à la comtesse :

Est-ce depuis longtemps déjà qu'il est ici ?

LA COMTESSE.

Oui ; l'heure va finir que j'avais accordée.
Où vous êtes-vous donc si longtemps attardée ?

THÉCLA.

Ma mère était en pleurs. — Et ce chagrin cuisant
Qui ne m'empêche pas d'être heureuse !

MAX, absorbé dans sa contemplation :

A présent,
J'ose vous contempler ! A ce que je vous voie,
Plus d'obstacle ! L'ai-je eue, aujourd'hui, cette joie,
Quand de tous vos joyaux l'éclat prodigieux
Cachait ma bien-aimée à mes yeux ?

THÉCLA.

A vos yeux ?
Le cœur ne voyait pas ?

MAX.

Des vôtres entourée,
Alors que ce matin je vous ai rencontrée
Aux bras de votre père, et que j'ai dû songer
Qu'au milieu de vous tous j'étais un étranger,
Oh ! d'embrasser le duc, de l'appeler mon père,
Quel désir j'éprouvai ! Mais son regard sévère
D'un cœur qui s'emportait calmait les mouvements.
Et puis, je m'effrayais de tous ces diamants
Dont les feux vous avaient couverte, environnée,
Comme si vous étiez d'étoiles couronnée.
Pourquoi donc, du moment où vous avez passé
Son seuil, pourquoi ce cercle autour de vous tracé ?
D'où vient qu'il pare l'ange ainsi qu'une victime ?
Que votre cœur serein, d'abord il le comprime
Sous le poids de son rang, fardeau de chaque jour ?
L'amour peut adresser son hommage à l'amour ;

Mais il faut, dans l'éclat dont on vous environne,
Pour approcher de vous, porter une couronne.

THÉCLA.

Oh! ne me parlez plus de ce déguisement!
Voyez comme je l'ai rejeté promptement....
(A la comtesse :)
Il n'a plus sa gaîté. Qu'est-ce qui le tourmente?
Me l'avez-vous rendu si soucieux, ma tante?
C'est, depuis notre route, un changement complet;
Il était calme, heureux, éloquemment parlait....
— C'est ainsi que toujours je vous verrai, j'espère.

MAX.

C'est que je vous trouvais aux bras de votre père;
Dans un monde nouveau, qui vous offre ses vœux,
Et, comme nouveauté du moins, charme vos yeux.

THÉCLA.

Bien des choses, sans doute, ici m'offrent des charmes.
Ce monde bigarré, ce théâtre des armes
A des attraits pour moi, je ne puis le nier :
Il rappelle à mon cœur, il sait multiplier
Une image bien chère; il anime, il achève
Ce qui pour lui n'était encore qu'un beau rêve.

MAX.

Et ce monde, en un rêve, hélas! tout au rebours,
A changé mon bonheur : pendant ces derniers jours
J'habitais comme une île au séjour de lumière.
Mon île est descendue, elle touche à la terre,
Et ce pont, qui me rend à ce monde réel,
A mes jours d'autrefois, me fait perdre mon ciel.

THÉCLA.

Quand d'un bonheur certain on se sent l'âme pleine,
La vie à nos regards n'apparaît que sereine,
Et je reviens toujours, quand j'y vais regarder,
Plus heureuse au trésor que je sais posséder....

(Elle s'arrête tout à coup pour prendre le ton de la plaisanterie :)

Jusqu'ici j'ai passé des heures bien remplies :
Que de choses, pour moi nouvelles, inouïes!
Mais qui ne sont plus rien depuis qu'on m'a fait voir
La merveille cachée au fond de ce manoir.

LA COMTESSE, réfléchissant:

Qu'est-ce donc ? — Ce château n'a pas une cachette
Qu'on ait pu, pour mes yeux, tenir encor secrète.

THÉCLA, souriant:

Celle-là, des Esprits en défendent l'accès ;
Deux griffons sont de garde à la porte.

LA COMTESSE, riant:

                              Ah! je sais :
La tour astrologique. Eh quoi! ce sanctuaire,
Auprès duquel la garde est toujours si sévère,
A pu s'ouvrir à vous aussi vite ?

THÉCLA.

                              Un vieillard,
Petit, aux cheveux blancs, à l'affable regard,
Bon pour moi dès l'abord, m'a conduite.

MAX.

                              Il se nomme
Séni ; du prince il est l'astrologue.

THÉCLA.

Cet homme
M'a demandé beaucoup de choses à la fois :
L'époque où je suis née, et le jour, et le mois ;
Si c'est de jour, de nuit.

LA COMTESSE.

Il voulait, je suppose,
Tirer votre horoscope.

THÉCLA.

Il a, sur toute chose,
Examiné ma main ; puis, d'un air inquiet,
A secoué la tête. Aux lignes qu'il voyait
Il ne paraissait pas content le moins du monde.

LA COMTESSE.

Quel effet a sur vous produit cette rotonde ?
Je n'y donnai jamais bien grande attention.

THÉCLA.

Je ne vous dirai pas de quelle émotion
Je me sentis saisie aussitôt mon entrée,
Quand, venant du grand jour, je me vis entourée
D'une profonde nuit. — Une étrange clarté,
Faible, se répandait sur cette obscurité.
De six ou de sept rois à la haute stature,
Rangés autour de moi, je voyais la figure.
Ces rois, que l'on avait placés en demi-rond,
Étaient tous sceptre en main, tous une étoile au front,
Et la clarté semblait descendre de leurs têtes.
Mon guide alors me dit : « Ce sont là les planètes ;

ACTE III. — SCÈNE IV.

Toute la destinée est soumise à leurs lois ;
Aussi leur donne-t-on la figure de rois.
Le dernier, ce vieillard chagrin et taciturne,
L'étoile jaune-sombre, il s'appelle Saturne.
Là, vis-à-vis de lui, l'autre, aux rougeâtres feux,
Au costume guerrier, c'est Mars. Aucun des deux
Ne donne le bonheur. Là, cette belle femme,
Dont l'étoile répand si doucement sa flamme,
C'est Vénus. A la joie elle préside. Allez
Vers la gauche : voilà Mercure, aux pieds ailés.
Ce front royal, au centre, argenté de lumière,
Serein, c'est Jupiter ; l'astre de votre père.
A ses côtés, la Lune et le Soleil. »

MAX.

      Oh ! moi,
Jamais je ne pourrai critiquer cette foi
Qu'aux astres, aux Esprits, dans leur pouvoir, il place.
L'orgueil humain n'est pas seul à peupler l'espace
D'agents mystérieux, d'Esprits auxquels il croit.
Même le cœur aimant se sent trop à l'étroit
Dans ce monde vulgaire, et bientôt il s'élance
Au delà. Tel récit que l'on fait à l'enfance,
Cache un sens plus profond que n'est la vérité
Des leçons de la vie. A mon cœur transporté
Laissez ce monde pur, ce monde des merveilles !
Lui seul il a des voix qui charment mes oreilles ;
Lui seul m'ouvre l'espace éternel, infini ;
Il tend mille rameaux à mon esprit ravi,
Qui trouve à s'y bercer un bonheur ineffable....
Oh, oui ! le vrai pays de l'amour, c'est la Fable,

Pays du talisman et de la fée ! Heureux
Dans leur monde, divin lui-même, il croit aux dieux.
De tous ceux d'autrefois la famille est absente ;
Elle a fui loin de nous cette race charmante.
Mais le cœur a sa langue ; il fait que nous prenons
Pour le même penchant, toujours les mêmes noms.
C'est au ciel étoilé qu'à présent ils résident
Ces Dieux ; nos vieux amis ! qu'aux amours ils président,
Et dispensent encore à notre humanité,
Jupiter la grandeur et Vénus la beauté !

THÉCLA.

Si des astres telle est en effet la science,
J'adopte avec bonheur cette aimable croyance :
Se dire que pour nous, dans l'éternel séjour,
A l'heure où nous naissions, la couronne d'amour,
D'astres étincelants était déjà tressée,
Oh ! la charmante image ! oh ! la douce pensée !

LA COMTESSE.

Le ciel mêle souvent des épines aux fleurs.
Puisse-t-il, mon enfant, t'épargner leurs douleurs,
Et ne pas te gâter cette belle couronne !
Les liens que Vénus, la déesse qui donne
Le bonheur, aura pris plaisir à préparer,
D'un coup, l'astre fatal, Mars, peut les déchirer.

MAX.

Son règne ténébreux ne durera plus guère !
Que béni soit le zèle où le duc persévère !
Aux lauriers de son front, au symbole guerrier,

Son grand cœur, satisfait, va mêler l'olivier :
Il va donner la paix à la terre charmée.
Il a bien assez haut porté sa renommée.
Qu'il vive désormais pour lui-même et les siens !
Quelle belle retraite à choisir dans ses biens !
Gitschin, quel beau séjour ! Quel admirable site
Reichenberg ou Friedland présente à qui l'habite !
Jusqu'aux monts des Géants s'étendent ses forêts ;
Varennes et halliers pour ses chasses sont prêts.
Qu'il suive, retiré des affaires publiques,
Ses penchants généreux, ses projets magnifiques,
Encourage les arts en prince, et donne appui
A tout ce qui sera grand et digne de lui !
Il peut bâtir, planter, lire aux astres. Qu'il fasse,
Si ce n'est pas assez pour son active audace,
La guerre aux éléments. Voilà de quoi lutter :
Le fleuve va changer de cours, le roc sauter ;
Le commerce n'a plus que des routes faciles.
Et puis, l'hiver venu, dans nos longs soirs tranquilles,
De nos récits de guerre animant le foyer,
Nous dirons....

LA COMTESSE.

Cependant je dois vous conseiller
De ne pas déposer votre glaive trop vite :
Une épouse comme elle, il me semble, mérite
Qu'on cherche à l'obtenir en combattant.

MAX.

Hélas !
S'il ne fallait que ça !

LA COMTESSE.

Chut! Quel bruit?... N'est-ce pas?...
Au salon du festin il me semblait entendre
Un débat violent.

(Elle sort.)

SCÈNE V.

THÉCLA, MAX.

THÉCLA, dès que la comtesse s'est éloignée, dit à Max, précipitamment et à voix basse :

Ne vous laissez pas prendre
A leurs dehors; ce sont gens de mauvaise foi.

MAX.

Ils pourraient...!

THÉCLA.

N'en croyez à personne qu'à moi!
Ils poursuivent un but. — Oui, j'en ai l'assurance.

MAX.

Quel but? A faire luire à nos yeux l'espérance,
Quel profit...?

THÉCLA.

Je ne sais; mais de nous rendre heureux,
De nous unir, il n'est pas question pour eux.

MAX.

Mais pourquoi ces Terzky? Votre mère, si bonne,
N'est-elle donc pas là? Bien digne qu'on lui donne
Entière confiance? A son cœur ouvrons-nous.

THÉCLA.

Ma mère vous estime et vous aime entre tous ;
Mais, instruite une fois d'un semblable mystère,
Elle n'oserait pas le cacher à mon père.
Le mieux, pour son repos, est qu'elle ignore tout.

MAX.

Le mystère! pourquoi le mystère, après tout?
Dissipons-le! prenons une allure plus nette!
Je vais à votre père; à ses pieds je me jette;
Il décidera, lui, si je dois être heureux.
Sincère, ouvert, il hait les chemins tortueux;
Si bon, si noble...

THÉCLA.

En vous, en vous est ce modèle!

MAX.

C'est d'aujourd'hui qu'à vous le prince se révèle;
Mais moi, depuis dix ans tous les jours je le vois.
Accorderait-il donc pour la première fois
Une de ces faveurs qu'on n'oserait attendre?
C'est en dieu qu'il se montre et se plaît à surprendre;
Il stupéfie, il met dans le ravissement.
Et qui sait si, peut-être, en ce même moment,
Pour combler nos désirs, nous donner l'un à l'autre,
Ce n'est pas mon aveu qu'il attend, et le vôtre?
Vous vous taisez? Le doute est dans vos yeux. —
                                          Pourquoi?
— Faites-vous un reproche à votre père?

THÉCLA.

Moi?
Non; mais dans les travaux dont son haut rang l'accable,

Trouvera-t-il jamais un moment favorable
Pour s'occuper de nous ?

(Lui prenant la main avec tendresse :)
Comme moi, mon ami,
Aux hommes il ne faut vous fier qu'à demi.
Aux Terzky, pour leurs soins, notre reconnaissance,
Sans pourtant leur donner trop grande confiance;
Et puis, abandonnons le reste à notre cœur.

MAX.

Ah ! pourrons-nous jamais connaître le bonheur ?

THÉCLA.

Le bonheur ? Mais, on l'a, mon ami, quand on aime.
N'êtes-vous pas à moi, comme je suis moi-même
Toute à vous ? Votre cœur a grand courage; eh bien !
Ce courage, l'amour le fait passer au mien.
Je ne vous devrais pas ouvrir ainsi mon âme :
Je sais ce que l'usage exige d'une femme;
Mais, ici, d'où viendrait pour vous la vérité,
Si son langage était sur ma lèvre arrêté ?
Que nos âmes, après s'être ainsi rencontrées,
Ne puissent désormais plus être séparées !
C'est plus qu'ils ne voulaient, soyez-en assuré.
Prenons donc le bonheur comme un larcin sacré.
Qu'en ses profonds replis notre cœur le recèle;
De la bonté céleste il nous vient, et c'est elle,
Elle, à qui nous dirons merci d'un bien si doux.
Le ciel fera peut-être un miracle pour nous.

SCÈNE VI.

LES PRÉCÉDENTS, LA COMTESSE.

LA COMTESSE, en toute hâte:

Mon mari, colonel, auprès de vous m'envoie:
Il est grand temps, dit-il, qu'au banquet l'on vous voie.
<small>(Ils ne font pas attention à ce qu'elle dit; elle va se placer au milieu d'eux :)</small>
Séparez-vous!

THÉCLA.

Oh! non : depuis quelques instants
A peine, il est ici.

LA COMTESSE.

Noble nièce! le temps
Passe vite pour vous.

MAX.

Rien ne presse, madame.

LA COMTESSE, à Max:

Partez vite! Voilà deux fois qu'on vous réclame;
Votre absence surprend, et votre père...

THÉCLA.

Eh bien?
Son père... Pourquoi donc...?

LA COMTESSE.

Vous me comprenez bien.

THÉCLA.

Toujours être avec eux! Ce n'est point là sa place.
Qu'ils soient des gens d'honneur et de mérite, passe!

Mais sont-ils, eux et lui, d'âge à se réunir?
Non; leur société ne peut lui convenir.

LA COMTESSE.

Vous voulez le garder pour vous seule, ma nièce?

THÉCLA, vivement :

Oui; telle est ma pensée. Avec moi qu'on le laisse
Tout à fait, et qu'on dise aux généraux...

LA COMTESSE.

Vraiment?

Ma nièce, perdez-vous la tête en ce moment?
— A nos conditions, comte, je vous rappelle.

MAX.

Il faut que j'obéisse! Adieu, mademoiselle!

(Thécla se détourne vivement de lui.)

Que dites-vous?

THÉCLA, sans le regarder :

Rien, rien. Partez!

MAX.

Vous m'en voulez?

Puis-je de vous ainsi me séparer?

(Il s'approche d'elle; leurs yeux se rencontrent; elle se tait un moment,
puis, se jette dans ses bras. Il la presse sur son cœur.)

LA COMTESSE.

Allez!

Si quelqu'un arrivait!... Évitez le reproche...
Écoutez ces rumeurs!... Un bruit de voix s'approche!

(Max s'arrache des bras de Thécla, et sort. La comtesse l'accompagne.
Thécla le suit d'abord des yeux, puis, parcourt la chambre avec
agitation, et, enfin, s'arrête, plongée dans ses réflexions. Elle prend
une guitare sur la table et, après un prélude mélancolique, elle se
met à chanter.)

SCÈNE VII.

THÉCLA, chante, en s'accompagnant[1]:

Le vent mugit dans la forêt;
Au ciel s'amasse le nuage.
— Sur les verts gazons du rivage,
Triste, la jeune fille errait.
A ses pieds la vague écumante
Bondit et se brise avec bruit.
L'œil voilé de pleurs, elle chante,
Au milieu de la sombre nuit:

« De mon cœur la vie est éteinte;
Le monde est pour moi le néant.
Plus de désirs. O Vierge sainte!
A toi rappelle ton enfant!
Tous les biens qu'à l'âme charmée
Donne le terrestre séjour,
Il m'en a comblée à mon tour:
J'ai pu vivre, aimer, être aimée! »

SCÈNE VIII.

THÉCLA, LA COMTESSE.

LA COMTESSE.

Comment! mademoiselle? Ainsi vous comporter?
A sa tête, — fi donc! — vous allez vous jeter!
Se peut-il? Vous avez bien trompé mon attente:
Prendre si peu souci de vous!

---

[1]. Schiller a reproduit ici les deux premières strophes de sa ballade: *Les plaintes de la jeune fille*.

THÉCLA, se levant:

Qu'est-ce, ma tante?

LA COMTESSE.

Rappelez-vous toujours votre rang et le sien.
Vous n'avez pas encor songé, je crois...

THÉCLA.

Eh bien?

LA COMTESSE.

Que le prince Friedland, ma nièce, est votre père.

THÉCLA.

Et vous en concluez...?

LA COMTESSE.

Demande singulière!

THÉCLA.

Notre noblesse date, on le sait, de plus tard
Que ne date la sienne: il est Noble Lombard,
Et d'antique maison. Sa mère était princesse.

LA COMTESSE.

Rêvez-vous? Il faudra peut-être qu'on le presse,
Et poliment encor, d'accepter votre hymen,
Et de vous rendre heureuse en vous donnant sa main?
Au plus riche parti d'Europe!

THÉCLA.

Non, ma tante.

LA COMTESSE.

Mais, ne pas s'y risquer sera chose prudente.

THÉCLA.

Son père l'aime tant! Il ne faut craindre rien
Du comte Octavio.

LA COMTESSE.

De son père! du sien!
Mais du vôtre?

THÉCLA.

Il semblait que l'on craignît son père:
Envers lui l'on agit avec tant de mystère!

LA COMTESSE, la regardant d'un œil inquisiteur:

Vous manquez de franchise!

THÉCLA.

Oh! ma tante, pardon,
Si j'ai pu vous blesser! Votre cœur est si bon!

LA COMTESSE.

Vous n'avez pas encor gagné votre partie;
Ne chantez pas victoire!

THÉCLA.

Ah! je vous en supplie!
Soyez bonne!

LA COMTESSE.

On n'en est pas encor, croyez-moi,
Où l'on pensait en être.

THÉCLA.

Oui, je m'en aperçoi.

LA COMTESSE.

Croyez-vous donc qu'il ait consacré, tout entière,

Son importante vie au travail de la guerre,
Des tranquilles bonheurs qu'il se soit détourné,
Qu'à des nuits sans sommeil il se soit condamné,
Et qu'il ait aux soucis livré sa noble tête,
Pour qu'une passion d'amour fût satisfaite ?
Que si tu sors du cloître, enfin, c'est qu'il voulait
T'amener en triomphe un homme qui te plaît?
La chose à moins de frais pouvait être obtenue.
Non, il n'a pas semé pour que, la fleur venue,
Ta main d'enfant allât follement l'arracher,
Et, frivole ornement, sur ton sein l'attacher.

THÉCLA.

Qu'à mon intention ne fût pas la semence,
J'en puis avoir les fruits. — Si, de cette existence,
Prodigieuse au point de m'inspirer la peur,
Le sort, pour moi, voulait que sortît le bonheur?

LA COMTESSE.

Tu l'entrevois des yeux que ton amour te donne.
Où t'a-t-on fait venir? Vois ce qui t'environne :
Le plaisir et la joie ici sont ignorés;
Ici, pour un hymen, point de murs décorés;
Point de convive au front couronné pour la fête;
Point d'éclat que celui des armes. — Dans ta tête
Aurais-tu mis qu'ils vont, ces milliers de soldats,
Former jusqu'à l'autel cortége sur tes pas?
Regarde-le, ce front soucieux de ton père,
Et, d'un autre côté, vois les pleurs de ta mère.
Quand de notre maison se pèsent les destins,
Laisse tes sentiments, tes désirs enfantins !

ACTE III. — SCÈNE VIII.   175

Sois digne désormais de celui qui te nomme
Sa fille; montre-toi la fille du grand homme!
La femme ne saurait jamais s'appartenir;
Au sort d'autrui son sort doit fortement s'unir,
Et la meilleure en est celle qui s'est donnée,
Qui, librement, a pris cette autre destinée,
Et lui voue à la fois ses soins et son amour.

THÉCLA.

C'est ce qu'on me disait au couvent chaque jour.
Là-bas, à tout désir je vivais étrangère :
J'étais sa fille à lui, l'homme extraordinaire ;
Voilà le sentiment qu'en moi l'on ramenait ;
Et le bruit de son nom qui jusqu'à nous venait
Me disait seulement qu'il faut, à cette vie,
Avec soumission, que je me sacrifie.

LA COMTESSE.

Oui, le Sort, en effet, t'impose cette loi.
A ce qu'il te prescrit, de bon gré soumets-toi,
Quand, pour t'y résigner, tu peux suivre, ma chère,
L'exemple que je donne et que donne ta mère.

THÉCLA.

Le Sort me montre à qui je me sacrifirai;
Et c'est avec bonheur qu'au Sort j'obéirai.

LA COMTESSE.

Le Sort? Non; mais ton cœur, enfant, parce qu'il aime.

THÉCLA.

Voix du cœur, voix du Sort, ma tante, c'est la même.
A lui seul j'appartiens. C'est un présent de lui,

De lui seul, que la vie où je vis aujourd'hui.
Il a des droits sur moi, qui suis sa créature :
Avant qu'il m'animât de son amour si pure,
Qu'étais-je? Maintenant puis-je moins m'estimer
Que ne le fait celui qui m'apprit à l'aimer?
On ne saurait jamais paraître méprisable,
Quand on est possesseur d'un bien inestimable.
Le bonheur me rend forte, et la vie, à mes yeux,
Est ce qu'elle doit être aux esprits sérieux.
Je m'appartiens, à moi ; je n'ai pas d'autre maître ;
Je le sais maintenant. J'appris à la connaître
La volonté de fer que renferme mon cœur,
Et je puis, pour atteindre au suprême bonheur,
Tout risquer.

LA COMTESSE.

Tu pourrais résister à ton père,
S'il avait disposé de toi? Ton cœur espère
Qu'il forcerait le sien à se soumettre? Enfant!
Ce père, songe donc qu'il s'appelle Friedland!

THÉCLA.

Je porte aussi ce nom; je suis de sa famille.
Mon père trouvera dans moi sa digne fille.

LA COMTESSE.

Son maître, l'empereur, ne peut pas le dompter,
Et sa fille avec lui tenterait de lutter?

THÉCLA.

Sa fille peut oser ce que personne n'ose.

LA COMTESSE.

Eh bien! vraiment, il n'est pas prêt à telle chose!

De tout obstacle, lui, jusqu'ici triomphant,
Aurait sa propre fille à vaincre? Mon enfant,
Tu ne l'as encor vu que sourire ton père;
Tu ne sais pas ce qu'est son regard de colère.
Ta voix, pour prononcer ton refus d'obéir,
Tremblante à son aspect, se fera-t-elle ouïr?
Tu peux bien préparer, seule, dans le silence,
Tes résolutions et tes fleurs d'éloquence,
Et croire avoir changé la colombe en lion;
Mais, passe du projet à l'exécution!
Ose donc te placer sous ce regard de flamme,
Fixé sur toi, lisant jusqu'au fond de ton âme,
Et dis : Non! — Il serait pour toi, l'œil de Friedland,
Ce qu'à la tendre fleur est le soleil brûlant.
— T'effrayer, chère enfant, n'est pas mon but. J'espère
Que tu n'en viendras pas aux extrêmes. Ton père
Ne m'a pas dit ses plans : peut-être on va les voir
D'accord avec tes vœux; mais il ne peut vouloir
Que toi, le noble enfant de sa fortune heureuse,
Tu prennes des façons de fillette amoureuse,
Et coures au-devant de l'homme qui, s'il faut
Que nous le trouvions digne, un jour, d'un prix si haut,
Ne l'aura mérité que par un sacrifice
Tel que jamais plus grand l'amour n'en accomplisse.

(Elle sort.)

SCÈNE IX.

THÉCLA, seule.

Oh! ma tante, merci de l'avertissement!
Il change en certitude un noir pressentiment.

Nous n'avons donc ici pas un ami fidèle !
Pas un cœur qui réponde au nôtre qui l'appelle !
Tout seuls ! et menacés de si rudes combats !...
Amour ! divin amour ! tu nous fortifieras !
— Hélas ! elle a dit vrai : d'aucun signe prospère
L'union de nos cœurs n'a reçu la lumière.
De l'espérance, ici, ce n'est pas le séjour.
La guerre y fait partout entendre son bruit sourd,
Et lui-même, l'amour, comme sous la cuirasse,
Pour un combat à mort s'y présente et prend place.
— Sur les Wallenstein plane un esprit ténébreux.
Le Destin est pressé d'en finir avec eux.
Il me force à quitter ma paisible retraite ;
Il enivre mon âme au charme qu'il lui jette
Dans l'image divine et chère : je la voi
Qui voltige, toujours, toujours plus près de moi.
Jusqu'au bord de l'abîme avec force il m'amène.
Je ne puis résister au pouvoir qui m'entraîne !

(On entend, dans l'éloignement, la musique du festin.)

Oh ! lorsqu'une maison par le feu doit périr,
De nuages les cieux sont prompts à se couvrir,
Et la foudre à tomber de leurs hauteurs sereines,
Et la terre à vomir ses flammes souterraines ;
Et le dieu de la joie, à la pauvre maison,
Lui-même, en furieux, vient lancer un tison !

(Elle sort.)

FIN DU TROISIÈME ACTE.

ACTE QUATRIÈME.

LES PICCOLOMINI.

ACTE QUATRIÈME.

Une grande salle, splendidement illuminée. Au milieu, vers le fond du théâtre, une table richement servie où sont assis huit généraux, parmi lesquels Octavio Piccolomini, Terzky et Maradas. A droite et à gauche, plus en arrière, deux autres tables, chacune de six convives. En avant, le buffet. Tout le devant de la scène reste libre pour les pages et les domestiques qui font le service. Tout est en mouvement. Les musiciens du régiment de Terzky quittent le théâtre, en faisant le tour des tables. Pendant qu'ils se retirent, arrive Max Piccolomini. Terzky, un papier à la main, Isolani, une coupe, vont au-devant de lui.

SCÈNE PREMIÈRE.

TERZKY, ISOLANI, MAX.

ISOLANI.

A ce que nous aimons, cher camarade! — Où diable
Avez-vous pu rester si longtemps? — Vite! à table!
Ce sont les vins d'honneur du caveau maternel
Que nous livre Terzky. Vous verrez, colonel :
Du château d'Heidelberg on croit vider les tonnes.
— Et, là-bas, vous manquez le meilleur : des couronnes
De princes. L'on s'adjuge, et les biens d'Eggenberg,
Et ceux de Slawata, Lichtenstein et Sternberg ;
En un mot, les grands fiefs que compte la Bohème.
Hâtez-vous! qu'au gâteau vous preniez part vous-même ;
A table donc ! Marchez !

COLALTO et GŒTZ, appelant Max de la seconde table:
Colonel!

TERZKY.
Un moment!
Il va venir. — Lisez ce projet de serment;
Voyez s'il vous convient. Ils en ont pris lecture,
Tous. Il n'y manquera pas une signature.

MAX, lisant:
« *Ingratis servire nefas.* »

ISOLANI.
L'ami! c'est là
Quelque dicton latin : traduisez-moi cela!

TERZKY.
« L'honnête homme à servir les ingrats se refuse. »

MAX, lisant:
« Notre très-puissant général, le sérénissime prince de
« Friedland, s'étant décidé, après des injustices répé-
« tées, à quitter le service de l'empereur, mais, touché
« de nos unanimes prières, ayant consenti à rester à la
« tête de l'armée et à ne pas se séparer de nous sans
« notre consentement, nous nous engageons, tous con-
« jointement et chacun en particulier, par serment per-
« sonnel, à lui demeurer fidèlement attachés ; à ne
« l'abandonner en aucune façon ; à lui tout sacrifier,
« jusqu'à notre dernière goutte de sang, *autant, toutefois,*
« *que le permettrait le serment prêté par nous à l'empereur.*

(Ces derniers mots sont répétés par Isolani.)

« De même, si quelqu'un de nous devait manquer
« à ce pacte et devenir infidèle à la cause commune,

« nous prenons l'engagement de le déclarer traître, dé-
« serteur de l'alliance, et de nous venger de lui sur ses
« biens et sur sa personne. En foi de quoi, nous avons
« signé le présent écrit. »

TERZKY.

Eh bien ! signerez-vous ?

ISOLANI.

Où serait son excuse ?
C'est le droit, le devoir de tout brave officier,
S'il est homme d'honneur. — Donnez plume, encrier !

TERZKY.

Bien ! Après le banquet.

ISOLANI, entraînant Max :

Venez !

(Ils vont tous deux à la table.)

SCÈNE II.

TERZKY, NEUMANN.

(Terzky fait un signe à Neumann, qui attendait au buffet, et s'avance
avec lui sur le devant de la scène.)

TERZKY.

Est-elle prête ?
Donne cette copie. — Est-elle assez bien faite
Pour qu'ils prennent le change ?

NEUMANN.

Oui ; très-facilement :
J'ai fait ligne par ligne, excepté le serment ;
Ainsi que me l'avait ordonné Votre Grâce.

TERZKY.

Bon! va la déposer. L'autre, au feu qu'elle passe !
Et ne perds pas de temps ! Son office est fini.
(Neumann met la copie sur la table et va se replacer près du buffet.)

SCÈNE III.

TERZKY, ILLO, qui sort de la seconde chambre.

ILLO.

Vous donne-t-il espoir ce Piccolomini ?

TERZKY.

Il n'a rien objecté. Tout ira bien, je pense.

ILLO.

Vis-à-vis de lui seul je suis en défiance ;
Pour son père de même. Ayez l'œil sur tous deux !

TERZKY.

Que semblent annoncer vos convives ? Sur eux
Vous agissez, j'espère, à leur chauffer la tête ?

ILLO.

Là ? Tout cœur ! Avec eux je crois l'affaire faite.
Je vous l'avais prédit : ce n'est plus, simplement,
De maintenir le duc dans son commandement.
A Montecuculli voici ce qu'il en semble :
« Puisqu'une bonne fois, » dit-il, « on est ensemble,
« Il faut aller à Vienne, et c'est là que, ma foi !
« A l'empereur, chez lui, nous dicterons la loi ! »
Sans ces deux hommes-là, je vous le certifie,
Nous aurions pu laisser notre supercherie.

TERZKY.

Chut! Que nous veut Buttler?

SCÈNE IV.

LES PRÉCÉDENTS, BUTTLER.

(Il arrive de la seconde table.)

BUTTLER.

Pas de dérangement!....
Général, je vous ai compris parfaitement.
Bon succès à l'affaire! Et....

(Mystérieusement:)

De moi qu'on dispose.
Comptez que...

ILLO, vivement:

Nous pourrions...?

BUTTLER.

Avec ou sans la clause!
Ça m'est indifférent. Me comprenez-vous bien?
On peut mettre à l'épreuve un cœur comme le mien,
Et ma fidélité. Qu'au prince on l'aille dire.
S'il lui plaît de rester général de l'Empire,
Officier de l'Empire aussi je resterai;
S'il veut être son maître, eh bien! je tournerai:
Parmi ses serviteurs aussitôt je me range.

TERZKY.

Et, bien certainement, vous gagneriez au change:
Vous ne serviriez pas un ladre, un Ferdinand.

BUTTLER, gravement:

Comte, je ne suis pas un homme qui se vend.

Je n'aurais conseillé, l'an dernier, à personne
De marchander de moi ce qu'aujourd'hui je donne.
Oui, je me donne au duc avec mon régiment,
Et l'exemple n'est pas un petit argument.

ILLO.

Le colonel Buttler! L'armée ignore-t-elle
Que ses chefs ont en lui leur plus brillant modèle?

BUTTLER.

Croyez-vous? Nul regret, alors, d'être resté
Fidèle quarante ans, si ma fidélité,
Ma réputation me donnent, à soixante,
Le droit d'une vengeance aussi pleine, éclatante...
Ne vous offusquez pas de ce que je vous dis :
Qu'importe la façon dont je vous suis acquis.
Vous n'imaginez pas que votre jeu, sans doute,
A mon jugement droit ait fait perdre sa route;
Que la légèreté, qu'un sang un peu trop vif,
Ou je ne saurais pas quel frivole motif,
Puisse faire que l'homme, au déclin de sa vie,
Du chemin de l'honneur en un instant dévie.
Venez! Je sais fort bien ce que je vais quitter.
Dans mon dessein, pourtant, rien ne peut m'arrêter.

ILLO.

Voyons! comment faut-il que l'on vous envisage?

BUTTLER.

Comme un ami! Tenez! ma main en est le gage.
Corps et biens je me donne. Il ne faut pas, ici,
Les hommes seulement; il faut l'argent aussi.
J'ai quelques fonds à moi; l'épargne que j'ai faite

Depuis que je le sers, eh bien ! je la lui prête.
Que le duc me survive, il est mon héritier.
C'est depuis bien longtemps couché sur le papier.
Je suis tout seul au monde, et ne me sens dans l'âme
Rien qui me lie envers des enfants, une femme.
Que je meure, ma vie et mon nom, tout est loin.

ILLO.

De votre argent, Buttler, nous n'avons pas besoin.
Seul, votre cœur nous offre un trésor assez rare ;
Ça vaut des millions ; ça vaut de l'or en barre.

BUTTLER.

Pauvre palefrenier, d'Irlande j'arrivai
A Prague. — Par la mort mon maître est enlevé,
Et la Fortune vient. Dans son humble service
Elle prend le valet d'écurie et le hisse,
Par la guerre, aux honneurs, au grade où je me voi.
Friedland est son enfant tout aussi bien que moi :
J'aime à voir une route à la mienne semblable.

ILLO.

Les grands cœurs sont parents.

BUTTLER.

      L'époque est favorable
Aux braves, aux hardis, pour faire leur chemin.
Les villes, les châteaux passent de main en main,
Ainsi qu'une monnaie. Il faut quitter la place
Si l'on est l'héritier de quelque antique race.
Partout le nom nouveau, le blason inconnu.
Un peuple, qui n'est pas ici le bienvenu,
Et qui descend du Nord, par les armes demande

D'avoir droit de cité sur la terre allemande.
Le prince de Weimar vaillamment met la main
A quelque État puissant à fonder sur le Main.
Mansfeld et d'Halberstadt[1] aujourd'hui seraient princes,
Ils se seraient conquis bravement des provinces,
Si la mort n'avait pas arrêté leur élan.
Qui d'eux tous pourrait-on comparer à Friedland ?
Il n'est pas de hauteur où de poser l'échelle
L'homme fort n'ait le droit.

TERZKY.

Voilà ce qui s'appelle
Parler !

BUTTLER.

Des Espagnols et des Italiens
Assurez-vous — Lesly, l'Écossais, je le tiens.
Retournons !

TERZKY.

Sommelier ! Allons ! vide ta cave !
Donne-nous le meilleur ! La circonstance est grave.
Nos affaires vont bien !

(Chacun retourne à sa table.)

SCÈNE V.

LE SOMMELIER, NEUMANN ; ils s'avancent sur le devant
de la scène. DES DOMESTIQUES, qui vont et viennent.

LE SOMMELIER.

Le meilleur ! C'est cela !
Sa bonne mère, à voir tout ce désordre-là,
Bondirait dans sa tombe. — Oui, monsieur, je puis dire

---

1. Christian, duc de Brunswick-Lunebourg, évêque d'Halberstadt.

Que sa noble maison s'en va de mal en pire :
Ni mesure, ni fin ! Je voudrais bien savoir
Quel bonheur cela peut nous apporter d'avoir
Avec ce duc formé notre illustre alliance ?

NEUMANN.

Bah ! voilà justement que ce bonheur commence.

LE SOMMELIER.

Vous croyez ? On pourrait discuter là-dessus.

UN DOMESTIQUE, arrivant :

Du Bourgogne là-bas, table quatre !

LE SOMMELIER.

      O Jésus !
Mes bouteilles ! Déjà la soixante-et-dixième,
Monsieur l'aide de camp !

LE DOMESTIQUE.

     Ils ont, ma foi ! qui l'aime :
Ce seigneur allemand, Tiefenbach...

(Il sort.)

LE SOMMELIER, continuant, à Neumann :

       C'est aller
Beaucoup trop haut. En faste ils veulent égaler
Les électeurs, les rois ; et mon gracieux maître
Se permet ce qu'au prince il plaît de se permettre.
Il ne veut pas rester en arrière.

(Aux domestiques :)

     Pourquoi
Vous tenir là ? Je vais vous donner des pieds, moi !
A ce que nous disons vous ouvrez les oreilles ?

Allez vous occuper des tables, des bouteilles :
Le comte de Palfy, qu'on paraît oublier!
Voyez! Un verre vide à remplir!

SECOND DOMESTIQUE, arrivant:
Sommelier!
La grande coupe d'or aux armes de Bohème ;
Vous savez bien laquelle, a dit monsieur.

LE SOMMELIER.
La même
Dont le fameux Wilhelm cisela le dessin
Pour le couronnement du roi Frédéric-Cinq?
Du butin fait à Prague une pièce admirable!

LE SECOND DOMESTIQUE.
Ils veulent à la ronde y boire à chaque table.

LE SOMMELIER ; secouant la tête, tandis qu'il prend la coupe
et l'essuie :
D'un rapport à la cour voici nouveau motif.

NEUMANN.
Montrez! C'est merveilleux! Elle est en or massif!
Dans tous ces bas-reliefs quel grand art se déploie!
Le premier représente.... Attendez! Que je voie!...
Une fière amazone; elle passe, à cheval,
Foulant aux pieds un double emblème épiscopal :
Mitre et crosse. Elle tient, planté sur une lance,
Un chapeau près duquel un drapeau se balance,
Où se voit un calice. A tous ces sujets-là
Quel sens attachez-vous?

LE SOMMELIER.
La femme que voilà,

L'amazone à cheval, est ici comme emblème
De l'élection libre au trône de Bohème.
De cette liberté les deux symboles sont
Dans ce cheval fougueux et dans ce chapeau rond.
En effet, le chapeau de l'homme est la parure,
Et qui n'a pas le droit de garder sa coiffure
Devant les empereurs, devant les rois, on sait
Qu'il n'est pas homme libre.

NEUMANN.
Et le calice ?

LE SOMMELIER.
C'est
L'Église de Bohème en ses pleines franchises,
Telles que nos aïeux nous les avaient conquises.
Dans la guerre hussite à leur bras ils ont dû
L'usage du calice aux laïcs étendu,
Un privilége auquel le pape encor résiste.
Or, ce droit au calice est tout pour l'Utraquiste ;
C'est son premier trésor, et pour qu'il lui restât,
Le Bohème a versé son sang dans maint combat.

NEUMANN.
Ce rouleau de papier au-dessus...?

LE SOMMELIER.
Est l'emblème
D'une autre liberté, qu'arracha la Bohème
A l'empereur Rodolphe, et cette liberté
Est dans l'acte nommé Lettre de Majesté ;
Précieux parchemin qui nous donnait franchise
Des cloches et du chant public pour notre Église,

Comme l'avait l'ancienne. Il n'est rien, maintenant
Que nous avons pour roi l'empereur Ferdinand.
Prague une fois perdue, et depuis que la guerre
Chassa le Palatin de son trône éphémère,
Notre culte n'a plus ses chaires, ses autels,
Et nos frères ont fui les foyers paternels.
Plus de Charte pour nous ! L'empereur à lui-même
Coupé de ses ciseaux la Lettre de Bohème.

NEUMANN.

Comme vous dites ça ! Vous savez, on le voit,
L'histoire du pays, et sur le bout du doigt !

LE SOMMELIER.

Ne vous étonnez pas des choses que j'ai dites :
Mes aïeux, capitaine, étaient des Taborites,
Sous Procope et Ziska. La paix sur eux ! C'était
Pour une bonne cause, au moins, qu'on se battait.

(Au domestique, en lui tendant la coupe :)

Prends !

NEUMANN.

Sur l'autre écusson qu'un moment je m'arrête :
Tiens ! Prague et son château ! Par la fenêtre on jette
Les conseillers baron Martinitz, Slawata[1],
La tête la première. — Et de Thurn ! Le voilà
Au moment où par lui la chose est ordonnée.

(Le domestique emporte la coupe.)

LE SOMMELIER.

Ah ! ne rappelez pas cette triste journée !
C'était le vingt-trois mai, l'an seize cent dix-huit.

1. Voir la note, page 88.

Il me semble toujours que ce soit aujourd'hui.
De ce jour malheureux date notre misère;
Depuis, — voici seize ans, — plus de paix sur la terre!
(On crie, à la seconde table :)
Au prince de Weimar!
(A la troisième et à la quatrième table :)
Vive le duc Bernard!
(Musique.)

PREMIER DOMESTIQUE.

Quel bruit!

SECOND DOMESTIQUE, accourant :

Entendez-vous? Ils boivent à Weimar!

TROISIÈME DOMESTIQUE.

L'ennemi de l'Autriche!

PREMIER DOMESTIQUE.

Au Luthérien!

SECOND DOMESTIQUE.

Affaire
Grave! Lorsque tantôt Déodat prit son verre
Et que de l'empereur il porta la santé,
Muet comme un poisson chacun d'eux est resté.

LE SOMMELIER.

On va souvent trop loin quand le vin vous conseille;
Mais un bon serviteur doit faire sourde oreille.

TROISIÈME DOMESTIQUE, à part, au quatrième :

Jean, fais attention à tout ce qu'on dira.
Ayons beaucoup à dire au père Quiroga :
Les indulgences vont nous pleuvoir, en échange.

QUATRIÈME DOMESTIQUE.

C'est surtout à servir Illo que je m'arrange :
Quels discours !

(Ils vont aux tables.)

LE SOMMELIER, à Neumann :

Quel est donc le seigneur que je vois
Dans ce vêtement noir, décoré d'une croix,
Au comte de Palfy parlant en confidence ?

NEUMANN.

Encore un dans lequel ils ont trop confiance :
Un seigneur espagnol, du nom de Maradas.

LE SOMMELIER.

Bah ! bah ! les Espagnols ! Sur eux ne comptez pas :
Tous les Welches sont gens que je n'estime guère.

NEUMANN.

Oh ! oh ! vous devriez parler d'autre manière :
Nos meilleurs généraux de là nous sont venus ;
Ceux que, précisément, le duc prise le plus.

(Terzky vient prendre le papier; une certaine agitation se produit aux tables.)

LE SOMMELIER, aux domestiques :

Le général se lève. Attention ! — L'on quitte
Les tables. Allez tous ! ôtez les siéges ! vite !

(Les domestiques vont, à la hâte, vers le fond du théâtre. Une partie des convives viennent sur le devant de la scène.)

SCÈNE VI.

OCTAVIO PICCOLOMINI arrive, s'entretenant avec MARADAS; ils se placent tout en avant, sur l'un des côtés de la scène. De l'autre, s'avance MAX PICCOLOMINI, seul, replié en lui-même et qui ne prend aucune part au mouvement général. Au milieu, mais un peu en arrière, BUTTLER, ISOLANI, GOETZ, TIEFENBACH, COLALTO, et bientôt après, TERZKY.

ISOLANI, pendant que les autres viennent sur le devant:

Bonne nuit! — Bonne nuit, général! — Colalto,
Bonne nuit! — C'est bonjour qu'il faut dire, plutôt.

GOETZ, à Tiefenbach:

Que ce repas vous soit léger!

TIEFENBACH.

Quelle liesse!

Royal festin!

GOETZ.

Oui; c'est affaire à la comtesse;
De feu sa belle-mère elle tient ce talent.
— Dieu veuille avoir son âme! — Il était excellent
Son état de maison.

ISOLANI, qui veut partir:

Allons! qu'on nous éclaire!

TERZKY, venant à lui avec le papier:

Deux minutes: encor cette petite affaire;
Votre nom là-dessus.

ISOLANI.

Je consens à signer;
A lire, non! Ce soin, veuillez me l'épargner.

TERZKY.

Très-bien ! — C'est le serment... Vous savez, camarade.
Là, quelques traits de plume.
(Voyant Isolani présenter d'abord le papier à Octavio :)
Ici, ni rang, ni grade !
Signez comme ça vient !
(Octavio parcourt des yeux le papier d'un air indifférent. Terzky
l'observe de loin.)

GŒTZ, à Terzky :

Comte, vous permettez...
Je prends congé de vous.

TERZKY.

Comme vous vous hâtez !
Un dernier coup.
(Aux domestiques :)
Holà !

GŒTZ.

Ma tête s'y refuse.

TERZKY.

Seulement une goutte.

GŒTZ.

Acceptez mon excuse.

TIEFENBACH, qui s'assied :

Pardon, messieurs : debout, je me trouve très-mal.

TERZKY.

Mettez-vous donc à l'aise ici, cher général.

TIEFENBACH.

La tête est toujours libre et l'estomac travaille ;
Mais les jambes, ma foi ! ne sont plus rien qui vaille.

ISOLANI, *montrant la corpulence de Tiefenbach :*

Mais aussi, quel fardeau vous leur imposez là!
(Octavio a signé et rend le papier à Terzky, qui le passe à Isolani; ce dernier va à la table pour signer.)

TIEFENBACH.

C'est la guerre, messieurs, qui m'a valu cela,
Lorsqu'en Poméranie il fallait faire route
Sur la neige et la glace. En vérité, je doute
Que je puisse jamais m'en remettre.

GŒTZ.

Parbleu!
Les Suédois du temps s'inquiétaient fort peu.
(Terzky tend le papier à Maradas, qui va à la table pour signer.)

OCTAVIO, *s'approchant de Buttler :*

Monsieur le colonel, je l'ai bien vu, vous n'êtes
Qu'un tiède partisan de ces bachiques fêtes,
Et vous préféreriez, j'en crois être certain,
Le bruit d'une bataille à celui d'un festin.

BUTTLER.

Je l'avoue, un festin n'a rien qui me séduise.

OCTAVIO, *plus près de lui et d'un air de confiance :*

Et médiocrement, comme vous, je les prise,
Très-digne colonel. Vraiment, je suis heureux
De nous voir sur ce point du même avis tous deux :
Six bons amis, au plus, petite et ronde table,
Le verre de Tokay, l'entretien raisonnable,
Voilà mon affaire.

BUTTLER.

Oui. Proposez-moi cela,
Et j'en serai !
(Le papier arrive à Buttler, qui va à la table pour signer. L'avant-scène reste vide, de telle sorte que les deux Piccolomini s'y trouvent seuls, chacun de son côté.)

OCTAVIO, après avoir, pendant quelque temps, regardé son fils en silence, s'approche de lui :

Bien tard, mon ami, te voilà.

MAX, se retournant vivement, d'un air embarrassé:

Moi ?... J'avais à régler une affaire pressante.

OCTAVIO.

Mais je crois que d'ici ta pensée est absente.

MAX.

Le bruit me rend muet; de vous c'est bien connu.

OCTAVIO, s'approchant de lui plus près encore :

Je ne puis pas savoir ce qui t'a retenu ?
(Avec intention :)
Et Terzky cependant en avait connaissance.

MAX.

De quoi ?

OCTAVIO, d'un air significatif :

Lui seul n'a pas remarqué ton absence.

ISOLANI, qui observait dans l'éloignement, s'avance :

Bien ! père Octavio ! lavez-lui le bonnet !
Tombez sur ses quartiers ! De lui tout n'est pas net.

ACTE IV. — SCÈNE VI.

TERZKY, s'avançant, l'écrit à la main:

C'est complet? Tout le monde a signé?

OCTAVIO.

Tout le monde.

TERZKY, criant:

Qui veut signer encor? — Personne qui réponde?

BUTTLER, à Terzky:

Comptez! C'est trente noms, juste, qu'il faut.

TERZKY.

Je vois
Une croix au milieu des noms.

TIEFENBACH.

C'est moi, la croix.

ISOLANI, à Terzky:

Il ne sait pas signer; n'importe! Je vous jure
Que pour juif ou chrétien sa croix vaut signature.

OCTAVIO, avec empressement, à Max:

Partons, il se fait tard, colonel.

TERZKY, regardant l'écrit:

Je n'ai là
Qu'un Piccolomini.

ISOLANI, montrant Max:

Prenez garde! voilà
Celui qui fait défaut; ce convive de pierre;
Qui ne fut bon à rien de la soirée entière.

SCÈNE VII.

Les précédents, ILLO, qui arrive de la chambre du fond; il tient la coupe d'or en main et paraît très-échauffé par le vin. Il est suivi de GOETZ et de BUTTLER, qui cherchent à le retenir.

ILLO.

Qu'est-ce donc? — Laissez-moi!

GOETZ et BUTTLER.

Ne buvez plus, Illo!

ILLO.
(Il va à Octavio, l'embrasse et boit:)

C'est à toi que je viens de boire, Octavio!
Plus de rancune! Elle est noyée en ma rasade.
Tu ne m'aimas jamais, je le sais, camarade!
Dieu me damne! amplement je te le rendais, moi.
Oublions le passé!... Je fais grand cas de toi,
(Il l'embrasse à plusieurs reprises:)
Et ton meilleur ami, c'est moi!
(A l'assemblée:)
Je vous invite
A ne plus le traiter de vieux chat, d'hypocrite :
On m'en rendrait raison.

TERZKY, à Illo, à part:

Es-tu fou? Songe donc
Dans quel lieu, devant qui tu parles!

ILLO, cordialement:

A quoi bon?
Nous sommes entre amis.
(Parcourant le cercle d'un regard satisfait:)

ACTE IV. — SCÈNE VII.

De coquin nulle face :
J'en suis heureux.

TERZKY, à Buttler, d'un ton pressant :

Buttler, emmenez-le, de grâce !
(Buttler conduit Illo vers le buffet.)

ISOLANI, à Max, qui, jusque-là, a regardé le papier sans en détourner les yeux, mais sans savoir ce qu'il fait :

Eh bien ! vous avez pu, je crois, l'étudier ;
Allez-vous... ?

MAX, comme sortant d'un rêve :

Qu'ai-je à faire ?

TERZKY et ISOLANI, ensemble :

A signer ce papier.
(Octavio fixe sur Max un regard inquiet.)

MAX, rendant le papier :

Remettons à demain. L'affaire est importante.
Je suis mal disposé. Dites qu'on me présente
Cette feuille demain.

TERZKY.

Mais...

ISOLANI.

Vite ! signez ! — Vous,
Qui vous trouvez ici le plus jeune de tous,
Vous ne prétendrez pas en être, je l'espère,
Le plus prudent aussi ? — Regardez ! votre père
A signé. — Nous avons signé tous.

TERZKY, à Octavio :

                    Ce serait
A vous de lui parler ; il se déciderait.
Octavio ! Voyons !

            OCTAVIO.

                Il n'est plus en tutelle ;
Vous devez le savoir.

        ILLO, qui a déposé la coupe sur le buffet :

                Une affaire ! Qu'est-elle ?

            TERZKY.
Elle est qu'il se refuse à signer le serment.

            MAX.
Je dis qu'on peut remettre à demain.

            ILLO.
                    Nullement !
Ça ne se remet pas ! Laissons le stratagème !
Nous avons tous signé, tu signeras de même,
Pardieu !

            MAX.
Bonsoir, Illo !

            ILLO.
                Signe donc ! je te dis.
Nous voulons que le duc connaisse ses amis.
            (Tous les convives les entourent.)

            MAX.
Il sait mes sentiments, et nul ne les ignore ;
A ces grimaces-là gagneraient-ils encore ?

ILLO.

Comme il est bien payé, le duc, d'avoir toujours
Donné la préférence aux Welches !

TERZKY, dans le plus grand embarras, aux généraux, qui commencent
à s'agiter :
Ces discours,
C'est le vin seul, messieurs... Non... N'y prenez pas
garde.

ISOLANI, riant :

Le vin n'invente rien, mais l'indiscret bavarde.

ILLO.

Avec ou contre moi ! Je ne sors pas de là !
La belle conscience, et quel scrupule elle a !
S'il ne lui reste pas de porte de derrière,
Pas de clause...

TERZKY, l'interrompant vivement :
Messieurs, sa folie est entière ;
Ne l'écoutez donc plus !

ILLO, criant plus fort :
De clause dont l'effet
Soit de la garantir !... Qu'est-ce qu'elle me fait
La clause ? Que le diable emporte cette clause !

MAX, devient attentif et regarde de nouveau le papier :

Il s'agit donc ici d'une bien grave chose ?
D'y voir d'un peu plus près me voilà désireux.

TERZKY, à part, à Illo :

Illo ! que fais-tu donc ? Tu nous perds, malheureux !

TIEFENBACH, à Colalto:

On nous lut, en effet, un serment d'autre sorte,
Avant d'aller à table.

GŒTZ.

Oui ; je crois.

ISOLANI.

Que m'importe !
Où sont les autres noms, le mien peut bien rester.

TIEFENBACH.

On parlait de réserve ; on devait respecter,
Dans l'écrit qu'à signer nous donnerait le comte,
Notre serment envers l'empereur.

BUTTLER, à l'un des chefs:

Ayez honte,
Messieurs ! Qu'avons-nous donc à faire ? A décider
S'il faut laisser partir le prince ou le garder :
Quel scrupule si grand peut-on mettre à la chose ?

ISOLANI, à un général:

En te donnant ton grade, a-t-il par quelque clause
Voulu se garantir ?

TERZKY, à Gœtz:

Et l'a-t-il plus cherché
Pour cette fourniture, avantageux marché
Qui vous fait, tous les ans, gagner mille pistoles ?

ILLO.

Drôles eux-mêmes ceux qui nous traitent de drôles !
Et qui n'est pas content le dise, je suis là !

ACTE IV. — SCÈNE VII.

TIEFENBACH.

Allons! allons! ce sont propos que tout cela.

MAX, qui a lu le papier et le rend:

Ainsi donc, à demain!

ILLO, bégayant de colère et ne se possédant plus, lui présente d'une main l'écrit et de l'autre son épée.

Signe! — Judas!

ISOLANI.

Rengaîne!

Fi donc!

OCTAVIO, TERZKY et BUTTLER, ensemble:

L'épée à bas!

MAX, qui a vivement saisi le bras d'Illo et l'a désarmé, à Terzky:

Comte, au lit qu'on le mène!

(Il sort. Illo, jurant et maugréant, est contenu par quelques-uns des généraux. Pendant ce tumulte, le rideau tombe.)

FIN DU QUATRIÈME ACTE.

ACTE CINQUIÈME.

LES PICCOLOMINI.

ACTE CINQUIÈME.

Une chambre dans la demeure d'Octavio. Il fait nuit.

SCÈNE PREMIÈRE.

OCTAVIO, qu'un VALET DE CHAMBRE éclaire. Peu après, MAX.

OCTAVIO.

Ayez soin, aussitôt qu'il sera de retour,
De m'envoyer mon fils. — Quelle heure !

LE VALET DE CHAMBRE.

        Bientôt jour.

OCTAVIO.

Nous resterons levés. Posez votre lumière.
Vous pouvez vous coucher.

(Le valet de chambre sort. Octavio se promène pensif. Max entre, sans être vu de lui d'abord, et le regarde en silence pendant quelques instants.)

MAX.

      M'en voulez-vous, mon père?
Je n'avais provoqué, ni de près ni de loin,
Cette absurde querelle, et Dieu m'en est témoin.
J'ai bien vu votre seing sur la feuille. Peut-être,
Ce que vous trouviez bon, pour moi devait-il l'être.

Cependant... Vous savez... Il est telle action
Pour laquelle j'en crois ma seule impulsion,
Et non celle d'autrui.

OCTAVIO, allant à lui et l'embrassant:

Suis-la ! c'est la meilleure,
Mon cher fils ! elle t'a mieux servi, tout à l'heure,
Que mon exemple.

MAX.

Il faut vous expliquer.

OCTAVIO.

J'y vien :
Après l'évènement de cette nuit, plus rien
De secret entre nous !

(Ils s'asseoient.)

Dis-moi ce que tu penses
De cet engagement qu'on mettait tant d'instances
A nous faire signer ?

MAX.

Je n'y vois point de mal ;
Bien que je n'aime pas le cérémonial.

OCTAVIO.

Et tu n'as refusé pour aucune autre cause
Ton nom, que l'on cherchait à t'arracher ?

MAX.

La chose
Me semblait sérieuse... Et puis... j'étais distrait...
Enfin, je n'ai pas vu quel pressant intérêt...

ACTE V. — SCÈNE I.

OCTAVIO.

Sois franc! Aucun soupçon...?

MAX.

Aucun. De quoi?

OCTAVIO.

Rends grâces
A ton bon ange, Max : sans que tu t'en doutasses,
Du gouffre il t'a sauvé.

MAX.

Je ne devine pas
Ce que vous voulez dire.

OCTAVIO.

Eh bien! tu le sauras :
Ton nom d'une infamie eût servi les complices;
Ils voulaient que d'un trait de plume tu trahisses
Tes devoirs, ton serment.

MAX, se levant.

Mon père!

OCTAVIO.

Reste assis.
J'ai beaucoup à t'apprendre encore, mon cher fils :
Dans un aveuglement complet ton cœur s'égare
Depuis des ans entiers! Sous tes yeux se prépare
Le plus noir des complots. Un Esprit de l'enfer
A de quelque vapeur troublé ton sens si clair.
Je ne puis plus garder le silence; il me tarde
D'enlever de tes yeux le bandeau.

MAX.

       Prenez garde,
Avant d'aller plus loin! A des présomptions
Si vous devez borner vos révélations,
— Et vous n'avez, je crois, autre chose à m'apprendre, —
De grâce! épargnez-moi le soin de les entendre,
Car vous ne seriez pas avec calme écouté.

OCTAVIO.

Quels que soient tes motifs de fuir cette clarté,
J'en ai de plus pressants pour qu'elle t'apparaisse :
J'ai cru pouvoir laisser pour guide à ta jeunesse,
Et ton candide cœur, et ton sûr jugement.
Mais, ton cœur, on l'attire au piége en ce moment.
Le secret...

    (Il fixe sur lui un regard pénétrant :)

  que tu veux dérober à ton père,
Fait éclater le sien.

  (Max veut répondre, mais il ne peut parler, et, dans son trouble, il baisse les yeux. Octavio reprend après un moment de silence :)

       Eh bien! plus de mystère!
On te trompe, on te joue, — et nous, — indignement.
Le prince renoncer à son commandement?
Non! une trahison est déjà consommée,
Te dis-je : à l'empereur on veut... voler l'armée,
Et la faire passer aux ennemis!

MAX.

        Je sais :
La prêtraille répand ces contes insensés;
Mais je ne croyais pas avoir à les entendre
De votre bouche aussi.

OCTAVIO.

              Cela devrait t'apprendre
Que ces bruits ne sont pas contes de prêtres.

MAX.

                           Mais,
Le croit-on fou le prince? Est-ce lui qui jamais
Irait s'imaginer, lui! qu'à trente mille hommes,
Parmi lesquels au moins mille sont gentilshommes,
Gens d'honneur, éprouvés, il ferait oublier
Leur serment, leur devoir, pour les associer
A cette trahison?

OCTAVIO.

              Crois-tu donc qu'il réclame
Rien qui nous paraîtrait déshonorant, infâme?
Il manquerait son but. Ce qu'il voudrait de nous,
Il sait le revêtir d'un nom beaucoup plus doux :
La paix! voilà de quoi son âme est soucieuse;
Et comme à l'empereur la paix est odieuse,
Il prétend.... l'y contraindre ; apaiser les partis ;
Et, pour prix de ses soins, s'adjuger ce pays,
Dont il a déjà fait comme sa propre terre.

MAX.

A-t-il donc mérité de nous... de nous! mon père,
Ce jugement indigne?

OCTAVIO.

              En cette occasion,
Max, il ne s'agit pas de notre opinion;
La chose même parle et la preuve est patente.
Tu sais combien la cour de nous est mécontente;

Mais tu ne pourrais pas, vois-tu, t'imaginer
A quel point, pour le camp, que l'on veut amener
A l'esprit de révolte, incessamment on use
De propos mensongers et d'intrigue et de ruse.
Aujourd'hui l'officier a rompu tous les nœuds
Entre son empereur et lui; rompus sont ceux
Qui liaient le soldat au foyer domestique,
Et qui l'associaient à la chose publique :
En face de l'État, qu'il devait protéger,
Sans devoirs et sans lois, il semble l'assiéger,
Toujours contre l'État prêt à tourner son glaive.
Les choses vont si loin, le mal si haut s'élève
Que dans ce moment même, ô mon fils! l'empereur
De son armée, à lui, de son armée! a peur;
Qu'au fond de son palais, et dans sa capitale,
D'un assassin, d'un traître il craint la main fatale,
Et cherche à préserver sa maison, tous les siens,
Non pas des Suédois, non pas des Luthériens,
Mais bien de ses soldats!

MAX.

                Arrêtez-vous, mon père!...
Ah! vous m'épouvantez! Devant une chimère
Je sais qu'on peut trembler; mais le vrai mal, aussi,
D'illusions peut naître.

OCTAVIO.

                Il n'en est pas ici :
La plus affreuse guerre, une guerre civile,
Éclaterait bientôt si quelque main habile
Ne la prévenait pas; et nous serions perdus.

Parmi les généraux beaucoup se sont vendus,
Et la fidélité des subalternes, celle
De régiments entiers, de garnisons, chancelle.
De chaque place forte, avec un soin prudent,
Parmi les étrangers on prend le commandant.
A Schafgotsch, ce suspect, voilà que l'on confie
Tout ce que nous avons d'hommes en Silésie;
On répartit les corps : cinq qu'on donne à Terzky,
Cavaliers, fantassins ! A ceux d'Illo, Kinsky,
Buttler, Isolani, la meilleure remonte !

MAX.

On nous en donne aussi.

OCTAVIO.

C'est que sur nous on compte,
Séduits que nous serions par leurs promesses; moi,
Qu'il fait prince de Glatz et de Sagan, et toi...
Je vois bien l'hameçon auquel on veut te prendre.

MAX.

Non ! non ! vous dis-je, non !

OCTAVIO.

Oh ! sache me comprendre !
Pourquoi nous appeler à Pilsen de si loin ?
Pour avoir nos conseils ? Quand en eut-il besoin ?
Nous vendre à lui, voilà la fin de ce voyage,
Ou, si nous résistons, lui rester en ôtage.
C'est ce qui fait qu'ici tu ne vois point Gallas;
Et si de grands devoirs ne me retenaient pas,
Pas plus que son ami tu n'y verrais ton père.

MAX.

C'est dans son intérêt, il n'en fait pas mystère,
Que nous sommes ici. C'est pour se maintenir
Qu'il lui faut notre bras, qu'il nous a fait venir;
Et la reconnaissance à présent nous impose
Le devoir que pour lui nous fassions quelque chose.

OCTAVIO.

Mais sais-tu ce qu'il veut que nous fassions pour lui?
Dans son ivresse Illo nous l'a dit aujourd'hui.
De tout ce que tu viens et de voir et d'entendre
N'as-tu plus souvenir? Ne veux-tu pas comprendre
L'écrit qu'on substitue à l'autre, en supprimant
La phrase qui devait décider le serment?
On ne nous liait pas pour une bonne cause.

MAX.

L'incident de l'écrit pour moi n'est autre chose
Qu'un mauvais tour d'Illo. Cette race de gens
A tout exagérer sont d'empressés agents.
Entre Vienne et le duc un désaccord éclate :
Vite! au lieu de fermer la plaie on la dilate.
De le servir on pense avoir là le moyen.
De tout cela croyez que le duc ne sait rien.

OCTAVIO.

Quoique bien à regret, il faut que je détruise,
Max, ta foi dans cet homme, à tes yeux bien assise.
Je ne puis plus garder aucun ménagement;
Il faut te décider, agir, et promptement.
Eh bien! je t'avoûrai que cette confidence,

Qui te paraît si peu mériter de croyance,
Je la tiens de sa bouche, — oui, du prince.

MAX, dans une violente agitation :

        Jamais !

OCTAVIO.

De lui-même. Il m'a dit ce que je présumais,
Ce dont ma vigilance ailleurs s'est informée :
Qu'il veut aux Suédois faire passer l'armée,
Et qu'à leur tête, alors, il viendra, lui, Friedland,
Contraindre l'empereur....

MAX.

    Le duc est violent,
Et la cour l'a blessé profondément, mon père :
Il a pu s'oublier dans un jour de colère.

OCTAVIO.

Cet aveu qu'il m'a fait, il l'a fait froidement.
Puis, voyant de la peur dans mon étonnement,
Il a mis sous mes yeux une correspondance,
Où Suédois, Saxons lui donnent l'espérance
D'un secours qu'on précise.

MAX.

    Impossible ! Non ! Non !
Et vous le savez bien ; car de sa trahison
Vous auriez témoigné toute votre colère,
Votre horreur ; vous l'auriez dissuadé, mon père,
Ou... vous ne seriez plus vivant à mon côté !

OCTAVIO.

J'ai dit mon sentiment, j'ai beaucoup insisté

Pour qu'il abandonnât son idée insensée;
Mais, trahir mon horreur, ma secrète pensée?
Avec le plus grand soin je m'en suis défendu.

MAX.

A tant de fausseté vous seriez descendu?
Je n'aperçois rien là qui ressemble à mon père.
Non! moi qui n'admets pas que vous soyez sincère
Dans vos rapports sur lui, puis-je à vous me fier
Quand vous en venez même à vous calomnier?

OCTAVIO.

Je n'ai point pénétré son secret par surprise.

MAX.

De vous sa confiance eût mérité franchise.

OCTAVIO.

Il n'en était plus digne.

MAX.

Et jugiez-vous aussi
Bien plus digne de vous de le tromper ainsi?

OCTAVIO.

Mon fils, durant le cours d'une longue existence,
On ne demeure pas dans la même innocence
Que l'on avait enfant; bien qu'on entende, là,
Une voix qui vous dit sans cesse : Garde-la!
A force de combattre et l'intrigue et la ruse,
Même au cœur le plus droit la sincérité s'use,
Car le mal naît du mal : la malédiction
Qui le frappe lui fait cette condition
Que lui-même, toujours, toujours, se reproduise.

J'agis, mais par devoir; non que je subtilise :
J'accomplis point à point l'ordre de l'empereur.
Il vaudrait mieux, toujours, n'écouter que son cœur;
Mais que de fois au but excellent, nécessaire,
Il faudrait renoncer! Ici, quelle est l'affaire,
Mon fils? de l'empereur servir les intérêts;
Ce que dira le cœur est peu de chose après.

MAX.

Je ne dois pas, ce semble, aujourd'hui vous comprendre :
Le prince, dites-vous, au moment d'entreprendre
Un acte criminel, s'ouvre à vous franchement,
Et vous croyez pouvoir, tout naturellement,
Envers ce cœur loyal user de tromperie
Pour un acte louable? Ah! cessez, je vous prie!
Vous ne m'ôterez point l'ami; — ne faites pas
Que je perde le père.

OCTAVIO, réprimant un mouvement de susceptibilité :

Écoute encor. Tu vas
Avoir de moi, mon fils, confidence complète :
(Après un moment de silence :)
Le duc est en mesure; il croit à sa planète.
Il compte nous surprendre; il se croit déjà près
De saisir la couronne. Erreur! nous sommes prêts :
De son funeste sort s'accomplit le mystère.

MAX.

Ne précipitez rien! non! de grâce, mon père!
Par tout ce qu'a le cœur et de noble et de bien,
Oh! laissez-vous fléchir! Ne précipitez rien!

OCTAVIO.

Dans sa mauvaise voie il marchait en silence ;
A pas aussi furtifs le suivait la vengeance ;
Elle s'approche, sombre, invisible, et sa main,
Qu'il fasse un pas de plus, un seul, dans ce chemin,
Va sur lui, tout à coup, s'appesantir terrible.
— Tu sais de Questenberg le mandat ostensible ;
Il en avait un autre, et pour moi seul, secret.

MAX.

D'en demander le sens serait-il indiscret ?

OCTAVIO.

Max, je livre en tes mains, par ce que je vais faire,
Le salut de l'Empire et les jours de ton père.
Friedland a de ton cœur la vive affection ;
De forts liens d'amour, de vénération,
Te rattachent à lui dès ta tendre jeunesse,
Et de les resserrer, — laisse, mon fils, oh ! laisse
Ton père prévenir l'aveu qu'évidemment
Ta confiance en moi différait seulement —
De les rendre plus forts tu nourris l'espérance.

MAX.

Mon père !

OCTAVIO.

Dans ton cœur j'ai toute confiance ;
Mais de ta fermeté puis-je être aussi certain ?
Devant lui, quand tu vas savoir tout son destin,
D'un front calme crois-tu que tu puisses paraître ?

MAX.

Quand vous m'avez instruit de sa faute!

(Octavio prend un papier dans une cassette et le lui présente.)

Une lettre
Au sceau de l'empereur? Comment!

OCTAVIO.

Lis cet écrit!

MAX, après y avoir jeté un coup d'œil:

Le prince condamné! Le prince qu'on proscrit!

OCTAVIO.

En effet. Tu le vois.

MAX.

Oh! quelle erreur funeste!
Qu'on soit allé si loin!

OCTAVIO.

Remets-toi. Lis le reste.

MAX, après avoir lu et jetant sur son père un regard de surprise:

Comment, mon père?... Vous?... C'est vous...?

OCTAVIO.

Pour un moment.
Celui qu'on investit de ce commandement
Est le roi de Hongrie. On veut que je commande,
En attendant qu'ici Sa Majesté se rende.

MAX.

Vous! déposer Friedland? Y pouvez-vous songer?
O! mon père! mon père! on vient de vous charger
D'un funeste mandat! Le suivrez-vous, mon père?
Au milieu de l'armée est-ce que l'on espère

Le désarmer, ce chef tout-puissant? — L'espérer!
Par milliers il verra ses braves l'entourer!
Votre perte est certaine et vous êtes la cause
De celle de nous tous!

OCTAVIO.

Je sais que je m'expose.
A la garde de Dieu je dois me confier.
Le Tout-Puissant saura couvrir d'un bouclier
La pieuse maison d'Autriche. Il va détruire
Une œuvre que la nuit seule avait pu produire.
Grâce à lui, l'on verrait plus d'un bon serviteur
Prompt à se dévouer encor pour l'empereur;
Ce camp, même, ce camp aurait à son service
Beaucoup de braves gens que le droit, la justice
Porterait à lutter vaillamment. Ils sont prêts
Les fidèles. Tout autre est surveillé de près.
Qu'on ose seulement un pas pour l'entreprise,
Et j'agis.

MAX.

Se peut-il qu'un soupçon y suffise?

OCTAVIO.

L'empereur a voulu que la punition
N'atteignît que le fait et non l'intention :
Ne crains pas qu'en tyran il se fasse connaître.
Le prince de son sort est encore le maître :
Qu'il n'exécute point son crime, et, doucement,
Sans bruit, il va sortir de son commandement.
Qu'au fils de l'empereur Friedland cède la place,
Et, moins par châtiment que par faveur, qu'il passe

ACTE V. — SCÈNE I.

Dans ses propriétés un honorable exil.
Mais s'il fait un seul pas de plus...

MAX.
                    Que faudrait-il
Pour que ce pas de plus vous semblât d'un coupable?
Croyez qu'il n'en fera jamais de condamnable.
Mais j'ai déjà pu voir que vous savez trouver
Dans l'acte le plus simple un acte à réprouver.

OCTAVIO.
Mon fils, si criminel que son projet pût être,
Ce que, jusqu'à présent, il en a fait paraître,
Si l'on est indulgent, peut encor s'excuser.
De l'ordre que je tiens je ne veux pas user
Sans quelque fait de lui qui le dirait coupable
De haute trahison : un fait incontestable,
Qui le condamnerait.

MAX.
            A qui d'apprécier?

OCTAVIO.
A toi-même.

MAX.
        Inutile, alors, est ce papier!
Vous venez de me dire un mot qui me rassure,
Et j'y compte : De vous, pas la moindre mesure
Sans m'avoir convaincu? m'avoir convaincu, moi?

OCTAVIO.
Après ce que tu sais, le croire innocent! Toi,
Max!

MAX, vivement.

Votre jugement peut se tromper, mon père;
Mon cœur, non!
(Continuant avec plus de calme :)
Voudrait-on comme un homme ordinaire,
Comprendre ce génie? Est-ce que Wallenstein,
De même qu'il rattache aux astres son destin,
Ne leur ressemble pas dans leur route invisible,
Dont l'éternel prodige est incompréhensible?
Croyez qu'on lui fait tort; que tout s'expliquera;
Que de ces noirs soupçons le prince sortira
Pur, brillant.

OCTAVIO.
J'attendrai, soit!

SCÈNE II.

Les précédents, LE VALET DE CHAMBRE; un instant après,
UN COURRIER.

OCTAVIO.
Qu'est-ce?

LE VALET DE CHAMBRE.
Une estafette.

OCTAVIO.
Si matin? D'où? Son nom?

LE VALET DE CHAMBRE.
Elle est pour moi muette.

OCTAVIO.
Qu'elle entre! — De ceci vous ne parlerez pas!
(Le domestique sort. Un officier entre.)

Vous êtes envoyé par le comte Gallas?
Son pli!

L'OFFICIER.

Le général a craint de vous écrire;
Mon message est verbal.

OCTAVIO.

Qu'avez-vous à me dire?

L'OFFICIER.

Il vous mande... Je puis parler en liberté?

OCTAVIO.

Oui, mon fils est instruit.

L'OFFICIER.

Notre homme est arrêté.

OCTAVIO.

Qui?

L'OFFICIER.

L'agent Sésina.

OCTAVIO, vivement :

Vous le tenez?

L'OFFICIER.

Lui-même :
Avant-hier, au matin, pris, encore en Bohème,
Allant à Ratisbonne. Il traversait un bois.
Des lettres qu'il avait pour les chefs suédois...

OCTAVIO.

Sont où?

L'OFFICIER.

Le général les expédie à Vienne,
Avec le prisonnier.

OCTAVIO.

Quel bonheur que nous vienne
Cet important avis! — L'homme nous est connu
Comme un précieux vase au riche contenu.
Les documents saisis sont-ils en abondance?

L'OFFICIER.

Environ six paquets d'une correspondance
Qui du comte Terzky portait le sceau.

OCTAVIO.

L'on n'a
Rien du duc?

L'OFFICIER.

Que je sache, au moins.

OCTAVIO.

Et Sésina?

L'OFFICIER.

Quand il apprit qu'à Vienne on allait le conduire,
L'effroi sur tous ses traits fut prompt à se produire;
Mais le comte Altringer lui rendit bon espoir
S'il voulait révéler tout ce qu'il doit savoir.

OCTAVIO.

Le comte avec Gallas? Il était, ce me semble,
Malade à Linz?

L'OFFICIER.

Depuis trois jours ils sont ensemble,

Et leur commun effort ne se ralentit pas :
Sous leur commandement Altringer et Gallas
Réunissent déjà soixante compagnies,
Qu'ils ont su ne former que de troupes choisies.
Ils attendent tous deux votre ordre.

OCTAVIO.

A tout moment
On peut voir s'accomplir un grand événement.
Quand devez-vous partir?

L'OFFICIER.

Qu'à cet égard ordonne
Votre Grâce.

OCTAVIO.
Attendez à ce soir.

L'OFFICIER.

Bien.
(Il veut se retirer.)

OCTAVIO.

Personne
Ne vous a vu?

L'OFFICIER.

Personne au monde. En arrivant,
J'ai pris par le guichet que l'on m'ouvre au couvent
Des Pères capucins : — mon ordinaire voie.

OCTAVIO.

Allez vous reposer; gardez qu'on ne vous voie.
Je crois qu'avant ce soir je vous expédirai :

Pour un prompt dénoûment tout semble préparé.
Ce jour, qui comptera dans les grandes journées,
Verra se décider de graves destinées.

(L'officier sort.)

SCÈNE III.

OCTAVIO, MAX.

OCTAVIO.

Eh bien! mon fils? Bientôt nous verrons clair tous deux.
Sésina, je le sais, conduisait tout.

MAX, qui, pendant toute la scène précédente, a été en proie à une violente lutte intérieure, d'un ton résolu:

Je veux

Par un plus court chemin aller à la lumière.
Adieu!

OCTAVIO.

Reste! Où vas-tu?

MAX.

Chez le duc.

OCTAVIO, effrayé:

Toi?

MAX, revenant:

Mon père,

Si vous pensiez donner un rôle à votre fils
Dans ce que vous jouez, vous vous êtes mépris.
Je veux le droit chemin. Je n'ai point cette adresse
D'allier bouche vraie avec âme traîtresse.

Je ne puis voir quelqu'un se confier à moi,
S'adresser à l'ami dans lequel il a foi,
Et, pour être en repos avec ma conscience,
Me dire que cet homme à ses risques s'avance,
Et que par mon langage il n'est point abusé.
Non, il faut que je sois ce qu'il m'a supposé.
— Je vais trouver le duc. Avant que ce jour passe,
J'exigerai de lui qu'aux yeux du monde il fasse
Briller son innocence, et que, bien franchement,
Il brise votre trame.

OCTAVIO.
Aller..?

MAX.
Certainement!

Oui, j'irai!

OCTAVIO.

Je me suis mépris, je le confesse :
En toi j'ai cru trouver un fils dont la sagesse
Serait prompte à bénir la bienfaisante main
Qui, quand au gouffre il court, le retient en chemin.
Et je ne vois qu'un homme ébloui d'un mirage;
Que deux yeux rendent fou; que, comme d'un nuage,
Sa passion entoure; à tel point égaré,
Que même le grand jour ne l'a pas éclairé.
Eh bien! Va! Sois assez imprudent pour lui dire
Le secret de ton père et celui de l'Empire!
Contrains-moi d'éclater plus tôt que je ne veux;
Et quand, jusqu'à cette heure, un miracle des cieux
Protégea ce secret et fit que ma prudence
Endormît du soupçon l'active vigilance,

Réserve-moi ce coup dont tu m'as menacé,
De voir mon propre fils, par un acte insensé,
Détruire le travail auquel la politique,
Pour le bien de l'État, péniblement s'applique.

MAX.

Ah! cette politique, à quel point je la hais!
N'accusez que vous seul si le prince, jamais,
Se porte à quelque pas décisif, condamnable :
Coupable il vous le faut, vous le ferez coupable.
Tout ceci ne saurait heureusement finir.
Quelque solution qu'amène l'avenir,
Je ne puis l'entrevoir que fatale et prochaine.
Que tombe ce génie, aussitôt il entraîne
Avec lui tout un monde; et tel qu'en pleine mer
Le navire embrasé saute, éclate dans l'air,
Entre l'onde et le ciel lançant son équipage,
Tel nous emportera le duc dans son naufrage,
Nous tous qu'à sa fortune il avait enchaînés.
Selon qu'il vous plaira faites; mais pardonnez
Si j'entends à mon tour n'en faire qu'à ma guise.
Entre le duc et moi je veux pleine franchise,
Je veux tout laisser pur. — Aujourd'hui je saurai,
Du père ou de l'ami, celui que je perdrai!

(Pendant qu'il sort, la toile tombe.)

FIN DES PICCOLOMINI.

SECONDE PARTIE.

LA MORT DE WALLENSTEIN.

PERSONNAGES.

WALLENSTEIN.
OCTAVIO PICCOLOMINI.
MAX PICCOLOMINI.
TERZKY.
ILLO.
ISOLANI.
BUTTLER.
LE CAPITAINE NEUMANN.
UN AIDE DE CAMP.
LE COLONEL WRANGEL, envoyé des Suédois.
GORDON, commandant d'Egra.
LE MAJOR GÉRALDIN.
DÉVÉROUX,
MACDONALD, } capitaines dans l'armée de Wallenstein.
UN CAPITAINE SUÉDOIS.
UNE DÉPUTATION DE CUIRASSIERS.
LE BOURGMESTRE D'EGRA.
SÉNI.
LA DUCHESSE DE FRIEDLAND.
THÉCLA.
LA COMTESSE TERZKY.
MADEMOISELLE DE NEUBRUNN, dame d'honneur de la princesse.
DE ROSENBERG, écuyer de la princesse.
DRAGONS.
DOMESTIQUES, PAGES, PEUPLE.

Pendant les trois premiers actes, la scène est à Pilsen; pendant les deux derniers, à Egra.

ACTE PREMIER.

LA MORT DE WALLENSTEIN.

ACTE PREMIER.

Une chambre disposée pour des opérations d'astrologie et garnie de sphères, de cartes, de quarts de cercle et d'autres instruments d'astronomie. Un rideau tiré laisse voir une rotonde où les figures des sept planètes, éclairées d'une lumière étrange, sont rangées, chacune dans une niche. Séni observe les astres. Wallenstein se tient debout devant une grande table noire, sur laquelle est dessiné l'aspect des planètes.

SCÈNE PREMIÈRE.

WALLENSTEIN, SÉNI.

WALLENSTEIN.

C'est bien, Séni, descends. L'aube vient de paraître :
De cette heure du jour c'est Mars qui devient maître.
D'opérer avec fruit les moments sont passés.
Quitte la tour et viens. Nous en savons assez.

SÉNI.

Quelques instants encor pour Vénus, et j'achève,
Monseigneur. La voilà justement qui se lève :
Brillant comme un soleil à l'Est on peut la voir.

WALLENSTEIN.

Oui, dans son périgée, et de tout son pouvoir

Influant sur la Terre.

(Examinant la figure tracée sur la table:)
     Aspect d'heureux augure !
Elle se produit donc cette grande figure !
La fatale Triade [1] ! et mes astres amis,
Jupiter et Vénus, entre eux, enfin, ont mis
Cet astucieux Mars, et, pour mon avantage,
Forcent d'agir ce vieux artisan de dommage !
Bien longtemps j'ai subi sa persécution,
Lorsqu'en l'aspect-quadrat, ou l'opposition,
Il jetait ses rayons, à mes desseins contraires ;
Obliques tour à tour et perpendiculaires ;
Et détruisait l'effet de mes astres heureux,
Par les rouges éclairs qu'il dirigeait sur eux.
Mon ancien ennemi, les voilà qui l'enchaînent,
Et dans mon intérêt, au ciel, captif, l'amènent.

     SÉNI.

Et nul astre nuisible à l'encontre agissant ?
In cadente domo [2], Saturne est impuissant.

     WALLENSTEIN.

Oui, son règne a pris fin. Aux choses du mystère,
Dans les replis du cœur, comme au sein de la terre,

---

1. *Die grosse Drei*, signifie la trinité des trois planètes les plus brillantes. On ne peut rendre cette expression que par le mot *triade*, bien qu'il ne soit pas d'usage en astronomie. Celui de triangle, employé par un traducteur de *Schiller*, n'est pas juste, puisque, Mars se trouvant entre Jupiter et Vénus, les trois planètes sont en ligne droite.

2. *Domus cadens* est le fuseau qui va se coucher à l'horizon. C'est parce que Saturne est au moment de disparaître qu'il est sans pouvoir ; tandis que les autres planètes tiennent le haut du ciel. (Voir la note, page 128.)

Il préside, et partout où du jour on a peur.
De couver mes desseins, d'aller avec lenteur
Ce n'est plus le moment. Toute contrainte expire :
Le brillant Jupiter a repris son empire,
Et sa puissance attire à la vive clarté
Un œuvre que j'avais dans l'ombre médité.
Il faut agir avant que cet aspect propice
Au-dessus de ma tête encor s'évanouisse :
Le ciel change toujours.

(On frappe à la porte.)

On frappe; vois qui c'est.

TERZKY, du dehors:

Dis qu'on ouvre!

WALLENSTEIN.

Terzky! Qu'a-t-il d'urgent? — On sait
Que je suis occupé!

TERZKY, toujours du dehors:

Laisse tout! Il importe
D'éviter tout retard. De grâce!

WALLENSTEIN, à Séni:

Ouvre la porte.

(Pendant que Séni va ouvrir, Wallenstein tire le rideau sur les figures[1].)

SCÈNE II.

WALLENSTEIN, LE COMTE TERZKY.

TERZKY, entrant:

Tu le sais?... Que Gallas de lui s'est emparé?
Que, même, à l'empereur il l'a déjà livré?

---

[1]. L'original n'indique pas la sortie de Séni, bien qu'évidemment il ne reste pas présent aux scènes suivantes.

WALLENSTEIN.

Qui?

TERZKY.

Notre agent; celui qui conduisait l'affaire;
Qui sait tous nos secrets; notre intermédiaire
Auprès des Suédois et des Saxons, et qui....

WALLENSTEIN, reculant effrayé :

Pas Sésina, du moins? Dis-moi que non, Terzky!
Pour Dieu!

TERZKY.

Précisément, c'est lui. De sa personne
Ils ont pu se saisir; et, juste, à Ratisbonne
Il allait retrouver les Suédois! Gallas
Faisait depuis longtemps surveiller tous ses pas.
Mes dépêches, qu'à ceux de Saxe et de Suède
Ce Sésina portait, l'empereur les possède,
Et l'on n'ignore plus aucun de nos projets.

SCÈNE III.

LES PRÉCÉDENTS, ILLO, entrant.

ILLO, à Terzky :

Connaît-il...?

TERZKY.

Tout.

ILLO, à Wallenstein :

Eh bien! à faire votre paix
Songerez-vous toujours? Avez-vous l'espérance
Que l'empereur vous rende encor sa confiance?

Trop tard vous voudriez à vos plans renoncer;
Ils sont connus. Il faut maintenant avancer:
On ne recule pas dans la voie où vous êtes.

TERZKY.

Contre nous ces papiers sont des preuves complètes.

WALLENSTEIN.

Aucun n'est de ma main. Je te démentirai.

ILLO.

Allons donc! c'est en vain vous dire rassuré:
Ce qu'a négocié votre propre beau-frère,
Croira-t-on que ce soit pour vous chose étrangère?
Et lorsque à sa parole, auprès des Suédois,
De la vôtre elle-même il donnait tout le poids,
Elle ne serait rien pour qui vous hait à Vienne?

TERZKY.

Ta main n'a rien écrit, soit! Mais qu'il te souvienne
Qu'à Sésina ta bouche a beaucoup confié.
Jusqu'à rester muet se croira-t-il lié?
Au prix de ton secret si ton dépositaire
Peut racheter ses jours, tu crois qu'il va se taire?

ILLO.

Vous ne l'espérez pas. Or, maintenant qu'on sait
L'audacieux dessein que Friedland nourrissait,
Que pouvez-vous attendre? Impossible que Vienne
Dans ce commandement plus longtemps vous maintienne,
Et vous êtes perdu si vous y renoncez.

WALLENSTEIN.

J'ai pour ma sûreté l'armée, et c'est assez:

Elle me restera fidèle, cette armée.
Peu m'importe de quoi la cour est informée :
La force est dans mes mains; je m'inquiète peu.
Elle aura bonne mine à faire à mauvais jeu.
De ma fidélité que je lui donne un gage,
Elle ne pourra pas exiger davantage.

ILLO.

Si l'armée est à vous, est-ce bien pour toujours ?
Il faut craindre du temps les effets lents et sourds.
Aujourd'hui, demain, oui, contre la violence
La faveur du soldat vous est une défense;
Mais donnez-leur du temps, et de ce même appui,
Sur lequel je vous vois trop compter aujourd'hui,
Ils parviendront, sous main, à miner l'édifice;
Et, petit à petit, à force d'artifice,
Vous aliéneront chacun de vos soldats;
Jusqu'au jour où, le sol s'ébranlant sous vos pas,
Tout croule.

WALLENSTEIN.

Le fatal incident!

ILLO.

Qu'il faut dire
Heureux, s'il a sur vous l'effet qu'il doit produire,
S'il vous pousse à vouloir promptement achever.
— Ce Suédois, Wrangel...

WALLENSTEIN.

Wrangel vient d'arriver ?
Eh bien ! qu'apporte-t-il ? Sais-tu déjà, peut-être ?...

ACTE I. — SCÈNE III.

ILLO.

Au seul duc de Friedland il le fera connaître.

WALLENSTEIN.

Le fatal incident! — Oui, je vous crois tous deux :
Sésina, trop instruit, va faire des aveux.

TERZKY.

Enfant de la Bohème, à l'Autriche rebelle,
Déserteur, et fuyant sa sentence mortelle,
Pour obtenir sa grâce, à livrer ton secret
Crois-tu que bien longtemps cet homme hésiterait ?
Que cet efféminé subisse la torture,
Quelle force attends-tu de sa molle nature ?

WALLENSTEIN, perdu dans ses réflexions :

La confiance en moi ne peut leur revenir,
Et n'importe comment j'agisse à l'avenir,
Le sort en est jeté : pour eux je ne puis être
Qu'un criminel d'État ; je vais rester un traître !
Le retour au devoir, tout loyal qu'il serait,
Ne me servirait plus.

ILLO.

                    Dites qu'il vous perdrait :
Ce retour, à leurs yeux, ne serait qu'impuissance ;
Fidélité, jamais ! Laissez cette espérance.

WALLENSTEIN, allant et venant, dans une vive agitation :

Quoi ! ce qu'en me jouant j'aimais à méditer,
J'en serais venu là qu'il faut l'exécuter ?
Oh ! maudit soit celui qui joue avec le diable !

ILLO.

Croyez-moi, fussiez-vous d'un simple jeu coupable,
Vous ne l'expierez pas moins rigoureusement.

WALLENSTEIN.

Et, si j'achève, il faut ne pas perdre un moment,
Agir dans ma puissance.

ILLO.

                  Agir avant qu'à Vienne
Du coup on se remette, et qu'on vous y prévienne.

WALLENSTEIN, regardant les signatures:

Les généraux ici se prononcent pour moi.
— Max Piccolomini n'a pas signé. Pourquoi?

TERZKY.

C'est... qu'il imaginait...

ILLO.

                Outrecuidance pure!
Entre vous nul besoin, dit-il, de signature.

WALLENSTEIN.

C'est très-vrai. — Pas un corps qui veuille consentir
A ce que pour la Flandre on le fasse partir!
Un écrit venu d'eux m'en donne la nouvelle :
A l'ordre de départ résistance formelle.
C'est la rébellion qui semble commencer.

ILLO.

Croyez qu'aux Suédois vous les ferez passer
Plutôt qu'aller se joindre aux troupes espagnoles.

WALLENSTEIN.

Ce colonel Wrangel ! Voyons quelles paroles
Il apporte.

ILLO, avec empressement, à Terzky :

Terzky, dans cet appartement
Veuillez le faire entrer. Il attend.

WALLENSTEIN.

Un moment !
Je suis un peu troublé par un coup aussi rude,
Et tout inattendu. Je n'ai pas l'habitude
De me laisser guider par l'aveugle hasard.

ILLO.

Voyez le colonel ; vous résoudrez plus tard.

(Terzky et Illo sortent.)

SCÈNE IV.

WALLENSTEIN, seul :

J'en serais venu là de ne pouvoir plus dire
Que je suis libre encore et que je me retire ?
De passer du projet à l'exécution,
Pour n'avoir point chassé cette tentation ?
Pour m'être, à tout hasard, l'âme à ce rêve en proie,
Ménagé simplement des moyens, une voie,
Si je voulais agir un jour ? — Mais, justes cieux !
Un semblable projet n'était pas sérieux.
Non ! — Jamais ce ne fut affaire décidée...
Sans doute, il m'a souri ; j'en caressais l'idée ;
Sous le charme où j'étais, j'ai vu, dans l'avenir,

Puissance et liberté sur moi se réunir....
N'ai-je pu sans faillir me livrer en silence
A ces illusions de royale espérance?
Ne restais-je point libre, et ne voyais-je pas,
Toujours, la bonne route où ramener mes pas?
Jusqu'où suis-je conduit par un hasard funeste!
Nul chemin de retour désormais ne me reste :
Derrière moi voilà que, soudain, j'ai trouvé
L'infranchissable mur par moi-même élevé,
Et qui de reculer vient me faire défense.

(Il demeure plongé dans de profondes réflexions.)

On me croira coupable, et de mon innocence
La preuve la plus forte en vain s'établirait ;
Quelque soin que j'en prisse, on la rejetterait.
D'une vie ambiguë ils vont me faire un crime ;
Dans l'acte le plus pur et le plus légitime,
C'est un crime, toujours, que verra le soupçon...
Si j'avais en effet conçu la trahison,
— Car dans moi désormais on ne verra qu'un traître, —
J'aurais mis tous mes soins à ne le point paraître,
A me dissimuler sous des voiles épais ;
Et, loin que mon dépit eût éclaté jamais,
J'en aurais prudemment étouffé les murmures.
Fort de mon innocence et d'intentions pures,
A cette fantaisie, — à cette passion ! —
J'ai cru pouvoir laisser sa libre impulsion.
Pourquoi dans mes discours ai-je été téméraire?
Parce que pour agir j'étais tout le contraire.
Ils prétendront qu'un fait où nul plan n'est entré,
Était bien un dessein longuement préparé.
Dans les élans du cœur tout ce que j'ai pu dire,

ACTE I. — SCÈNE IV.

Ces mots que la colère ou l'ironie inspire,
Recueillis avec soin, seront par eux, bientôt,
Contre moi transformés en habile complot,
Et de ces éléments on est prêt à me faire
Une accusation qui me force à me taire.
Je suis pris dans mes rets, et, pour n'y point périr,
Aux moyens violents il me faut recourir.
(Nouveau silence.)
Que c'était différent à ces heures passées
Où, le hardi projet occupant mes pensées,
Je laissais à mon cœur sa libre impulsion !
Et voilà qu'aujourd'hui ma conservation,
Que la nécessité la plus impérieuse
Me force d'accomplir l'idée audacieuse !
L'homme qui devant lui voit la nécessité,
De l'aspect menaçant comprend la gravité,
Et c'est toujours l'effroi dans le cœur, qu'il allonge
Jusqu'à l'urne du sort une main et l'y plonge.
Dans les replis du cœur encore enveloppé,
Mon plan m'appartenait. Une fois échappé
De cet asile sûr, de sa terre natale,
Au monde extérieur du moment qu'il s'étale,
Il n'est plus à moi seul ce plan que je couvais :
C'est une proie offerte à ces Esprits mauvais
Que, malgré tout son art, l'homme jamais ne dompte.
(Il se promène à pas précipités, puis, s'arrête de nouveau pensif.)
Et quel est mon dessein ? M'en suis-je rendu compte ?
Si je l'ai fait, du moins est-ce loyalement ?
De quelle autorité veux-je l'ébranlement ?
C'est d'une autorité sur son trône assurée ;
Paisible ; par le temps saintement consacrée,

Et pour qui l'habitude, encore, a cimenté
L'antique fondement qui fait sa sûreté ;
Qui, dans le cœur pieux, les croyances naïves
Des peuples, a jeté mille racines vives.
Du fort contre le fort ce n'est point le combat ;
Celui-là n'aurait rien dont mon cœur s'effrayât ;
Avec tout ennemi volontiers je l'engage,
Et j'y sens son courage exciter mon courage :
C'est un autre ennemi qu'il me faut redouter ;
C'est dans le fond des cœurs qu'il va me résister ;
C'est là que je le sais, adversaire invisible
Que sa lâche terreur seule me rend terrible.
Où se révèle à nous la vie et la vigueur,
Là n'est pas le danger dont il faille avoir peur.
Il est dans l'éternelle et vulgaire routine ;
Il est dans ce mot *Hier*, dont la loi nous domine ;
Dans ce qui toujours fut, qui *toujours* reviendra,
Et, pour valoir la veille, au lendemain vaudra.
La coutume pour l'homme est une créatrice ;
Il vit de l'habitude et la dit sa nourrice.
Malheur à qui le trouble en son amour pieux
Pour le vieux mobilier qu'il tient de ses aïeux !
Il trouve que le temps donne une force sainte ;
Que tout ce qu'il blanchit prend la divine empreinte.
Dans la possession la foule toujours voit
Et prétend saintement sauvegarder le droit.

(A un page qui entre :)

— Est-ce le colonel suédois ? — Dis qu'il vienne !

(Le page sort. Wallenstein fixe sur la porte un regard pensif.)

Cette porte n'est donc plus rien qui le retienne !
Nul ne l'a profanée encore ! — Jusqu'ici,

Par le crime le seuil n'en fut jamais franchi!...
Oh! quel étroit espace est celui qui sépare
La route où l'on va droit de celle où l'on s'égare!

SCÈNE V.

WALLENSTEIN, WRANGEL.

WALLENSTEIN, après avoir jeté sur Wrangel un regard scrutateur :

Vous vous nommez Wrangel?

WRANGEL.

                Oui; Gustave Wrangel;
Des Sudermaniens bleus je suis le colonel.

WALLENSTEIN.

Il portait votre nom celui dont le courage
M'a fait devant Stralsund un si rude dommage;
Cette ville lui doit de m'avoir résisté.

WRANGEL.

C'est contre l'élément que vous avez lutté,
Monseigneur, et dès lors mon mérite s'explique.
Quand pour sa liberté combattait la Baltique,
La tempête l'aida. Fallait-il qu'à la fois
Un seul homme eût la terre et la mer sous ses lois?

WALLENSTEIN.

Le chapeau d'amiral, de mon front c'est vous-même
Qui l'avez arraché.

WRANGEL.

            Mais par un diadème
Je viens le remplacer.

WALLENSTEIN, il lui fait signe de s'assooir, et s'assied lui-même :

     Colonel, faites voir
Vos lettres de créance. Est-ce avec plein pouvoir
Que vous venez ici ?

    WRANGEL, avec hésitation :

     Le chancelier balance :
Plusieurs points sont douteux, et par Votre Excellence,
Il faudrait, avant tout, qu'ils fussent éclaircis.

    WALLENSTEIN, après avoir lu :

A merveille ! On ne peut se montrer plus précis.
Votre maître est habile et sa prudence extrême :
En m'aidant à monter au trône de Bohème,
Il ne fait, m'écrit-il, qu'accomplir un projet
Qu'avait eu le feu roi.

    WRANGEL.

     Qui vraiment y songeait.
Toujours ce grand monarque a, dans Votre Excellence,
Vanté le général, la haute intelligence :
« A qui s'entend le mieux à régner d'être roi ! »
Disait-il bien souvent.

    WALLENSTEIN.

     Nul autre, sur ma foi !
N'avait titre meilleur à parler de la sorte.

   (Lui prenant la main avec confiance :)

Franchement, colonel, en moi-même je porte
Un cœur de Suédois. N'en ai-je pas offert
La preuve en Silésie et devant Nuremberg ?
Que de fois j'aurais pu consommer votre perte !

Mais je vous ai toujours laissé la porte ouverte,
Et c'est là ce qu'à Vienne ils ne pardonnent pas ;
C'est là ce qui me pousse à faire ce grand pas :
Notre intérêt s'accorde en cette circonstance ;
Ayons donc l'un pour l'autre entière confiance.

WRANGEL.

Elle viendra. D'abord, nos sûretés.

WALLENSTEIN.

                      Je voi
Que votre chancelier doute encore de moi.
Au jeu que nous jouons, je n'ai pas l'avantage,
Et Sa Grâce sans doute en tire ce présage,
Que, trompant l'empereur, envers des ennemis
Moins de scrupule encor me semblerait permis ;
Trahison qu'on pourrait pardonner mieux que l'autre.
Cet avis, colonel, est bien aussi le vôtre ?

WRANGEL.

Ici, j'ai mon mandat et point d'opinion.

WALLENSTEIN.

On m'a poussé jusqu'à l'exaspération :
L'empereur.... Mon honneur ne saurait me permettre
De rester plus longtemps serviteur d'un tel maître ;
Et c'est pour ma défense et pour ma sûreté
Qu'à ce pas douloureux je me trouve porté ;
Tout en le condamnant au dedans de moi-même.

WRANGEL.

Je vous crois. C'est forcé qu'on fait ce pas suprême.

(Après un moment de silence :)
Mais, ce n'est pas à nous, Monseigneur, de juger
Quelles graves raisons peuvent vous engager
A prendre vis-à-vis de l'empereur, d'un maître,
Les résolutions que vous faites connaître.
Avec sa bonne épée et certain de ses droits,
En loyal ennemi, combat le Suédois.
C'est pour nous que le sort se montre enfin prospère ;
Or, de tout avantage on profite à la guerre.
Nous ne balançons pas à faire ce profit,
Et si tout est vraiment comme vous l'avez dit...

WALLENSTEIN.

Sur quoi se peut-il donc que votre doute porte ?
Craignez-vous de trouver ma volonté moins forte ?
Ou que mes régiments ne nous suffisent pas ?
J'ai dit : Confiez-moi seize mille soldats,
Et, pour mieux assurer mes projets et les vôtres,
Aux corps impériaux j'en prends dix-huit mille autres.
Voilà ce que j'avais promis au chancelier.

WRANGEL.

Vous êtes, général, un illustre guerrier,
On le sait, et déjà l'on se dit que l'histoire,
D'Attila, de Pyrrhus vous réserve la gloire ;
Chacun parle de vous avec étonnement,
Et l'on en est encore à demander comment,
Par votre seul génie, une puissante armée
S'est, comme du néant, sous votre main formée.
Cependant....

WALLENSTEIN.

Cependant? Pas d'hésitation !

ACTE I. — SCÈNE V.

WRANGEL.

Voici du chancelier quelle est l'opinion :
C'est qu'en fait de soldats, il serait plus facile
D'en faire du néant sortir soixante mille,
Que d'en déterminer le soixantième...

(Il se tait.)

WALLENSTEIN.

A quoi ?
Parlez bien franchement !

WRANGEL.

A manquer à sa foi.

WALLENSTEIN.

Vraiment ! Le chancelier est dans cette croyance ?
Mais c'est en Suédois, en Protestant qu'il pense ;
Vous allez au combat pour votre Bible, vous ;
Vous avez une cause et la soutenez tous ;
Le cœur, quand vous marchez, marche sous vos ban-
nières ;
Qui passe à l'ennemi, le fait de deux manières :
C'est deux maîtres, d'un coup, qu'il abandonne là.
Il n'est pas question chez nous de tout cela.

WRANGEL.

Grand Dieu ! dans ce pays, foyer, patrie, Église,
Ne comptent donc pour rien ?

WALLENSTEIN.

Qu'en cela je vous dise
Où l'on en est chez nous : Oui, pour l'Autrichien
Il est une patrie ; il l'aime, et l'aime bien ;
Il en a ses raisons. Mais, toute cette armée

Établie en Bohême, et que l'on a nommée
L'armée impériale, elle est un ramassis,
Elle est un vrai rebut de gens de tous pays.
Pour eux point de patrie, il faut que j'en convienne.
Ces gens n'ont ici-bas rien qui leur appartienne
Que leur part au soleil. Cette Bohême enfin,
Pour laquelle on nous mit les armes à la main,
Au maître qu'elle tient des chances de la guerre,
Et non du libre choix qu'elle avait droit de faire,
Ne porte nul amour. On lui dicte sa foi;
On l'entend murmurer sous cette dure loi.
La terreur la contient, et non l'obéissance.
Elle a le souvenir ardent, plein de vengeance,
Des cruautés qu'a vu commettre ce pays.
Pourrait-on bien jamais faire oublier aux fils,
Qu'on instruisait des chiens à cette horrible adresse
De chasser devant eux les pères à la messe[1]?
Un peuple que l'on traite aussi cruellement
Est terrible, qu'il venge ou souffre son tourment.

WRANGEL.

Mais les nobles, les chefs, prince? Pouvez-vous croire?...
Il n'est pas jusqu'ici d'exemple dans l'histoire
D'une défection et d'un manque de foi
A comparer...

WALLENSTEIN.

Ils sont entièrement à moi.
Tenez! à l'évidence il faudra bien vous rendre.

(Il lui donne la formule du serment. Wrangel, après l'avoir lue, la dépose sur la table sans mot dire.)

Eh bien! commencez-vous, colonel, à comprendre?

---

1. Voir la note, page 82.

ACTE I. — SCÈNE V.

WRANGEL.

Comprenne qui pourra! — Je ne m'en cache plus,
Prince; j'ai, pour traiter, des pouvoirs absolus :
A quatre jours de marche, avec quinze mille hommes,
Attendant de savoir à quel point nous en sommes,
Le Rhingrave se tient. A mon premier signal,
Il est prêt à se joindre à vous, mon général :
Quand nous serons d'accord, vous le verrez paraître.

WALLENSTEIN.

Quelles conditions me pose votre maître ?

WRANGEL, avec hésitation:

C'est douze régiments que l'on vous confira,
Douze corps suédois; ma tête en répondra.
A la fin, tout ceci peut être feinte pure...

WALLENSTEIN, éclatant:

Monsieur le Suédois!

WRANGEL, continuant tranquillement:

Il faut que je m'assure
Que le duc de Friedland rompra formellement
Avec son empereur; irrévocablement;
Sinon, nul Suédois avec vous en campagne.

WALLENSTEIN.

Que veut-on? Soyez bref!

WRANGEL.

Ces régiments d'Espagne,
L'appui de l'empereur, vous les désarmerez;
Vous irez prendre Prague et nous la céderez;
Et puis, sur la frontière, Égra, cette autre place.

WALLENSTEIN.

C'est beaucoup demander. Prague ? Pour Égra, passe !
Mais Prague ! Je ne puis. Je veux vous accorder
Tout ce qu'avec raison vous pouvez demander;
Mais Prague ! En même temps vous livrer la Bohême !
Croyez que je saurai la défendre moi-même.

WRANGEL.

Nul doute à cet égard. Mais nous songeons ici
A plus qu'à nous défendre en stipulant ainsi.
Nous ne livrerons pas, comme un vain sacrifice,
Nos hommes, notre argent.

WALLENSTEIN.

     C'est de toute justice.

WRANGEL.

Et jusqu'au règlement de notre indemnité,
Prague nous resterait pour notre sûreté.

WALLENSTEIN.

Avez-vous donc en moi si peu de confiance ?

WRANGEL, se levant:

Nous sommes obligés à beaucoup de prudence
Avec les Allemands. N'est-ce pas à leur voix
Que nous avons passé la mer, nous Suédois ?
L'Empire s'écroulait ; qui donc vint à son aide ?
L'Empire fut sauvé, par qui ? par la Suède.
Notre sang a scellé la liberté de foi,
Les saints enseignements de la sublime loi
Que pour tous, désormais, l'Évangile publie.
Mais voilà que, déjà, le bienfait, on l'oublie,

Et c'est du fardeau seul qu'on s'aperçoit en nous :
Étrangers, nous gênons; on voit d'un œil jaloux
Que l'ami d'autrefois reste au sein de l'Empire,
Et l'on se bornerait volontiers à nous dire,
En nous mettant pour prix un peu d'or dans la main :
« Allez, de vos forêts reprenez le chemin ! »
Non, prince, de nous tous, dans cette longue guerre,
Nul n'aura d'un Judas recherché le salaire ;
Pour de l'or, de l'argent, nul de nous, croyez-moi,
Sur le champ de Lutzen n'aura laissé son roi.
L'Empire croirait-il que cette récompense
Payât le noble sang versé pour sa défense ?
Que d'un maigre laurier nous nous couronnerions,
Et que, faisant enfler nos voiles, nous irions
Retrouver, satisfaits, les bords de la patrie ?
Non, nous voulons ici le droit de bourgeoisie,
Sur ce sol qu'en mourant a conquis notre roi.

WALLENSTEIN.

Contre notre ennemi mettez-vous avec moi ;
Qu'il tombe, et vous aurez cette belle frontière.

WRANGEL.

Que l'ennemi commun ait mordu la poussière,
Dans l'alliance, alors, qui ferez-vous entrer ?
La Suède, — quand même elle doit l'ignorer, —
Sait bien qu'avec la Saxe en ce moment vous êtes
Dans des relations que vous tenez secrètes.
Qui peut nous garantir que nous ne serions pas
Victimes du traité qu'on stipule tout bas ?

WALLENSTEIN.

Le chancelier connaît son homme ; la Suède

N'en eût fourni pas un qui se montrât plus raide.
(Il se lève :)
Trouvez mieux, colonel ! — Sur Prague, brisons-là !

WRANGEL.

Les pleins pouvoirs que j'ai se bornent à cela.

WALLENSTEIN.

Livrer ma capitale ? Oh ! non ! non ! A mon maître,
Je reviendrais plutôt.

WRANGEL.

S'il n'est trop tard, peut-être.

WALLENSTEIN.

Cela dépend de moi; maintenant et toujours.

WRANGEL.

Si vous en étiez libre encor ces derniers jours,
Aujourd'hui ce retour ne saurait plus se faire,
Depuis que s'est laissé prendre votre émissaire.
(Wallenstein, interdit, garde le silence.)
Prince, vous agissez de bonne intention
Avec nous. Telle est... d'hier, notre conviction.
L'écrit d'après lequel vos troupes vont vous suivre,
De toute défiance envers vous nous délivre.
Prague, entre vous et nous, ne peut se maintenir
Comme obstacle qui doive empêcher de s'unir :
Nous nous contenterons d'avoir la vieille ville;
Il ne nous serait pas absolument utile
D'occuper le Ratschin et le Petit côté¹ :

1. Quartiers de Prague.

Ils resteront soumis à votre autorité.
Mais qu'Égra s'ouvre à nous ; il nous faut cette place
Pour que la jonction de nos troupes se fasse.

WALLENSTEIN.

Vous voulez confiance et me la refusez!
Je pèserai, monsieur, ce que vous proposez.

WRANGEL.

Mais veuillez, Monseigneur, ne pas nous faire attendre.
Voici deux ans bientôt que l'on cherche à s'entendre.
Si cette fois encore il faut, sans aboutir,
Avoir négocié, je dois vous avertir
Qu'à tout arrangement le chancelier renonce.

WALLENSTEIN.

Vous me pressez beaucoup, et pourtant ma réponse
Doit être méditée : Un tel pas à franchir!

WRANGEL.

Avant de s'y résoudre il fallait réfléchir.
Une fois décidé, prince, la réussite
Ne s'en peut obtenir que si l'on agit vite.

(Il sort.)

SCÈNE VI.

WALLENSTEIN, TERZKY et ILLO, qui rentrent.

ILLO.

C'est conclu?

TERZKY.

L'on s'entend?

ILLO.
                    Voilà Wrangel qui sort
Le visage content; vous êtes donc d'accord?

WALLENSTEIN.
Rien n'est fait, et le mieux est que je me retire;
Tout bien considéré.

TERZKY.
                Comment? Que veux-tu dire?

WALLENSTEIN.
Insolents Suédois! Ne vivre que par eux!
Je ne souscrirai pas à ce traité honteux!

ILLO.
Venez-vous de ces gens mendier l'assistance?
Venez-vous en proscrit? — Qui donc dans la balance
Aura mis, eux ou vous, le plus généreux don?

WALLENSTEIN.
Voyez quel fut le sort de ce royal Bourbon,
Qui trahit sa patrie et qui tourna contre elle,
Aux ennemis vendu, son épée infidèle :
La malédiction l'en a récompensé.
Le monde l'a puni de ce crime insensé,
Monstrueux, par l'horreur qu'à son nom il attache.

ILLO.
De tout autres motifs vous portent...

WALLENSTEIN.
                        Qu'on le sache :
De la fidélité le lien est puissant;

Il tient au cœur de l'homme autant que ceux du sang.
Chacun, comme chargé d'une mission sainte,
Sent qu'il doit la venger de qui lui porte atteinte.
Des sectes, des partis la haine et la fureur,
La vieille jalousie enracinée au cœur,
Toute rivalité, tout ce qui sur la terre
A pour première loi : détruire l'adversaire !
Tout fait trêve un moment, tout est soudain d'accord,
Tout sent qu'il est besoin d'un unanime effort,
Quand l'ennemi commun qu'on appelle le traître,
Tel que la bête fauve, en se ruant, pénètre
Sous le paisible toit où, pour sa sûreté,
L'homme suffisamment croyait s'être abrité.
L'homme n'est pas certain d'une entière défense
S'il n'entend se fier qu'à sa seule prudence.
Ce n'est que devant lui que le protégeront
Les yeux que la nature a placés à son front ;
La seule bonne foi le garde par derrière.

TERZKY.

Ne te montre donc pas à toi-même sévère
Plus que cet ennemi qui vient sur ton chemin,
Heureux, pour ton projet, de te tendre la main.
Du Habsbourg d'aujourd'hui, Charles, l'oncle et l'an-
                                        cêtre,
Ne fut pas scrupuleux comme il te plaît de l'être :
N'a-t-il pas, lui, reçu Bourbon à bras ouverts ?
L'intérêt personnel gouverne l'univers.

SCÈNE VII.

Les précédents, LA COMTESSE TERZKY.

WALLENSTEIN.
Qui vous mande? Une femme ici n'a rien à faire.

LA COMTESSE.
De vous féliciter je m'empresse. J'espère
Ne pas venir trop tôt?

WALLENSTEIN.
Use d'autorité,
Terzky; fais-la sortir!

LA COMTESSE.
Eh! J'ai déjà doté
Les Bohèmes d'un roi!

WALLENSTEIN.
Bon! La dot était belle!
Vantez-vous-en!

LA COMTESSE, à Terzky, et à Illo:
Eh bien? La chose, à quoi tient-elle?

TERZKY.
Le duc refuse.

LA COMTESSE.
Lui? Ce qu'il faut accepter?

ILLO.
C'est à vous maintenant, comtesse, à l'y porter :
Du moment qu'on en vient aux mots de conscience
Et de fidélité, je garde le silence.

LA COMTESSE.

Quoi ! lorsque tout n'était qu'en un vague lointain,
Que vous ne pouviez pas mesurer le chemin,
Vous étiez résolu, tout rempli de courage ;
Et quand s'est à vos yeux dissipé le nuage,
Que le songe pour vous devient réalité,
Qu'il ne reste au projet que d'être exécuté,
Que tout vous en prédit la pleine réussite,
C'est la première fois que votre cœur hésite ?
Êtes-vous courageux seulement en projets ?
Lâche dès qu'il s'agit d'en arriver aux faits ?
Bien ! à vos ennemis assurez la victoire ;
Ils vous attendent là. Vos plans, on doit y croire :
Vos lettres, votre sceau sont désormais pour eux
Des preuves qu'au besoin ils mettraient sous vos yeux ;
Mais l'exécution ? personne n'imagine
Qu'à cette extrémité Friedland se détermine,
Sinon, de ces gens-là vous seriez redouté ;
Ils vous honoreraient encore. — En vérité ?
Au point où maintenant l'affaire est parvenue,
Quand la pire partie en est déjà connue,
Quand on tient, contre vous, le fait pour accompli,
En perdrez-vous le fruit, et pour avoir faibli ?
Se borner au projet d'une telle entreprise,
Est un crime vulgaire : il vous immortalise
Une fois accompli. L'on est sûr du pardon,
Du jour où le succès vient vous donner raison :
C'est toujours un arrêt du ciel qu'il faut y lire.

UN VALET DE CHAMBRE, entrant:

Le colonel Piccolomini.

LA COMTESSE, vivement:
Va lui dire
D'attendre.

WALLENSTEIN.
Je ne puis le voir dans cet instant;
Plus tard.

LE VALET DE CHAMBRE.
Deux mots, dit-il; l'avis est important.

WALLENSTEIN.
Un avis important? Qui sait? Je veux l'entendre.

LA COMTESSE, en riant:
Important, pour lui, soit! Vous, vous pouvez attendre.

WALLENSTEIN.
Quel est-il?

LA COMTESSE.
On saura plus tard vous le donner.
Pour l'heure, avec Wrangel songez à terminer.

(Le valet de chambre sort.)

WALLENSTEIN.
Oh! si la liberté du choix m'était rendue!
Si je pouvais trouver une moins rude issue!
Maintenant, maintenant encor, je la prendrais,
Et l'extrême moyen je le rejetterais!

LA COMTESSE.
Si c'est assez pour vous, l'issue est toute prête :
Renvoyez ce Wrangel, chassez de votre tête,
Et vos vastes projets, et vos espoirs passés;

ACTE I. — SCÈNE VII.

Abdiquez votre vie et la recommencez.
Nous avons les héros de fortune et de gloire ;
En héros de vertu placez-vous dans l'histoire ;
Allez à l'empereur, partez dès aujourd'hui ;
Ayez soin d'emporter beaucoup d'or ; dites-lui
Que vous vouliez juger, en paraissant rebelle,
Si de ses serviteurs chacun était fidèle,
Et puis, qu'aux Suédois c'était jouer un tour [1].

ILLO.

On n'accepterait plus un si tardif retour.

1. On raconte que lorsque Wallenstein fuyait vers Égra, une personne de sa suite lui ayant demandé la permission de lui donner un conseil, parla ainsi : « Chez l'empereur, Votre Altesse occupe un rang certain, elle est un grand seigneur très-estimé. Chez l'ennemi, vous n'êtes encore qu'un roi incertain. Or, il n'est pas sage de risquer le certain pour l'incertain. L'ennemi se servira de Votre Altesse parce que le moment est favorable, mais votre personne lui sera toujours suspecte, et il craindra sans cesse que vous n'agissiez un jour envers lui, comme vous agissez aujourd'hui envers l'empereur. Revenez donc sur vos pas pendant qu'il en est temps encore. » — « Et quel moyen m'en reste-t-il ? » répondit le duc. — « Vous avez dans votre caisse quarante mille hommes (les ducats avaient pour effigie un soldat cuirassé) ; prenez-les et rendez-vous directement à la cour ; déclarez-y que toute votre conduite jusqu'à ce jour n'a eu pour but que d'éprouver la fidélité des serviteurs de l'empereur et de distinguer les bons des suspects ; que comme la plupart se sont montrés disposés à la défection, vous êtes venu mettre Sa Majesté en garde contre de tels hommes. Ainsi vous ferez des traîtres de ceux qui veulent aujourd'hui faire de vous un coquin. Vous serez assurément le bien-venu à la cour avec vos quarante mille hommes, et vous redeviendrez l'ancien Friedland. » — « La proposition est bonne, » répliqua Wallenstein, « mais le diable s'y fie ! » (Schiller, L. IV.)

A une époque où il était encore colonel, Wallenstein, objet de graves accusations, avait été envoyé par le prince Charles de Lichtenstein, gouverneur de Prague, à Vienne, pour y rendre compte de sa conduite. Soixante mille ducats qu'il avait apportés y servirent puissamment, dit-on, à établir son innocence.

Ils ne savent que trop sa volonté secrète.
Au bourreau ce serait aller porter sa tête.

LA COMTESSE.

Le mettre en jugement? Jamais ils n'oseraient!
Ce n'est pas là ma peur : les preuves manqueraient.
Ils n'auront pas non plus recours à l'arbitraire.
Ce ne sera pour lui qu'une retraite à faire,
Et je prévois comment le tout se réglera :
Oui, le roi de Hongrie au camp arrivera,
Et, devant l'archiduc, alors, il va sans dire,
Que le duc de Friedland aussitôt se retire.
D'une explication nulle nécessité.
Aux troupes le roi fait jurer fidélité,
Et tout conserve ainsi sa marche accoutumée.
Un matin, plus de duc; il a quitté l'armée.
Alors, dans ses châteaux, la vie à grand fracas[1] :

---

1. « La pompe d'un roi l'entourait dans sa retraite. (Wallenstein, après sa destitution en 1630.) Son palais de Prague avait six entrées, et il fit abattre cent maisons pour en dégager les abords. Des demeures d'une égale somptuosité furent construites dans ses nombreux domaines. Des gentilshommes des premières familles se disputaient l'honneur de le servir, et l'on vit des chambellans de l'empereur résigner la clef d'or pour exercer la même charge auprès de Wallenstein. Il entretenait soixante pages, qu'il faisait instruire par les meilleurs maîtres. Cinquante gardes veillaient constamment dans son antichambre. Sa table ordinaire n'avait jamais moins de cent plats. Son maître d'hôtel était un homme d'une grande distinction. Quand le duc se rendait à l'une de ses résidences, sa suite et ses bagages remplissaient cent voitures à quatre et à six chevaux. Sa cour le suivait dans soixante carrosses, avec cinquante chevaux de main. Le luxe des livrées, l'éclat des équipages, la splendeur des appartements étaient assortis à cette magnificence. Six barons et autant de chevaliers devaient constamment entourer sa personne pour exécuter chacun de ses signes... » (Schiller, L. II). Voir dans

Il chasse, il fait bâtir, entretient des haras ;
Il se forme une cour, de clefs d'or fait largesse ;
Chaque jour qui se lève est un jour de liesse ;
En un mot, il se voit grand monarque... en petit !
Et comme sagement il a pris son parti,
Qu'il ne réclame plus de réelle importance,
Il prend, — on le permet, — ce qu'il peut d'apparence.
Il est, jusqu'à sa fin, de grand prince traité,
Dans les hommes nouveaux il est, ma foi ! compté,
Dans le nombre de ceux qui doivent à la guerre
Leur élévation ; créature éphémère
Des faveurs d'une cour qui, sans plus de façons,
Fabrique à mêmes frais et princes et barons !

WALLENSTEIN, se levant dans la plus grande agitation :

Pour sortir du tourment auquel je suis en proie,
Qui donc va me montrer une acceptable voie ?
Puis-je, avec cet orgueil qu'à ma place aurait eu
Tel héros de parole ou de fausse vertu,
M'exalter en projets seulement ? en pensées
Qui jusqu'à l'action ne seraient pas poussées ?
Puis-je, quand le bonheur se détourne de moi,
Lui dire en fanfaron : je me passe de toi ?
On m'anéantira si je suspends ma route...
Sacrifices, dangers, rien que mon cœur redoute,
Si, maintenant encor, je puis être arrêté
Dans ce pas décisif, à cette extrémité.
Mais, plutôt que souffrir que l'on m'anéantisse,

Hellbig, *Gustave-Adolphe et les Électeurs de Saxe-Brandebourg*, Leipzig, 1854, in-8º, ce qu'il fallait par jour à Wallenstein pour sa suite, et de quoi cette suite se composait.

Que moi, qui fus si grand, si petit je finisse ;
Plutôt qu'être rangé parmi ces malheureux
Qu'un même jour élève et renverse, je veux
Qu'avec horreur mon nom soit redit d'âge en âge,
Que ce nom de Friedland, jeté comme un outrage,
De tout acte maudit soit le symbole !

LA COMTESSE.

En quoi
Vos plans sont-ils si fort contre nature ? — Moi,
Vainement, je le cherche. Il faudrait me le dire.
— Oh! que sur votre esprit ne prennent pas d'empire
La superstition et ses fantômes ! Non !
Vous êtes accusé de haute trahison.
Qu'on dise faux ou vrai, là n'est pas l'importance ;
Mais vous êtes perdu si de votre puissance
Vous n'usez promptement. Où donc se trouverait
Un être pacifique au point qu'on le verrait
Attaqué dans sa vie et ne pas la défendre
De ce qu'il a de force ? On peut tout entreprendre
Quand la nécessité vous en fait une loi.

WALLENSTEIN.

Ce Ferdinand montrait tant de faveur pour moi !
J'avais son amitié, j'avais sa haute estime ;
Nul n'obtint dans son cœur de place plus intime ;
Nul prince plus que moi ne s'en vit honoré...
Et, maintenant, finir comme je finirai !

LA COMTESSE.

De la moindre faveur quel souvenir fidèle,
Et des torts quel oubli ! Faut-il que je rappelle

Comment à Ratisbonne il a récompensé
Ce dévoûment pour lui, que rien n'avait lassé?
Pour grandir l'empereur, ce qu'on vous voyait faire,
Des États de l'Empire excitait la colère;
Vous les aviez blessés; vous assumiez sur vous
La malédiction et la haine de tous,
Celle du monde entier. Vous n'auriez pas pu dire
Avoir un seul ami, pas un, dans tout l'Empire,
Car vous n'aviez vécu que pour votre empereur.
Aussi n'attendiez-vous que lui pour protecteur
Quand, au sein de la Diète, on vit, à Ratisbonne,
L'orage se former contre votre personne.
Mais qu'a-t-il fait alors? Sans élever la voix,
Il vous laissa tomber! tomber! au Bavarois,
A ce prince orgueilleux, offert en sacrifice!
Et ne me dites pas que de cette injustice,
Du tort ancien, si grave, il se soit racheté
Pour vous avoir remis dans votre dignité.
S'il l'a fait, ce n'est pas, du moins, de bonne grâce :
De la nécessité vous tenez cette place
Qu'on voudrait vous ravir.

WALLENSTEIN.

Il est vrai, je n'y voi
Son bon vouloir pas plus que son penchant pour moi,
Et si j'en abusais, je dis, en assurance,
Que ce ne serait pas tromper sa confiance.

LA COMTESSE.

Confiance? penchant? — Ne cherchez pas si loin :
Dites que l'empereur de vous avait besoin.

C'est la nécessité, maîtresse violente,
Qui de noms usurpés jamais ne se contente,
Veut le vrai personnage et non le figurant,
Le mérite réel et non pas l'apparent ;
Qui, dût-elle choisir parmi la populace,
Prend l'homme qu'il lui faut, au gouvernail le place ;
Le plus grand, le meilleur ; c'est la nécessité
Qui signa le brevet de votre dignité.
Cette race de gens se tirera d'affaire,
Longtemps, aussi longtemps qu'elle pourra le faire,
Grâce à ces cœurs d'esclave autour d'elle empressés,
Grâce à tous les pantins que son art a dressés.
Mais vienne le moment où le danger la presse,
Où de ce vain fantôme éclate la faiblesse,
Elle tombe au pouvoir de tel de ces esprits
Que de ses fortes mains la nature a pétris,
Qui n'obéit qu'à soi, ne veut pas reconnaître
Qu'à des conditions on puisse le soumettre,
Les impose au contraire et n'agit qu'à son gré.

WALLENSTEIN.

C'est bien vrai ! tel je suis, tel je me suis montré ;
Sans les tromper jamais ; car, de mon caractère
J'ai toujours dédaigné de leur faire un mystère.
Ils en savent l'audace et le penchant qu'il a
Aux envahissements.

LA COMTESSE.

     Les tromper ? Loin de là !
Vous vous êtes fait voir constamment redoutable.
Qui donc, d'eux ou de vous, faut-il dire coupable ?
Vous, vous restiez le même ; eux, ils eurent le tort,

Tout en vous redoutant, de vous rendre si fort.
Le droit est à celui de qui le caractère
N'a jamais varié; le tort est, au contraire,
A qui dément le sien. Étiez-vous autre au temps
Où vous avez porté, — voici de ça huit ans, —
Et la flamme et le fer dans l'Allemagne entière,
Qui vous voyait passer comme un fléau de guerre?
Des décrets de l'Empire alors vous vous moquiez;
C'est le droit du plus fort, seul, que vous invoquiez,
Et partout, pour grandir votre Sultan de Vienne,
Vous alliez écrasant la maison souveraine.
C'est alors qu'il fallait de votre volonté
Briser dans son élan l'orgueilleuse fierté.
Mais, ce que l'empereur alors vous laissait faire
Dans son intérêt seul, ne pouvait que lui plaire;
Il gardait le silence et ne balançait pas
A sceller de son sceau de pareils attentats.
Exécutés pour lui, n'étaient-ils que justice?
Soit! mais que contre lui de même l'on agisse,
Pourra-t-on les traiter d'infâmes?

WALLENSTEIN, *se levant:*

Jusqu'ici

Je n'avais pas encor vu les choses ainsi.
C'est bien la vérité que vous venez de dire :
L'empereur m'a prescrit d'accomplir dans l'Empire
Des actes qui partout blesseraient tous les droits.
Et mon manteau ducal? ceux auxquels je le dois
Sont services qu'il faut, chacun, nommer un crime.

LA COMTESSE.

Avouez donc enfin votre pensée intime :

De devoir ni de droit il n'est plus question
Entre vous : le pouvoir, la bonne occasion,
Tout est là. Résumez votre grande existence,
Le moment est venu; faites-en la balance.
Tous les signes sur vous brillent victorieux;
Les planètes n'ont plus que présages heureux,
Et les voilà d'accord pour vous faire comprendre
Que tout vous favorise et qu'il faut entreprendre.
Serait-ce donc pour rien que vous avez toujours
Observé, mesuré les astres dans leur cours?
De tous vos instruments n'avez-vous su mieux faire?
Pourquoi le Zodiaque et la céleste Sphère
Reproduits sur ces murs? Ces planètes, qu'on sait
La règle du destin dans leur nombre de sept,
D'où vient qu'autour de vous, comme muets présages,
Vous en ayez ainsi disposé les images?
N'est-ce donc là pour vous qu'un simple amusement?
Cet appareil est-il étalé follement?
Est-elle vide enfin toute cette science?
Sans valeur à vos yeux, sur vous sans influence
Au moment décisif?

WALLENSTEIN, *pendant ces dernières paroles, s'est promené, l'esprit violemment agité. Tout à coup, il s'arrête et interrompt la comtesse :*

Qu'on rappelle Wrangel!
Que trois courriers soient prêts à partir!

ILLO.

Grâce au ciel!
(Il sort précipitamment.)

WALLENSTEIN.
Par son mauvais génie et le mien l'œuvre est faite!

ACTE I. — SCÈNE VII.

Oui, son mauvais génie à le punir s'apprête!
C'est de moi, l'instrument de tant d'ambition,
Qu'il veut faire celui de la punition,
Et mes pressentiments me disent que, d'avance,
S'aiguise aussi pour moi le fer de la vengeance.
Quiconque n'a semé que les dents du Dragon,
Ne doit pas espérer une heureuse moisson.
Tout crime porte en lui sa vengeance certaine :
C'est le coupable espoir du but auquel il mène.
— Il ne peut plus avoir de confiance en moi;
Donc, ne reculons pas, au point où je me voi!
Advienne que pourra! C'est, en définitive,
Le Sort qui doit avoir raison, quoi qu'il arrive,
Puisque dans l'homme seul, dans le fond de son cœur,
Il a de ses arrêts l'aveugle exécuteur.

(A Terzky:)

Qu'on m'amène Wrangel! — Il faut que j'entretienne
Chacun des trois courriers. — Octavio! qu'il vienne!

(A la comtesse, qui a pris un air triomphant:)

Pas tant de joie encor! Les Destins sont jaloux :
Un triomphe trop prompt peut les mettre en courroux.
Nous semons par leurs mains. — La moisson doit-elle
                                                      être
Heur ou malheur? La fin nous le fera connaître.

(Il sort; le rideau tombe.)

FIN DU PREMIER ACTE.

ACTE SECOND.

LA MORT DE WALLENSTEIN.

ACTE SECOND.

Une chambre.

SCÈNE PREMIÈRE.

WALLENSTEIN, OCTAVIO PICCOLOMINI. Peu après, MAX.

WALLENSTEIN.

Il m'annonce de Linz qu'il est malade; et moi,
Je sais, par les avis les plus dignes de foi,
Qu'à Frauenberg Gallas le cache en sa demeure.
Va! de l'un et de l'autre assure-toi sur l'heure,
Et les envoie ici. Prends le commandement
De tous les Espagnols. Fais, sans empressement,
Quelques préparatifs, et jamais davantage.
A marcher contre moi mettons que l'on t'engage,
Dis oui, mais garde bien ton immobilité.
Vouloir que de ce jeu tu restes écarté,
C'est te rendre service, Octavio : tu penses
Qu'il faut, tant que l'on peut, sauver les apparences.
Aux extrêmes moyens tu répugnes toujours;
Aussi, voilà ton rôle; et le meilleur concours
Que j'attende de toi, contre mon ordinaire,
C'est que, cette fois-ci, tu veuilles ne rien faire;

Et si, pendant ce temps, le Destin se fait voir
Favorable à mes vœux, tu connais ton devoir.
(Max Piccolomini entre.)
Maintenant, laisse-moi, vieux compagnon que j'aime;
Tu vas pour Frauenberg partir cette nuit même.
Tu prendras mes chevaux. — Je garde Max. — Allons!
Faites-vous des adieux qui ne soient pas trop longs.
C'est le cœur bien content, avec de gais visages,
Que nous nous reverrons, si j'en crois mes présages.

OCTAVIO, à son fils:

Il faut que nous ayons encore un entretien,
Mon fils.
(Il sort.)

SCÈNE II.

WALLENSTEIN, MAX PICCOLOMINI.

MAX, s'approchant de lui:

Mon général...

WALLENSTEIN.

Je ne suis plus le tien,
Si c'est pour l'empereur que ta main est armée.

MAX.

Vous voulez donc toujours abandonner l'armée?

WALLENSTEIN.

Désormais je renonce à servir l'empereur.

MAX.

Et vous voulez quitter vos soldats, Monseigneur?

WALLENSTEIN.

Ils vont bientôt à moi s'attacher, au contraire,
Par des liens plus forts, plus étroits, je l'espère.
(Il s'assied.)
Oui, Max; je n'ai voulu te dire mon secret
Que lorsque le moment d'agir arriverait.
Avec l'heureux instinct qui lui tient lieu de guide,
Aisément pour le droit la jeunesse décide;
Au problème donné qu'on peut résoudre en bien,
Elle aime à n'avoir pas d'autre avis que le sien.
Mais lorsque entre deux maux il est un choix à faire,
Quand le cœur n'est pas sûr de soutenir entière
La lutte du devoir, alors c'est un bienfait
De n'être pas laissé maître du choix qu'on fait,
Et la nécessité qui vient fixer la chance,
Nous est une faveur que le sort nous dispense.
Cette nécessité, la voilà devant toi.
Ne porte plus les yeux en arrière. Crois-moi,
Tu n'y gagnerais rien : en avant est la lutte.
Garde-toi de juger; tiens-toi prêt; exécute!
La cour m'a condamné; je veux la prévenir.
Avec les Suédois nous allons nous unir.
Ce sont de braves gens en qui j'ai confiance.
(Il s'arrête, attendant la réponse de Max.)
Te voilà bien surpris de cette confidence.
N'y réponds pas encor. Je ne trouve pas mal
Que tu veuilles un peu te ravoir.

(Il se lève et va vers le fond de la scène. Max reste longtemps immobile et plongé dans une profonde douleur. A un mouvement qu'il fait, Wallenstein se rapproche et se place devant lui.)

MAX.
                    Général!
Vous m'avez aujourd'hui fait sortir de tutelle.
Jusqu'au projet fatal que ce jour me révèle,
Vous m'aviez épargné toute hésitation
A choisir mon chemin et ma direction;
Jamais, en vous suivant, je n'ai connu le doute.
Partout où vous étiez était la bonne route.
C'est la première fois que votre bon plaisir
Me renvoie à moi-même et me force à choisir
Entre vous et mon cœur.

WALLENSTEIN.
                    Cher Max, la destinée
T'a bercé doucement jusqu'à cette journée.
Chacun de tes devoirs, c'est comme en te jouant
Que tu le remplissais. A tout noble penchant
En pleine liberté tu pouvais satisfaire;
Tu n'avais de ton cœur aucun partage à faire.
Elle devait finir cette tranquillité :
La route où tu marchais n'a plus son unité;
En deux sens opposés elle s'est partagée;
Entre tes deux devoirs la lutte est engagée.
Il faut que maintenant tu prennes un parti :
Sois pour ton empereur ou sois pour ton ami!
De ce moment, la guerre entre eux est allumée.

MAX.
La guerre! Cette lutte est-elle bien nommée?
La guerre! Quand on voit le ciel y consentir,
C'est pour que du fléau le bien puisse sortir.
Mais, vous, mon général, à l'empereur la faire?

Avec sa propre armée? est-ce une juste guerre?
Quel changement, ô ciel! Est-ce moi qui jamais
Aurais dû vous parler ainsi que je le fais?
A vous que mon regard depuis longtemps contemple
Comme m'offrant en tout le plus parfait exemple?
Que j'ai cru, dans le bien où je vous imitai,
De l'étoile du pôle avoir la fixité?
Le coup que vous portez à mon cœur est bien rude,
Quoi! mon obéissance, une sainte habitude;
Quoi! mon respect profond, ce sentiment inné,
A vous les refuser je serais condamné?
Et je commencerais ce dur apprentissage?
— Oh! ne détournez pas de moi votre visage!
C'était celui d'un dieu que je croyais y voir;
Il ne peut pas soudain perdre tout son pouvoir :
Mon cœur s'est affranchi sous le coup dont il saigne,
Mais toujours sur mes sens le même charme règne.

WALLENSTEIN.

Du moins, écoute-moi!

MAX.

N'agissez pas ainsi!
Ces funestes projets, qu'ils expirent ici!
Du malheureux dessein, voyez, votre figure
Ne trahit rien : elle est et trop noble et trop pure.
Votre esprit seul, voilà ce qu'il a pu ternir.
L'innocence jamais ne voudra se bannir
De ce front, de ces yeux d'expression sublime.
Comme votre ennemi, chassez, chassez ce crime,
Et qu'il n'ait plus été qu'un rêve seulement,

De ces rêves mauvais, qu'en avertissement,
Dans son calme, reçoit la vertu la plus sûre!
Il est de ces moments pour l'humaine nature.
De l'épreuve en vainqueur il faut savoir sortir.
Non, ce n'est pas ainsi que vous devez finir!
Ce serait décrier toute grande nature;
Ce serait au génie une mortelle injure;
Ce serait du vulgaire affermir cette erreur
Que, libre, l'homme n'a noblesse ni grandeur;
Qu'il ne faut se fier qu'à la seule impuissance.

WALLENSTEIN.

Oui, l'on me jugera durement, et, d'avance,
Tout ce que tu dirais en moi je l'ai senti.
Qui, pouvant éviter un extrême parti,
Ne l'éviterait pas? Mais du choix suis-je maître?
Je serai violent, ou pour moi l'on va l'être.
C'est mon dernier moyen : la force. Tout est là.

MAX.

Pour garder votre poste, eh bien! employez-la!
Résistez! S'il le faut, par la révolte ouverte
Contre votre empereur, prévenez votre perte!
C'est un mauvais parti, mais je l'excuserai,
Et tout en le blâmant, je vous seconderai.
Seulement... n'allez pas jusqu'à devenir traître!
— J'ai prononcé le mot. — Non, non, n'allez pas l'être!
Ce ne serait plus là le tort, l'emportement
Où le courage fort peut errer un moment.
Non! ce ne serait plus qu'une action maudite,
Noire comme l'enfer!

ACTE II. — SCÈNE II.

WALLENSTEIN, fronçant le sourcil d'un air sombre, mais
se modérant:

La jeunesse a bien vite
Prononcé de ces mots dont l'emploi hasardeux,
Comme celui du glaive, est toujours dangereux.
Elle apprécie, ardente et trop prompte aux extrêmes,
Des faits qui cependant n'ont de juges qu'eux-mêmes ;
Va qualifiant tout, et sans trop de raison,
De digne, de honteux, de mauvais ou de bon,
Et chacun de ces mots au sens énigmatique,
Selon sa fantaisie à tout elle l'applique.
Le monde n'offre pas un espace bien grand,
Et c'est à l'infini que le cerveau s'étend :
C'est à l'aise qu'ensemble habitent les pensées;
Mais, les choses, partout, se heurtent trop pressées.
Que l'un prenne une place, aussitôt l'autre en sort.
De peur d'être chassé, l'on vous chasse d'abord.
La lutte est là; la force est la seule puissance.
Celui dont nul désir n'agite l'existence,
Qui de poursuivre un but s'épargne le tourment,
Comme la salamandre, en un pur élément
Pourra vivre toujours. D'étoffe plus grossière
La nature m'a fait : je m'attache à la terre;
L'Esprit mauvais y règne, et le bon n'y peut rien.
Ce qui nous vient du ciel de chacun est le bien.
Son soleil réjouit sans donner la richesse;
On ne dispute pas les biens de cette espèce.
La pierre précieuse et l'or, tant convoités,
Il faut les obtenir de ces divinités,
De ces Esprits mauvais de qui les maléfices
S'apprêtent sous la terre. Et que de sacrifices

Pour gagner leur faveur! Nul homme, sois-en sûr,
De leur culte jamais n'est sorti le cœur pur.

MAX, d'un ton expressif:

Redoutez, redoutez ces puissances traîtresses,
Qui manquent de parole en toutes leurs promesses!
Ces Esprits de mensonge ont su vous fasciner.
Voyez dans quel abîme ils vont vous entraîner!
Ne vous y fiez pas! — J'avertis... et j'implore.
Revenez au devoir, il en est temps encore!
De m'envoyer à Vienne, accordez-moi l'honneur:
Je vous réconcilie avec votre empereur;
Il ne vous connaît pas; vous juge mal, peut-être.
Mais, moi, j'ai le bonheur, prince, de vous connaître;
C'est tel que je vous vois, ce sera par mes yeux,
— Ils ne se trompent pas, — qu'il vous verra. Je veux
Vous rapporter ici sa confiance entière.

WALLENSTEIN.

Il est trop tard, après ce que j'ai dit de faire.

MAX.

Eh bien! s'il est trop tard, si, pour vous maintenir,
Vous en êtes au point qu'il en faudrait venir
Jusqu'au crime, tombez, mais avec la noblesse
Qu'au sein de la grandeur eut toujours Votre Altesse!
De ce commandement sachez vous dépouiller!
Descendez de la scène où l'on vous voit briller!
Vous le pouvez avec l'éclat de la puissance;
Mais que ce soit, de même, avec votre innocence.
Tout dévoué longtemps aux intérêts d'autrui,
Que le duc de Friedland vive à la fin pour lui,

Et je reste avec vous, prince, quoi qu'il advienne,
Et votre destinée est désormais la mienne.

WALLENSTEIN.

Il est trop tard, te dis-je : en ce même moment,
Où pour me ramener tu parles vainement,
Sur le bord des chemins la borne milliaire
Tour à tour voit passer mes courriers qui vont faire,
Dans Prague et dans Égra, savoir ma volonté.
Résigne-toi! J'agis, mais par nécessité.
Faisons donc dignement ce qu'elle nous ordonne,
Et marchons d'un pas ferme au but qu'elle nous donne.
Suis-je plus criminel que ce César, si grand
Qu'on porte encor son nom dans le suprême rang?
Ces mêmes légions que la Ville romaine
Donna, pour la défendre, à son grand capitaine,
Il les tourna contre elle, et, s'il se fût rendu,
S'il jetait son épée, il eût été perdu,
Comme je le serai, Max, si je la dépose.
De son génie en moi je ressens quelque chose.
Donne-moi son bonheur, et je me charge, moi,
De tout le reste.

(Max qui, jusque-là, est demeuré en proie à une douloureuse agitation, sort précipitamment. Wallenstein, étonné et interdit, le suit des yeux, puis, reste absorbé dans ses réflexions.)

SCÈNE III.

WALLENSTEIN, TERZKY et, bientôt après, ILLO.

TERZKY.

Eh bien! Max était avec toi?

WALLENSTEIN.

Wrangel!

TERZKY.

Il est parti.

WALLENSTEIN.

Si vite?

TERZKY.

Un vrai mystère :
Cet homme a disparu comme englouti sous terre.
A peine il te quittait, je le cherche... inconnu!
Je n'ai pas pu savoir ce qu'il est devenu.
C'est le diable, je crois, qui t'a rendu visite.
Un homme ne peut pas disparaître aussi vite.

ILLO, entrant:

D'un important mandat, dit-on, vous avez pu
Charger Octavio?

TERZKY.

Vraiment? y songes-tu?

WALLENSTEIN.

Il part pour Frauenberg; je le mets à la tête
Des régiments d'Espagne et d'Italie.

TERZKY.

Arrête!
T'en préserve le ciel! Tu ne le feras pas!

ILLO.

A ce traître vouloir confier des soldats?
Ne pas le retenir sous votre surveillance?
Et, juste, quand pour vous le dénoûment s'avance?

TERZKY.

Pour tout au monde, non! Albert, entends ma voix!

WALLENSTEIN.

Vous êtes singuliers!

ILLO.

Du moins, pour cette fois,
Écoutez nos avis : qu'Octavio demeure!

WALLENSTEIN.

Pourquoi ne plus à lui me fier à cette heure,
Quand je l'ai fait toujours? D'où pouvez-vous juger
Que mon opinion sur lui doive changer?
A votre fantaisie, et non pas à la mienne,
D'un sentiment fondé faut-il que je revienne?
C'est moi qui varierais comme une femme? A lui,
Comme je me fiais, je me fie aujourd'hui.

TERZKY.

Pour ce commandement est-il si nécessaire?
Charge, je t'en supplie, un autre de l'affaire.

WALLENSTEIN.

Pour ce commandement il est l'homme à mon gré;
Il convient à l'emploi, je le lui laisserai.

ILLO.

Il est Italien; c'est son titre à vous plaire.

WALLENSTEIN.

Je sais que vous n'aimez ni le fils ni le père,
Parce que j'ai donné mon estime à tous deux;
Parce qu'ils me sont chers; que je les préfère, eux,

A beaucoup d'entre vous; parce qu'ils le méritent.
Voilà, voilà pourquoi ces hommes vous irritent.
Je m'inquiète peu de vous en voir jaloux.
En vaudront-ils donc moins s'ils sont haïs de vous?
Du reste, portez-vous affection ou haine,
Libre à chacun d'aller où son penchant l'entraîne;
Peu m'importe; je sais ce qu'il faut vous priser.

ILLO.

Il ne partira pas; quand je devrais briser
L'essieu de sa voiture!

WALLENSTEIN.

Illo! qu'on se contienne!

TERZKY.

Quand Questenberg ici fut envoyé de Vienne,
On l'a vu constamment s'attacher à ses pas.

WALLENSTEIN.

C'était de mon plein gré; je ne l'ignorais pas.

TERZKY.

Et ton homme, — j'en ai des avis très-sincères, —
Du comte de Gallas reçoit des émissaires.

WALLENSTEIN.

Ce n'est pas vrai.

ILLO.

Mon Dieu! quel malheur de vouloir,
Quoique les yeux ouverts, vous refuser à voir!

WALLENSTEIN.

Tu ne lui feras pas perdre ma confiance;

Elle a pour fondement la plus haute science :
Si vous avez raison et s'il me ment ainsi,
Des astres la science est un mensonge aussi,
Car du Destin lui-même un gage me rappelle
Que de tous mes amis c'est là le plus fidèle.

ILLO.

Et du gage lui-même avez-vous les garants?

WALLENSTEIN.

Dans le cours de la vie il est de ces instants
Où l'homme est rapproché, plus qu'il n'est d'ordinaire,
De l'Esprit qui gouverne et le ciel et la terre;
Où librement il peut consulter le Destin.
La nuit qui de Lützen précéda le matin,
J'eus un de ces moments : appuyé contre un chêne,
Je promenais, pensif, mes regards dans la plaine.
Du camp, que le brouillard couvrait de tous côtés,
Les feux ne laissaient voir que de ternes clartés,
Et rien de cette nuit ne troublait le silence,
Qu'un sourd bruissement de cette armée immense,
Et les rondes disant leur cri de ralliement.
Tout entière ma vie, en ce même moment,
Ma carrière à courir, comme celle passée,
A moi se déroulait au fond de ma pensée,
Et mon esprit liait mon avenir lointain
Au grand événement qu'allait voir le matin.
   Et puis, j'en vins à dire en mon cœur : qu'elle est
                                                 grande
Cette réunion d'hommes que je commande!
A suivre mon étoile ils sont tous décidés.
Sur ma tête, et jouant tout sur un coup de dés,

Ils ont risqué l'enjeu de leur chance commune ;
Ils montent le vaisseau qui porte ma fortune.
Et cependant, un jour pour ces hommes viendra,
Où le sort, de nouveau, tous les dispersera.
Mes fidèles, alors, seront en petit nombre.
Des hommes que ce camp renferme, là, dans l'ombre,
Quel est le plus fidèle, entre tous? O Destin!
Daigne m'en faire voir quelque signe certain!
Fais que ce soit celui qui, quand le jour va naître,
Sera devant mes yeux le premier à paraître,
En témoignant pour moi de son affection.

 Et le sommeil suivit cette réflexion.
Et je fus en esprit conduit dans la bataille :
Sous moi j'eus un cheval tué par la mitraille ;
Je tombai ; — la mêlée était rude. — Des rangs
De cavaliers sur moi passaient indifférents.
Broyé sous les chevaux et respirant à peine,
J'étais, comme un mourant, étendu dans la plaine....
Un secourable bras soudain me prend au corps :
C'était lui. Je m'éveille ; il faisait jour. — Alors
Je vois Octavio : « Mon frère, je te prie
De ne pas aujourd'hui monter ton cheval pie ;
Il en est un plus sûr, que je tiens prêt pour toi »,
Me dit-il, « fais ceci par amitié pour moi.
J'ai rêvé qu'il le faut. » — Grâce aux pieds de la bête,
Aux dragons de Banner je dérobai ma tête.
Ce jour-là, mon cousin monta l'autre coursier,
Et je n'ai plus revu cheval ni cavalier.

ILLO.

Le hasard....

ACTE II. — SCÈNE III.

WALLENSTEIN, d'un ton significatif:

Il n'est pas de hasard dans ce monde,
Et nous tenons toujours d'une source profonde
Ce dont le hasard seul nous semble être l'auteur.
J'ai dans Octavio mon ange protecteur;
Je le sais. Là-dessus, pas un mot davantage!

(Il se retire.)

TERZKY.

Le fils, heureusement, nous demeure en otage.

ILLO.

Je ne souffrirai pas, du moins, que celui-là
D'ici sorte vivant; j'en réponds!

WALLENSTEIN, s'arrête et se retourne:

Vous voilà
Comme les femmes, vous, quand leur tête ne trotte
Que pour en revenir toujours à leur marotte,
Et rendre vain le soin qu'on a pu se donner
De leur parler raison pour les en détourner.
Chez l'homme, croyez-moi, l'action, la pensée,
N'est pas comme la vague en aveugle poussée :
Du monde en abrégé qu'en son cœur elles ont,
Elles coulent toujours comme d'un puits profond.
Comme le fruit de l'arbre elles sont naturelles.
Ce qu'on nomme hasard est sans prise sur elles.
Je fouille jusqu'au cœur de l'homme et je vois, là,
Quelle est sa volonté, comment il agira.

(Ils sortent.)

SCÈNE IV.

Une chambre, dans la demeure d'Octavio Piccolomini.

OCTAVIO PICCOLOMINI, prêt à partir; UN AIDE DE CAMP.

OCTAVIO.

Les hommes sont-ils prêts?

L'AIDE DE CAMP.

Ils sont en bas.

OCTAVIO.

J'espère
Que je puis leur donner ma confiance entière?
Vous les avez choisis? Et dans quel régiment?

L'AIDE DE CAMP.

Celui de Tiefenbach, comte.

OCTAVIO.

Parfaitement.
Ce régiment du moins est fidèle. Allez dire
Que dans l'arrière-cour, sans bruit, on se retire,
Et ne se montre pas qu'on n'entende sonner.
Aussitôt, maison close; ordre de la cerner.
Avec toute rigueur que la garde en soit faite,
Et, qui voudrait entrer, sur-le-champ qu'on l'arrête!

(L'aide de camp sort.)

De leur secours, je crois, je n'aurai pas besoin :
J'ai fait tous mes calculs avec le plus grand soin.
Mais ici l'intérêt de l'empereur commande,
Et nous jouons gros jeu. Précaution trop grande
Vaut mieux que trop petite.

SCÈNE V.

OCTAVIO PICCOLOMINI, ISOLANI.

ISOLANI.

Au rendez-vous marqué
Je viens. Qui donc encore avez-vous convoqué?

OCTAVIO, avec mystère:

Permettez-moi d'abord un mot avec vous, comte.

ISOLANI, de même:

Allons-nous éclater? Le prince, en fin de compte,
Va-t-il agir? Parlez! avec moi, nul danger;
Qu'on me mette à l'épreuve!

OCTAVIO.

On y pourra songer.

ISOLANI.

Frère, je ne suis pas de ceux dont le courage
Ne sait se faire voir que dans un vain langage,
Et qui, lorsque d'agir est venu le moment,
Pour se mettre à l'écart s'en vont honteusement.
Le prince m'a traité toujours en camarade;
Dieu le sait. Je lui dois ma fortune, mon grade;
Aussi peut-il compter sur ma fidélité.

OCTAVIO.

C'est ce que l'on verra.

ISOLANI.

Mais, d'un autre côté,

Avec d'autres usez d'une grande prudence :
Plusieurs ne pensent pas de lui comme j'en pense,
Veulent que pour la cour on tienne fermement,
Et disent que leur seing donné tout récemment,
Ayant été surpris, à rien ne les engage.

OCTAVIO.

Vraiment? Et quels sont ceux qui tiennent ce langage?

ISOLANI.

Parbleu! les Allemands; ils parlent tous ainsi;
Et jusqu'à Déodat, Kaunitz, Esterhazy
Qui disent qu'à la cour il faut rester fidèle!

OCTAVIO.

Je suis heureux d'ouïr cette bonne nouvelle.

ISOLANI.

Vous?

OCTAVIO.

Je le suis de voir encore à l'empereur
Plus d'un fidèle ami, d'un brave serviteur.

ISOLANI.

Ne plaisantez donc pas : tous ceux que je vous cite
Ne sont pas, il s'en faut, des hommes sans mérite.

OCTAVIO.

Certes ce n'est pas moi qu'on verrait en douter,
Et me préserve ici le ciel de plaisanter !
C'est de mon sérieux que je vous dis ma joie
De voir la juste cause en aussi bonne voie.

ISOLANI.

Par les diables d'enfer! Que veut dire ceci?
N'êtes-vous pas de ceux?... Pourquoi donc suis-je ici?

OCTAVIO, avec autorité:

Pour dire dans quels rangs il faut que l'on vous compte :
Ami de l'empereur, ou son ennemi, comte?

ISOLANI, avec arrogance:

Cette explication je pourrais l'accorder
A qui serait en droit de me la demander.

OCTAVIO.

Du droit qui m'en revient ce papier vous assure.

ISOLANI.

Comment! De l'empereur le sceau, la signature?
(Il lit :)
« Tous les généraux de notre armée obéiront,
« comme à nous-même, à notre bien-aimé et fidèle
« lieutenant-général Piccolomini...»
Hum!... Oui... C'est bien cela... Je... Vraiment... Oui,
vraiment!...
Lieutenant-général, je vous fais compliment.

OCTAVIO.

Vous soumettez-vous?

ISOLANI.

Mais... Que faut-il que je dise?
Là, tout subitement... une telle surprise...
On me permettra bien de réfléchir un peu,
J'espère?

OCTAVIO.

Vous avez deux minutes.

ISOLANI.

Mon Dieu !
C'est si grave !

OCTAVIO.

C'est simple et clair : à votre maître
Resterez-vous fidèle, ou deviendrez-vous traître ?

ISOLANI.

Traître ? Ciel ! de trahir est-ce donc qu'il s'agit ?

OCTAVIO.

Beaucoup, précisément. Oui, le prince trahit,
Et nous verrions bientôt passer, sous sa conduite,
L'armée à l'ennemi. — Là ! franchement et vite,
Prenez votre parti ! Dites si vous voulez
Renier l'empereur et vous vendre. Parlez !

ISOLANI.

Renier l'empereur ! M'en croyez-vous capable ?
Voyons, vous ai-je dit jamais rien de semblable ?
Quand vous l'aurais-je dit ?

OCTAVIO.

Pas encor ; j'en convien ;
Mais me le direz-vous, ou non ? J'attends.

ISOLANI.

Eh bien !
Je suis heureux, vraiment, de votre témoignage
Qu'en effet je n'ai point tenu pareil langage.

OCTAVIO.

Et vous vous détachez du prince?

ISOLANI.

S'il ourdit
Cette trame... L'on doit rompre avec qui trahit.

OCTAVIO.

Et vous le combattrez?

ISOLANI.

J'aimais à reconnaître
Qu'il fut mon bienfaiteur.— Pourtant, s'il est un traître,
Dieu le damne! Je crois ne plus rien lui devoir.

OCTAVIO.

J'aime à vous voir ainsi revenir au devoir.
Emmenez cette nuit, dans le plus grand mystère,
Tout ce qu'ici l'armée a de troupe légère;
Faites croire que l'ordre est du prince émané.
Frauenberg est le lieu de rendez-vous donné,
Et là de vos devoirs Gallas doit vous instruire.

ISOLANI.

J'y vais. — A l'empereur ayez bien soin de dire
Tout ce que je vous ai montré d'empressement.

OCTAVIO.

Je le ferai valoir.
(Isolani se retire; UN DOMESTIQUE entre.)
Buttler? Parfaitement.

ISOLANI, revenant:

Pardon, mon vieil ami, de mon rude langage;

Je ne pouvais savoir à quel haut personnage
J'avais affaire ici.

OCTAVIO.

N'en parlons plus ; c'est bon.

ISOLANI.

Je suis un vieil enfant, un joyeux compagnon,
Et si, dans la gaîté qu'on puise au fond du verre,
J'ai parlé de la cour, parfois, à la légère,
Ce n'est pas méchamment.
(Il sort.)

OCTAVIO.

N'en prenez pas souci,
Comte. — Avec celui-là du moins j'ai réussi.
Que le même bonheur près des autres me suive !

SCÈNE VI.

OCTAVIO PICCOLOMINI, BUTTLER.

BUTTLER.

Lieutenant-général, à votre ordre j'arrive.

OCTAVIO.

Comme hôte et comme ami soyez le bienvenu !

BUTTLER.

C'est trop d'honneur pour moi.

OCTAVIO.
(Après qu'ils se sont assis l'un et l'autre :)

Vous avez méconnu,

Colonel, ce qu'hier je vous faisais d'avances[1].
Vous n'avez donc voulu voir dans mes prévenances
Que de vains compliments? Cependant, tous mes vœux
Partaient du fond du cœur; c'était très-sérieux
Ce que je vous disais; dans le temps où nous sommes,
Les gens de bien devraient s'unir.

BUTTLER.

      Ce n'est qu'aux hommes
De même opinion à s'unir fortement.

OCTAVIO.

Les gens de bien ont tous le même sentiment.
Des actions de l'homme, à l'homme je n'impute
Que celles que, tranquille et libre, il exécute,
Quand de son caractère il suit l'impulsion.
Mais des malentendus l'aveugle pression
Aux meilleurs, bien souvent, fait faire fausse route.
— Vous êtes revenu par Frauenberg? Sans doute
Le comte de Gallas vous aura confié...?
Parlez sans crainte; il a toute mon amitié.

BUTTLER.

Des mots perdus, voilà ce qu'il m'a fait entendre.

OCTAVIO.

Des mots perdus? Je suis désolé de l'apprendre.
Vous n'avez eu de lui qu'un excellent conseil,
Et je le donnerais exactement pareil.

---

1. Octavio fait allusion à ce qu'il a dit à Buttler en l'abordant après le banquet. (*Les Piccolomini*, acte IV, scène VI.)

BUTTLER.

Comte, dispensez-vous de prendre cette peine ;
De m'en sentir indigne épargnez-moi la gêne.

OCTAVIO.

Le temps est précieux; parlons bien franchement !
Vous êtes informé des choses du moment :
Le duc songe à trahir; je puis même vous dire
Qu'il n'est plus seulement au point où l'on conspire;
Avec les ennemis il a traité. Déjà
Ses courriers sont partis pour Prague et pour Égra;
Demain, aux Suédois il veut livrer l'armée.
Mais la prudence veille; elle était informée.
L'espérance du prince est une grave erreur :
De vrais amis, ici, restent à l'empereur ;
Invisibles, puissants contre une telle audace.
Cet ordre impérial hors de la loi le place,
Tient l'armée envers lui quitte de tout lien,
Et, faisant un appel à tous les gens de bien,
Sous ma direction les invite à se mettre.
Maintenant, choisissez; pour qui voulez-vous être ?
Voulez-vous avec nous défendre le bon droit?
Voulez-vous avec lui subir le sort que doit
Avoir un criminel?

BUTTLER, se levant.

Son sort, quoi qu'il arrive,
Sera le mien.

OCTAVIO.

Voilà ce qu'en définitive
Vous avez résolu?

ACTE II. — SCÈNE VI.

BUTTLER.

Son sort sera le mien.

OCTAVIO.

Il en est temps encor, réfléchissez-y bien !
Que dans mon sein fidèle à tout jamais demeure
Le mot trop prompt par vous prononcé tout à l'heure ;
Mais qu'il soit rétracté ! Vous entendrez ma voix,
Colonel ; faites donc, faites un autre choix !
Non, vous n'avez pas pris le parti le plus sage !

BUTTLER.

Lieutenant-général, avez-vous davantage
A m'ordonner ?

OCTAVIO.

   Voyez vos cheveux blancs, Buttler !
Rétractez-vous !

BUTTLER.

  Adieu !

OCTAVIO.

    Quoi ! c'est avec ce fer,
Cette épée, à la fois si brave et si fidèle,
Que vous commenceriez la guerre criminelle ?
L'Autriche changerait en malédictions
Ce qu'après quarante ans de nobles actions,
De services rendus et de rare vaillance,
Vous vous étiez acquis dans sa reconnaissance ?

BUTTLER, *avec un rire amer*.

Oui, sa reconnaissance est belle, en vérité !
      (Il veut sortir.)

OCTAVIO, le laisse aller jusqu'à la porte et le rappelle :
Buttler !

BUTTLER.
Que vous plaît-il ?

OCTAVIO.
L'affaire du comté,
Qu'était-ce ? On ne m'en a jamais bien rendu compte.

BUTTLER.
L'affaire du comté ?

OCTAVIO.
Vous vouliez être comte ?

BUTTLER, éclatant avec violence :
Par l'enfer !

OCTAVIO, froidement :
Vous l'avez demandé vainement ?

BUTTLER.
On ne m'a persiflé jamais impunément :
Dégaînez !

OCTAVIO.
Soyez calme, et dites-moi l'affaire ;
Et puis, vous me verrez prêt à vous satisfaire.

BUTTLER.
Eh bien ! soit ! faisons-la connaître au monde entier,
Cette heure de faiblesse où j'ai pu m'oublier ;
Ce tort que ma fierté me reproche sans cesse.
J'ai de l'ambition, oui, je vous le confesse,
Lieutenant-général ! et, jamais, le mépris,
Je ne l'ai supporté. Que de fois je souffris
A voir que dans l'armée un titre, la naissance
Dût sur le vrai mérite avoir la préférence !

Je crus de mes égaux pouvoir être l'égal,
Et me vis amené jusqu'à ce pas fatal.
Tout insensé qu'il fût, je ne méritais guère
D'avoir à l'expier de si rude manière.
Je conçois le refus, mais, en le prononçant,
Pourquoi l'envenimer par un dédain blessant?
Pourquoi de l'ironie armer la dent cruelle?
Accabler le vieillard? le serviteur fidèle?
Pour un moment d'oubli dans son ambition,
Pourquoi lui reprocher sa basse extraction?
Mais, quand l'orgueil l'écrase et rit de sa torture,
Le reptile a le dard dont l'arma la nature!

OCTAVIO.

Il faut que l'on vous ait calomnié. Par qui
Vous imaginez-vous avoir été trahi?

BUTTLER.

Il m'importe fort peu. Que sais-je? Quelque drôle;
Quelque plat courtisan; quelque engeance espagnole;
Quelque fils de maison qui compte des aïeux;
Dont j'offusque la vue; un coquin envieux,
Qui du rang où je suis se chagrine et s'irrite,
Bien que je ne l'aie eu que par mon seul mérite.

OCTAVIO.

Dites-moi si le duc vous avait approuvé.

BUTTLER.

Je suivais son conseil, et dans lui j'ai trouvé
Un ami qui pour moi fut prompt à s'entremettre[1].

---

[1]. Selon des historiens, c'est le général Illo que le duc aurait engagé à solliciter le titre de comte, pour s'opposer, sous main, à ce qu'il lui fût accordé, et mettre à profit l'irritation qu'il éprouverait du refus.

OCTAVIO.

Vous en êtes bien sûr? Vraiment?

BUTTLER.

J'ai lu sa lettre.

OCTAVIO, d'un ton significatif:

Moi de même, et tout autre en est le contenu.
(Buttler témoigne sa surprise.)
Dans mes mains, par hasard, l'écrit est parvenu.
Pour votre instruction, tenez, veuillez le lire.
(Il lui donne la lettre.)

BUTTLER.

Ah! Voyons!

OCTAVIO.

J'ai bien peur, colonel, à vrai dire,
Qu'on ne se soit de vous indignement moqué.
A ce pas c'est le duc qui vous a provoqué,
Dites-vous? et pourtant dans cette même lettre,
Ce n'est que du mépris qu'il fait pour vous paraître :
Il conseille au ministre, à cette occasion,
De punir ce qu'il dit votre présomption.
(Buttler a lu la lettre, ses genoux tremblent; il étend la main vers un siége et s'assied.)
Il n'est pas d'ennemi, Buttler, qui vous poursuive;
Nul ne vous veut du mal. Cette injure si vive
Vient du prince lui seul; c'est clair : il espérait
Que de votre empereur il vous détacherait.
Votre fidélité, qu'il sait inébranlable,
N'eût pas donné les mains aux projets du coupable
Si dans votre sang-froid il vous avait laissé;

Mais il attendait tout de votre cœur blessé,
Et vous n'auriez été, pour lui qui vous méprise,
Qu'un aveugle instrument, qu'un moyen d'entreprise.
Il n'avait réussi que trop dans son dessein :
C'est lui qui vous a fait quitter le droit chemin,
Auquel on vous avait, quarante ans, vu fidèle.

BUTTLER, d'une voix tremblante:

Mon Dieu! Sa Majesté me pardonnera-t-elle?

OCTAVIO.

Elle fait mieux encor, Buttler : Sa Majesté
Répare en ce moment l'affront immérité
Dont un homme d'honneur a reçu la blessure,
Et confirme le don que vous fit un parjure
Pour un coupable but : à vous le régiment
Dont vous n'aviez encor que le commandement!

(Buttler veut se lever et retombe sur son siége. Dans son agitation, il essaie en vain de parler. Enfin, il détache son épée et la tend à Piccolomini.)

Qu'est-ce donc? Calmez-vous!

BUTTLER.

Prenez!

OCTAVIO.

Pourquoi? Courage!

BUTTLER.

J'en suis indigne.

OCTAVIO.

Eh bien! pour n'en plus faire usage
Qu'en faveur du bon droit, reprenez-la de moi!

20

BUTTLER.

Envers un si bon maître avoir trahi ma foi !

OCTAVIO.

Réparez tout ! Du duc détachez-vous bien vite !

BUTTLER.

Me détacher de lui ?

OCTAVIO.

Quoi ! Votre cœur hésite ?

BUTTLER, d'un ton terrible:

Me dire seulement : détachez-vous de lui !
C'est sa mort que je veux !

OCTAVIO.

Vous allez, aujourd'hui,
Me suivre à Frauenberg où tous les cœurs fidèles
Rejoignent Altringer et Gallas. — Des rebelles,
Beaucoup sont, à ma voix, rentrés dans le devoir :
Ils doivent de Pilsen s'échapper dès ce soir.

BUTTLER, après s'être promené dans une violente agitation, vient
à Octavio et, fixant sur lui un regard résolu:

A qui manqua de foi permettrez-vous encore
De vous parler d'honneur ?

OCTAVIO.

Son repentir l'honore,
Et lui donne ce droit.

BUTTLER.

Faites-moi la faveur
De me laisser ici sur parole d'honneur.

OCTAVIO.

Quel est votre projet?

BUTTLER.

Maintenez ma présence
Avec mon régiment.

OCTAVIO.

En vous j'ai confiance;
Cependant, quels projets avez-vous résolus?

BUTTLER.

Les faits vous l'apprendront. N'en demandez pas plus.
Fiez-vous à ma foi : maintenant elle est sûre !
Par le ciel, général, ce n'est pas, je vous jure,
Que vous le remettiez à son bon ange ! — Oh ! non !
Adieu !
(Il sort.)

UN DOMESTIQUE, apportant un billet:

D'un inconnu, qui, sans dire son nom,
Est vite reparti. — Pour monsieur, à sa porte,
On tient prêts les chevaux du duc.
(Il sort.)

OCTAVIO, lisant:

«Faites en sorte
«De quitter sans délai la ville. — ISOLANI.»
Oh ! que ne suis-je loin ! Que tout n'est-il fini !
Lorsque je touche au port, dois-je y faire naufrage ?
Partons ! partons ! Ici m'arrêter davantage
Serait risquer mes jours. — Mais mon fils tarde bien.

SCÈNE VII.

LES DEUX PICCOLOMINI.

MAX entre, en proie à la plus violente agitation, le regard farouche, la démarche incertaine ; il ne semble pas apercevoir son père, qui le considère de loin avec compassion. Il traverse l'appartement à grands pas, puis, s'arrête et se jette enfin sur un siége, les yeux fixés droit devant lui.

OCTAVIO, s'approchant de lui :

Mon fils, je vais partir.

(Ne recevant pas de réponse, il lui prend la main.)

Mon fils, adieu ! — Quoi ! rien ?

MAX.

Adieu !

OCTAVIO.

Tu me suivras bientôt ?

MAX, sans le regarder :

Moi ? Que je prenne
La route où vous marchez ? Non, ce n'est pas la mienne.

(Octavio abandonne la main de son fils et recule.)

Oh ! pourquoi n'avoir pas agi loyalement !
Nous n'aurions jamais vu ce funeste moment ;
Toute chose serait au mieux, nette, précise ;
Il n'aurait pas tenté sa terrible entreprise ;
Les bons auraient sur lui conservé leur pouvoir ;
Les méchants dans leurs rets ne l'auraient pas fait choir.
Pourquoi donc le secret, la ruse, qui se glisse,
Guette, comme un voleur et comme son complice ?
Fatale fausseté ! Mère de tous les maux !
Ce coup, ce désespoir, c'est toi qui nous les vaux !

Seule, la vérité, sainte égide des hommes,
Nous eût préservés tous du malheur où nous sommes...
Non! mon père, par moi vous n'êtes pas absous.
Le duc m'a bien trompé; cruellement; mais vous,
Avez-vous fait bien mieux?

OCTAVIO.

                Mon fils!... Elle est amère
Ta douleur... Je l'excuse.

MAX se lève et fixe sur son père un regard de doute:

                O mon père! mon père!
Auriez-vous médité ce dénoûment fatal?
Vous montez par sa chute. — Octavio! c'est mal!

OCTAVIO.

Grand Dieu!

MAX.

           Malheur à moi! J'ai changé de nature.
D'où me vient le soupçon? Mon âme en était pure.
Tout, confiance, espoir, foi, tout en est sorti.
Tout ce que j'ai le plus vénéré m'a menti!
— Non! elle me reste, elle, en ma profonde peine!
Comme le sont les cieux, elle est pure et sereine.
Je vois régner partout mensonge et trahison,
Hypocrisie, et meurtre, et parjure, et poison.
Notre amour, notre amour, voilà le sanctuaire,
Le seul qui ne soit point profané sur la terre!

OCTAVIO.

Max, suis-moi sans délai; crois-moi, cela vaut mieux.

MAX.

Partir! Sans même aller lui dire mes adieux?
Les derniers? Non, jamais!

OCTAVIO.

Inutile torture :
Il faut vous séparer. Suis-moi!

(Il veut l'entraîner.)

MAX.

Non! je le jure!
Vrai comme il est un Dieu!

OCTAVIO, plus pressant:

Max! ton père le veut!

MAX.

N'exigez pas de moi plus que l'homme ne peut.

OCTAVIO.

Au nom de l'empereur, suis-moi; je te l'ordonne.

MAX.

Il n'est pas d'empereur à qui son sceptre donne
Aucun droit sur le cœur. Voulez-vous m'enlever
Le seul bien que le sort daigne me réserver?
Sa pitié? Faut-il donc que pour moi s'accomplisse
Aussi cruellement le plus cruel supplice?
L'impitoyable arrêt que l'on me fait subir,
Croit-on que sans noblesse on m'y voie obéir?
Qu'en secret, lâchement, et comme indigne d'elle,
Je me dérobe, moi, dans cette heure cruelle?
Non! toute ma douleur je la lui montrerai.
Elle entendra le cri de mon cœur déchiré,

Et pleurera sur moi. L'homme est cruel; mais, elle,
C'est l'ange qui saura me couvrir de son aile,
Du dernier désespoir sauver ce triste cœur,
Et s'entendre à calmer ma mortelle douleur,
Par des mots consolants, par sa douce parole.

OCTAVIO.

Tu voudras t'arracher en vain à ton idole;
Tu ne le pourras pas. Reste pur. — Viens! mon fils.

MAX.

Ne me prodiguez pas d'inutiles avis.
J'obéis à mon cœur, que je n'ai pas à craindre.

OCTAVIO, hors de lui et tremblant:

Max! Max! penses-y bien! Si ce coup doit m'atteindre,
Si toi, — mon fils, — mon sang, — si…. Je n'ose y
songer!
Tu dois avec l'honneur à ce point transiger;
Si tu te vends au traître et si ta flétrissure
S'imprime à ma maison, eh bien! je te le jure,
Au spectacle nouveau qui se présentera,
Le monde, épouvanté, d'horreur tressaillira:
Dans un combat affreux, du fils le glaive impie
Dégouttera du sang qui lui donna la vie!

MAX

Vous auriez mieux agi jugeant l'homme moins mal.
Maudite défiance! O sentiment fatal!
Il n'est rien d'assuré, rien de ferme pour elle.
Où la foi fait défaut, à l'instant tout chancelle

OCTAVIO.

Qu'à ton cœur je me fie, es-tu sûr de pouvoir
Toujours suivre sa voix, pour marcher au devoir ?

MAX.

Vous-même n'avez pu la réduire au silence ;
Le duc ne peut sur elle avoir plus de puissance.

OCTAVIO.

Max ! tu ne reviendras jamais, jamais à nous !

MAX.

Jamais, si je devais être indigne de vous.

OCTAVIO.

Je vais à Frauenberg ; avec moi je n'emmène
Aucun des régiments de Toscane ou Lorraine ;
Ici je te les laisse avec tes cuirassiers,
Tiefenbach et le corps de ses arquebusiers.
Ils te protégeront. Ils t'aiment. Tous ces braves
De leur serment prêté demeureront esclaves,
Et tu les verras tous mourir en gens de cœur,
Plutôt que de manquer à leur chef, à l'honneur.

MAX.

Ici, dans un combat, mourir, ou de la ville
Les emmener ; voilà mon plan. Soyez tranquille.

OCTAVIO, prêt à partir:

Adieu, mon fils !

MAX.

Adieu !

OCTAVIO.

Comment! dans tes regards
Nul signe de tendresse? — Au moment où je pars,
Pour me presser la main pas de main qui s'avance?
Que de sang va coûter la guerre qui commence!
Quelle en sera la fin?... Nous nous faisions jadis
De bien autres adieux! Je n'ai donc plus de fils?

(Max se jette dans ses bras; ils se tiennent longtemps embrassés, puis, s'éloignent par des côtés différents.)

FIN DU SECOND ACTE.

ACTE TROISIÈME.

LA MORT DE WALLENSTEIN.

ACTE TROISIÈME.

Un salon, chez la duchesse de Friedland.

SCÈNE PREMIÈRE.

LA COMTESSE TERZKY, THÉCLA, MADEMOISELLE DE NEUBRUNN; les deux dernières, occupées à des ouvrages de femme.

LA COMTESSE.

Thécla, vous n'avez rien à dire à votre tante ?
Rien ?... Vrai ?... C'est me laisser dans une longue attente.
Rester aussi longtemps sans prononcer son nom !
Et vous n'en souffrez pas ? Quel effort de raison !
Vous serais-je déjà devenue inutile ?
Avez-vous découvert un moyen plus facile
De vous entendre ? Allons ! Parlez-moi sans détours :
L'avez-vous vu, Thécla ?

THÉCLA.
    Pas ces deux derniers jours.

LA COMTESSE.
Sans que dans l'intervalle il vous ait rien fait dire ?
Soyez franche !

THÉCLA.
    Non, rien.

LA COMTESSE.

Alors, je vous admire :
Tant de calme ?

THÉCLA.

Oui.

LA COMTESSE, *faisant signe à mademoiselle de Neubrunn de les laisser seules :*

Neubrunn !

(*Mademoiselle de Neubrunn sort.*)

SCÈNE II.

LA COMTESSE, THÉCLA.

LA COMTESSE.

Je n'aime pas du tout
Qu'il se tienne à l'écart, dans ce moment surtout.

THÉCLA.

Dans ce moment ?

LA COMTESSE.

Il sait tout ce qui se prépare.
A mon avis, ma nièce, il faut qu'il se déclare.

THÉCLA.

Si l'on veut que je sache où tend ce discours-là,
Rendez-le-moi plus clair.

LA COMTESSE.

C'est juste pour cela
Que j'écarte Neubrunn. Vous allez tout connaître :
Vous n'êtes plus enfant ; votre cœur est son maître,
Car il aime ; or, le cœur où l'amour est entré,

En devient plus hardi : vous l'avez bien montré.
Vous nous offrez, Thécla, dans votre caractère,
Beaucoup de votre père et peu de votre mère.
On ne risque donc rien à vous faire écouter
Des choses que ma sœur ne pourrait supporter.

THÉCLA.

Oh! de grâce! abrégez! Quoi que je doive entendre,
Ne me le faites pas aussi longtemps attendre.
Rien ne peut me troubler autant que ne le fait
Un exorde semblable. — Allons, ma tante, au fait!

LA COMTESSE.

Ne vous alarmez pas.

THÉCLA.

Pour Dieu! plus de mystère!

LA COMTESSE.

Un signalé service à rendre à votre père,
Et qui dépend de vous.

THÉCLA.

De moi? Qu'est-ce? Achevez!

LA COMTESSE.

Max Piccolomini vous aime. — Vous pouvez
Les unir d'un lien dont la force résiste
A tout événement.

THÉCLA.

Mais, ce lien existe.

LA COMTESSE.

Il existait.

THÉCLA.

Pourquoi n'en serait-il plus rien?
Maintenant? et toujours?

LA COMTESSE.

C'est qu'un autre lien
L'attache à l'empereur.

THÉCLA.

Croyez qu'il ne lui donne
Pas plus que son devoir, que l'honneur ne l'ordonne.

LA COMTESSE.

Qu'il prouve son honneur bien moins que son amour!
Devoir! honneur! Des mots que l'on vous donne un jour
De certaine façon; que, l'autre, il faut entendre
Dans un sens différent! Faites-les-lui comprendre.
Que son amour lui dise où sera son honneur!

THÉCLA.

Quoi!

LA COMTESSE.

Qu'il renonce à vous, ou bien à l'empereur!

THÉCLA.

Il suivra volontiers le duc, s'il se retire.
Vous savez par lui-même à quel point il désire
Déposer son épée.

LA COMTESSE.

On pense qu'il devrait
La tirer pour le duc, au contraire.

THÉCLA.

Il est prêt

A donner, et son sang, et ses jours pour mon père,
Dès qu'à la violence il faudrait le soustraire.

LA COMTESSE.

Vous ne voulez donc pas me deviner? Eh bien!
Du prince à l'empereur il n'est plus de lien;
Sa résolution est nettement formée :
Il passe aux ennemis avec toute l'armée.

THÉCLA.

Oh, ma mère! ma mère!

LA COMTESSE.

     Il serait important
D'offrir, pour l'entraîner, un exemple éclatant.
Des Piccolomini l'ascendant est énorme;
Nous voyons que par eux l'opinion se forme.
Du père par le fils nous serions assurés....
Vous jugez maintenant de ce que vous pourrez.

THÉCLA.

O malheureuse mère, à quel coup on te livre!
C'est celui de la mort! Tu n'y pourras survivre!

LA COMTESSE.

Elle sait se plier à la nécessité.
Des faits lointains, futurs, son cœur est tourmenté;
Avec soumission elle souffre, au contraire,
Le fait présent auquel rien ne peut la soustraire.

THÉCLA.

Oh! mes pressentiments! Le Sort étend sur moi
Une main qui me glace et me remplit d'effroi.
Frémissante, elle étreint ma plus douce espérance.

A peine entrée ici j'ai prévu ma souffrance,
Et mon inquiétude annonçait à mon cœur
La présence pour moi des astres de malheur.
— Mais, dans un tel moment, est-ce à moi la première
Que je devrais penser? Oh! ma mère! ma mère!

LA COMTESSE.

Remettez-vous, Thécla; ce n'est pas le moment
D'une inutile plainte, et, pour l'événement,
Ayez soin que l'ami demeure à votre père,
A vous-même l'amant auquel vous êtes chère,
Et tout peut bien finir encore; vous verrez.

THÉCLA.

Eh! comment? A jamais nous voilà séparés;
Ce n'est que trop certain.

LA COMTESSE.

     Comptez sur sa tendresse:
Lui, renoncer à vous? Impossible, ma nièce.

THÉCLA.

Hélas! le malheureux!

LA COMTESSE.

     S'il vous aime en effet,
Son choix, n'en doutez pas, sera bien vite fait.

THÉCLA.

Ne doutez pas non plus qu'il ne sache le faire.
— Son choix? — Est-ce qu'un choix est encor nécessaire?

LA COMTESSE.

Du calme! — Votre mère!

THÉCLA.

A ses regards, comment
Me présenter?

LA COMTESSE.

Du calme!

SCÈNE III.

LES PRÉCÉDENTS, LA DUCHESSE.

LA DUCHESSE, à la comtesse:

En cet appartement
Qui donc était, ma sœur? — On parlait haut.

LA COMTESSE.

Personne.

LA DUCHESSE.

Ah! c'est que le courage aisément m'abandonne.
Dans l'état où je suis, je crois que d'un malheur
Chaque bruit que j'entends n'est que l'avant-coureur.
Qu'a résolu le duc? Pouvez-vous me le dire?
A l'ordre qu'il reçoit consent-il à souscrire?
A-t-il laissé partir les troupes à cheval
Que l'empereur destine à l'infant-cardinal?
Sa réponse, en un mot, peut-elle satisfaire
L'envoyé Questenberg?

LA COMTESSE.

Non; c'est tout le contraire.

LA DUCHESSE.

Hélas! c'en est donc fait, et sur nous tomberont
Les extrêmes rigueurs. Ils le déposeront.
De Ratisbonne on va renouveler l'injure.

LA COMTESSE.

Pas cette fois, du moins. Que ma sœur se rassure.

(Thécla, vivement émue, se jette au cou de sa mère et la tient embrassée en pleurant.)

LA DUCHESSE.

Oh! quel homme inflexible, indomptable! Combien
Il m'a fallu souffrir dans ce fatal lien!
Hélas! comme enchaînée à quelque roue ardente,
Qui tourne sans repos, rapide, violente,
Dans l'effroi près de lui j'ai dû passer mes jours.
Jusqu'à l'abîme à pic s'aventurant toujours,
Sans cesse près d'y choir, enfin, pris du vertige,
D'y tomber avec lui le voilà qui m'oblige!
— Ne pleure pas, ma fille; oh! non! Que ma douleur
Ne te paraisse point présage de malheur;
Qu'elle n'inspire pas d'avance à ton jeune âge
Le dégoût pour le rang qui sera ton partage;
Deux hommes tels que lui ne peuvent exister,
Et ma fille n'a pas mon sort à redouter.

THÉCLA.

O ma mère, fuyons! fuyons! Cette demeure
N'est pas faite pour nous. — Il semble que chaque heure
Ait son nouveau fantôme et, chaque fois, pour nous
Le rende plus affreux!

LA DUCHESSE.

Ton sort sera plus doux.
Nous avons aussi vu les heureuses journées.
Je songe avec bonheur aux premières années :
C'est joyeux qu'il voulait, qu'il cherchait la grandeur.

C'était un feu tranquille, à la douce chaleur,
Que son ambition. Ce n'était pas encore
La flamme qui s'étend, furieuse, et dévore.
L'empereur se fiait à lui, le chérissait,
Et, quoi qu'il entreprît, tout lui réussissait.
Mais depuis Ratisbonne et la journée amère
Où du commandement on dépouilla ton père,
Un esprit inquiet de lui s'est emparé :
Sombre, en proie au soupçon, et toujours retiré,
Sans trouver le repos, sans confiance aucune
Dans sa force première et sa vieille fortune,
Il a tourné son cœur vers des arts ténébreux,
Qui n'ont jamais donné le secret d'être heureux.

LA COMTESSE.

Vous jugez tout cela de votre point de vue,
Ma sœur. — Quand nous venons attendre sa venue,
Devrions-nous avoir un semblable entretien?
Il va se rendre ici, vous le savez; eh bien !
Trouvera-t-il sa fille en de telles alarmes?

LA DUCHESSE.

Approche, mon enfant; il faut sécher tes larmes.
Il faut, le front serein, te montrer à ses yeux....
Ce ruban est défait; rattache tes cheveux.
Oui, viens! ces pleurs, il faut les essuyer, ma fille;
Ils ternissent l'éclat si pur dont ton œil brille.
— Que disais-je? — Oui, ce Max est un homme de cœur;
D'un mérite réel.

LA COMTESSE.

    Vous dites vrai, ma sœur.

THÉCLA, à la comtesse, avec anxiété:
Excusez-moi.
(Elle veut sortir.)

LA COMTESSE.
Voici votre père.

THÉCLA.
Ma tante,
Impossible qu'à lui déjà je me présente.

LA COMTESSE.
Il va s'apercevoir que vous n'êtes pas là ;
Il va vous demander.

LA DUCHESSE, à la comtesse:
Comment, elle s'en va ?

THÉCLA.
Je sens que je ne puis supporter sa présence.

LA COMTESSE, à la duchesse:
Elle souffre.

LA DUCHESSE, inquiète:
Ma fille ? Eh ! d'où vient sa souffrance ?
(Elles suivent Thécla en cherchant à la retenir. Wallenstein paraît s'entretenant avec Illo.)

SCÈNE IV.

LES PRÉCÉDENTS, WALLENSTEIN, ILLO.

WALLENSTEIN.
Tout est calme au camp ?

ILLO.
Tout.

WALLENSTEIN.

                        De Prague on va savoir
Que cette capitale est en notre pouvoir,
Et nous jetons le masque. Aussitôt, que l'on dise
Aux corps ici présents quelle est mon entreprise,
Et son succès. L'exemple est tout en pareil cas.
L'homme est imitateur : que l'un saute le pas,
Et tout le troupeau saute. — Ils n'ont encore, à Prague,
De tout ce qui s'est fait qu'une notion vague :
Aux régiments, là-bas, on a dit seulement
Que déjà ceux d'ici nous ont prêté serment,
Et pour que ces derniers se déclarent des nôtres,
Il nous aura suffi de l'exemple des autres.
— Buttler s'est prononcé, dis-tu?

ILLO.

                    Spontanément.
Il s'est offert à vous avec son régiment.

WALLENSTEIN.

Je vois qu'il ne faut pas, trop confiant, se rendre
Aux avertissements que le cœur fait entendre;
Que de la vérité le mensonge, parfois,
Pour nous tromper, emprunte et contrefait la voix,
Et que d'oracles faux alors il nous abuse.
Brave et digne Buttler! il faudra qu'il excuse
Ma secrète injustice : à son approche, en moi
J'éprouve, — je ne veux pas dire de l'effroi, —
J'éprouve un sentiment dont je ne suis pas maître;
Il se glisse en mon cœur, jusqu'au fond le pénètre,
Fait frissonner mes sens et, sous sa pression,

Arrête tout élan de mon affection.
Et ce loyal soldat, dont j'ai pu prendre ombrage,
C'est lui qui du succès m'offre le premier gage!

ILLO.

Et l'exemple que donne un homme tel que lui,
Des meilleurs généraux vous assure l'appui.

WALLENSTEIN.

Laisse-moi maintenant, et, de ce pas, va dire
Au comte Isolani qu'ici je le désire.
C'est par lui que je veux commencer, et je crois
A sa reconnaissance avoir de nouveaux droits.
Va vite!

(Illo sort ; dans l'intervalle, la duchesse, la comtesse et Thécla se sont avancées.)

Vous voilà, mère et fille si chères!
Pour une heure oublions le souci des affaires.
Venez! j'avais besoin de passer avec vous,
Dans ce cercle chéri, quelques moments plus doux.

LA COMTESSE.

Réunion bien rare et longtemps désirée,
Frère!

WALLENSTEIN, à part, à la comtesse:

Puis-je parler? Est-elle préparée?

LA COMTESSE.

Pas encor.

WALLENSTEIN.

Viens t'asseoir près de moi, chère enfant!
Sur tes lèvres repose un esprit bienfaisant.

Ta mère m'a vanté ta voix harmonieuse;
A tes accents si doux l'âme se sent heureuse.
Eh bien! ma fille, chante! Il me faut ces accents
Pour éloigner de moi le démon dont je sens
Les ailes s'agiter sur ma tête.

LA DUCHESSE.
A ton père
Prouve-le, ce talent; prends ton luth.

THÉCLA.
O ma mère!
O mon Dieu!

LA DUCHESSE.
Donne-lui ce plaisir, ma Thécla!

THÉCLA.
Ma mère, je ne puis.

LA COMTESSE.
Que veut dire cela,
Ma nièce?

THÉCLA, à la comtesse:
Oh! par pitié! ménagez-moi, ma tante!
Chanter? En ce moment? Quand l'angoisse poignante
Fait peser sur mon cœur son plus cruel fardeau?
Moi, chanter! devant lui, qui va dans le tombeau
Précipiter ma mère!

LA DUCHESSE.
Un caprice, ma chère?
Un refus au désir qu'exprime ton bon père?

LA COMTESSE.
Voici le luth.

THÉCLA.

Grand Dieu! Pourrai-je? — Quel tourment!
(Elle tient l'instrument d'une main tremblante; elle est en proie au plus violent combat intérieur, et, au moment de chanter, elle tressaille, rejette le luth et sort précipitamment.)

LA DUCHESSE.

Thécla! Ma fille!... Elle est malade assurément!

WALLENSTEIN.

Qu'a-t-elle? La voit-on souvent dans cette crise?

LA COMTESSE.

Puisqu'elle s'est trahie, eh bien! que je vous dise....

WALLENSTEIN.

Quoi?

LA COMTESSE.

Qu'elle l'aime.

WALLENSTEIN.

Qui?

LA COMTESSE.

Max Piccolomini.
Vous ne le saviez pas? — Ni vous?

LA DUCHESSE.

Dieu soit béni!
Si c'est là ton tourment, mon enfant, prends courage :
Tu n'as pas à rougir de ton choix.

LA COMTESSE.

Ce voyage,
Si vous ne l'aviez pas compris dans vos projets,
Il n'en faut qu'à vous seul imputer les effets :
Pourquoi lui donniez-vous un tel guide, mon frère?

WALLENSTEIN.

Et sait-il...?

LA COMTESSE.

Il aspire à sa main; il espère.

WALLENSTEIN.

Il espère sa main! Est-il fou?

LA COMTESSE.

C'est cela!
Que ne peut-elle ouïr ce que vous dites là!

WALLENSTEIN.

La fille de Friedland! Parbleu! l'idée est belle,
Et me plaît! Ses désirs ne sont point bagatelle!

LA COMTESSE.

A vos bontés pour lui trop prompt à se fier,
Il veut....

WALLENSTEIN.

Aussi, sans doute, être mon héritier?
Je lui porte une estime, une amitié réelle;
Mais la main de ma fille, en quel rapport est-elle
Avec ces sentiments? De les lui prouver bien,
Donner ma fille unique est-ce le seul moyen?

LA DUCHESSE.

Les rares qualités dont ce jeune homme brille....

WALLENSTEIN.

Sont des droits à mon cœur et non pas à ma fille.

LA DUCHESSE.

Son rang et ses aïeux....

WALLENSTEIN.

     Ah! vraiment! ses aïeux!
Qu'importe! Il n'est pas moins un sujet, et je veux
Aux trônes de l'Europe aller chercher mon gendre.

LA DUCHESSE.

O cher duc! aussi haut gardons-nous de prétendre,
Pour ne pas retomber trop bas!

WALLENSTEIN.

      Puis-je bien, moi,
Avoir payé si cher le rang où je me voi,
Où je plane au-dessus des têtes du vulgaire,
Pour terminer le rôle où j'ai brillé sur terre,
Par cet obscur hymen? — Est-ce ce qui fera
Que j'aie...?
  (Il s'arrête tout à coup, puis, se remettant:)
  Elle est de moi tout ce qui restera.
Pour elle une couronne, ou je ne veux plus vivre!
Tout ce que j'ai d'enjeu, d'un seul coup je le livre
Pour l'élever bien haut. Et, tenez! dans l'instant,
Où d'elle nous parlons...
    (Réfléchissant:)
    Et de moi l'on attend
Que, père au faible cœur, j'aille, à cette heure même,
Unir bourgeoisement qui se plaît et qui s'aime?
Et j'y consentirais? A présent? Quand je suis
Tout près de couronner l'œuvre que je poursuis?
Non! elle est le joyau qu'avec soin je conserve;
Elle est de mon trésor la plus riche réserve,
Et, je vous le promets, nul ne l'aura de moi
S'il ose m'en offrir moins qu'un sceptre de roi.

ACTE III. — SCÈNE IV.

LA DUCHESSE.

Hélas! mon cher époux, vous bâtissez sans cesse,
Toujours; et jusqu'au ciel l'édifice se dresse;
Mais vous ne voulez pas jusqu'ici remarquer
Que sa base est fragile et qu'elle doit manquer.

WALLENSTEIN, à la comtesse:

Sait-elle où je leur ai choisi leur résidence?

LA COMTESSE.

Je vous laisse le soin de cette confidence.

LA DUCHESSE.

Quoi! nous ne rentrons pas en Carinthie, Albert?

WALLENSTEIN.

Non.

LA DUCHESSE.

Tel de vos châteaux qui nous serait ouvert...

WALLENSTEIN.

Pour vous serait peu sûr.

LA DUCHESSE.

Eh! qu'y redouterais-je?
Sur le sol de l'Empire, et quand il nous protége?

WALLENSTEIN.

L'épouse de Friedland ne peut plus l'espérer.

LA DUCHESSE.

Oh ciel! C'est à ce point?

WALLENSTEIN.

J'ai su vous assurer
Une protection plus certaine en Hollande.

LA DUCHESSE.

Vous! A des Luthériens mon époux la demande?

WALLENSTEIN.

Et pour vous escorter, duchesse, j'ai fait choix
De Frantz de Lauenbourg.

LA DUCHESSE.
　　　　　　　　L'ami des Suédois?
Le duc? Cet ennemi de l'empereur?

WALLENSTEIN.
　　　　　　　　　　　　On cesse,
Dès qu'on se fait le sien, d'être le mien, duchesse.

LA DUCHESSE, *regardant avec effroi le duc et la comtesse:*

C'est donc vrai? La disgrâce? Encor précipité?
Votre commandement, ils vous l'ont donc ôté?
O ciel!

LA COMTESSE, *à part, au duc:*
　　Il ne faut pas que d'erreur on la tire :
Vous voyez qu'on ne peut pas encor tout lui dire.

SCÈNE V.

LES PRÉCÉDENTS, TERZKY.

LA COMTESSE.

Terzky! Mais, qu'a-t-il donc? Quel est cet air d'effroi?
Est-ce qu'il vient de voir un fantôme?

TERZKY, *tirant Wallenstein à part, et mystérieusement:*
　　　　　　　　　　　　Est-ce toi
Qui viens de renvoyer les Croates?

WALLENSTEIN.

J'ignore
L'ordre.

TERZKY.

On nous trahit.

WALLENSTEIN.

Quoi ?

TERZKY.

Partis avant l'aurore !
De même, les chasseurs ! Dans les cantonnements,
Nous n'avons plus un seul de tous ces régiments.

WALLENSTEIN.

Isolani n'a pas arrêté ce désordre ?

TERZKY.

Comment ! Il est parti, celui-là, sur ton ordre.

WALLENSTEIN.

A moi ?

TERZKY.

Ce serait faux ? Et Déodat, non plus ?
Pas d'ordre ? Eh bien, tous deux, les voilà disparus.

SCÈNE VI.

Les précédents, ILLO.

ILLO.

Terzky vous a dit... ?

TERZKY.

Tout.

ILLO.

Les dernières nouvelles ?

Qu'Esterhazy, Kaunitz, Gœtz vous sont infidèles ?
Colalto ? Maradas ?

TERZKY.
Enfer !

WALLENSTEIN, leur faisant signe de se taire :
Silence, tous !

LA COMTESSE, qui les a observés de loin avec inquiétude, s'approche :
Terzky ! Qu'arrive-t-il ? Pour Dieu ! Que savez-vous ?

WALLENSTEIN, qui veut partir :
Rien. Sortons !

TERZKY, qui veut le suivre :
Ce n'est rien, Thérèse.

LA COMTESSE, le retenant :
Ah ! tu me joues !
Rien ? Crois-tu que mes yeux n'aient pas vu de vos joues
Le sang se retirer ? votre pâleur de morts ?
Que pour se contenir Albert fait des efforts ?
Parle !

UN PAGE, entrant :
Un aide de camp, qui veut parler au comte.
(Le page sort ; Terzky le suit.)

WALLENSTEIN.
Va voir ce qu'il te veut.
(A Illo :)
Cette fuite si prompte
N'a pu s'effectuer aussi secrètement
Que par sédition. A qui dans ce moment
Les portes de la ville ?

ACTE III. — SCÈNE VI.

ILLO.

A Tiefenbach.

WALLENSTEIN.

Qu'on fasse
Aux hommes de Terzky prendre à l'instant sa place.
— Et Buttler?

ILLO.

Je l'ai vu Buttler; il va venir.
Sur celui-là, comptez.

(Il sort; Wallenstein veut le suivre.)

LA COMTESSE.

Il faut le retenir,
Ma sœur! Il est certain qu'un malheur le menace;
Retenez-le!

LA DUCHESSE.

Grand Dieu! Mais qu'est-ce donc? De grâce!

(Elle s'attache à lui.)

WALLENSTEIN, se dégageant :

Du calme! Laissez-moi, sœur, chère femme! — Ici,
Nous sommes dans un camp, et tout s'y passe ainsi :
On y voit alterner, et soleil, et tempêtes.
On n'a pas aisément raison de chaudes têtes.
Celle du général ne peut jamais goûter
Un instant de repos. — Vous me faites rester?
Alors, éloignez-vous! Il ne faut pas ensemble
L'homme qui doit agir et la femme qui tremble.

(Il veut sortir, Terzky revient.)

TERZKY.

Reste! On doit voir d'ici.

WALLENSTEIN, à la comtesse :
Ma sœur, allez !

LA COMTESSE.
Jamais !

WALLENSTEIN.
Je l'ordonne.

TERZKY, il la prend à l'écart et, d'un signe expressif, lui montre
la duchesse :
Thérèse !

LA DUCHESSE.
Il le veut ; laissons-les.
(Elles sortent.)

SCÈNE VII.

WALLENSTEIN, LE COMTE TERZKY.

WALLENSTEIN, s'approchant de la fenêtre :
Qu'est-ce, enfin ?

TERZKY.
Dans la troupe un mouvement étrange :
Chacun des régiments sous son drapeau se range ;
Ils marchent en secret, sombres, silencieux,
Sans que l'on sache où tend l'ordre mystérieux.
Des gens de Tiefenbach la mine est menaçante.
Seul et calme toujours, le Wallon, sous la tente,
Défendant qu'on l'approche, est resté réuni.

WALLENSTEIN.
Et voit-on avec eux Max Piccolomini ?

TERZKY.
On ne sait où leur chef à cette heure peut être.

ACTE III. — SCÈNE VII.

WALLENSTEIN.

Et cet aide de camp, que t'a-t-il fait connaître ?

TERZKY.

Ce sont mes régiments qui l'avaient député :
Ils t'assurent encor de leur fidélité,
Et chacun d'eux attend, plein d'une ardeur guerrière,
Le signal du combat.

WALLENSTEIN.

Mais de quelle manière
Un semblable tumulte au camp s'est-il produit ?
Aucun des régiments ne devait être instruit
Avant que la fortune, à nos vœux favorable,
Ne nous eût donné Prague.

TERZKY.

O refus déplorable
De croire à mes avis ! Hier au soir, pas plus tard,
Nous te disions encor d'empêcher le départ
De ton Octavio, ce profond hypocrite,
Et tu vas lui donner des chevaux pour sa fuite !

WALLENSTEIN.

Tu me rebats encor cette vieille chanson ?
Plus un mot, — je le veux, — d'un absurde soupçon !

TERZKY.

Et pour Isolani ce fut même faiblesse ;
Le premier entre tous voilà qu'il te délaisse.

WALLENSTEIN.

Qu'il parte ! En sa débine, hier, je l'ai secouru.
Aux cœurs reconnaissants ai-je donc jamais cru ?

TERZKY.

Ils se ressemblent tous : aucun d'eux ne mérite
Meilleure opinion.

WALLENSTEIN.

        Si cet homme me quitte,
Puis-je lui donner tort? Il est fidèle au dieu
Qu'il a servi toujours à la table de jeu.
Ce qu'il suivit d'abord et ce qu'il abandonne,
C'est ma seule fortune et non pas ma personne.
Qu'étions-nous l'un pour l'autre? En moi qu'a-t-il dû
                        voir?
Le vaisseau sur lequel il a mis son espoir;
Le vaisseau sur lequel, joyeusement, tranquille,
Voguer aussi longtemps qu'en pleine mer il file.
Mais que la même nef vienne à se diriger
Du côté des écueils, qu'il ait vu le danger,
Il voudra sur-le-champ sauver sa marchandise.
Aucun lien humain entre nous ne se brise;
Cet homme m'abandonne, ainsi que du rameau
Qui protégea son nid s'envole un jeune oiseau.
Oui, l'on trompe à bon droit ces confiances folles
Qui vont chercher du cœur dans les hommes frivoles!
Pour eux, sur leur front lisse un fugitif reflet,
De toute impression voilà le seul effet;
Jusqu'aux replis du cœur jamais rien ne pénètre;
Le plaisir, aisément, agite tout leur être,
Mais pour les échauffer l'âme leur fait défaut.

TERZKY.

Pourtant à ces fronts-là je me fierais plutôt
Qu'à d'autres d'où jamais la ride ne s'efface.

SCÈNE VIII.

Les précédents, ILLO, furieux.

ILLO.

Trahison et révolte!

TERZKY.

Oh! qu'est-ce qui se passe?

ILLO.

Les gens de Tiefenbach, qu'on devait relever...
Gredins!...

TERZKY.

Eh bien!

WALLENSTEIN.

Dis donc ce qui vient d'arriver.

ILLO.

Refusent d'obéir!

TERZKY, à Wallenstein:

Dis que sur eux l'on tire!

Sans pitié!

WALLENSTEIN.

Calmons-nous!... Pourquoi? Qu'ont-ils à dire?

ILLO.

Que personne n'a droit de commander ici
Que Piccolomini...

WALLENSTEIN.

Que veut dire ceci?

ILLO.

Qu'il a laissé cet ordre, aux termes d'une lettre
De l'empereur lui-même, et qu'il a fait connaître.

TERZKY.

L'empereur! Entends-tu, prince?

ILLO.

Et, par lui poussés
A partir, tous les chefs, hier, se sont éclipsés.

TERZKY.

Entends-tu?

ILLO.

Caraffa cesse d'être des nôtres;
Et Montecuculli. Partis! Avec six autres,
Qu'il a déterminés à le suivre! L'on sait
Que, depuis bien longtemps, cet homme obéissait
A des instructions de la cour émanées,
Et qu'encor récemment il avait combinées
Avec ce Questenberg.

(Wallenstein se laisse tomber dans un fauteuil et se cache le visage.)

TERZKY.

Hélas! à mes conseils
Que n'as-tu voulu croire!

SCÈNE IX.

Les précédents, LA COMTESSE.

LA COMTESSE.

A des tourments pareils
Je ne puis résister... Cette angoisse... Oh! de grâce,
Dites-moi, général, enfin, ce qui se passe!

ILLO.

Le duc abandonné de tous les régiments;
Piccolomini, traître!

ACTE III. — SCÈNE IX.

LA COMTESSE.

O mes pressentiments !

(Elle sort à la hâte.)

TERZKY.

Que ne m'en croyait-on ! Tu vois bien, à cette heure,
Que les signes des cieux pour toi n'étaient qu'un leurre.

WALLENSTEIN, se redressant:

Ils ne nous trompent pas, les astres ; mais ceci
Est contraire à leur cours ; contraire au sort aussi.
La fausseté n'est point à l'art qui les explique ;
Mais ce perfide cœur, dans le ciel véridique,
A jeté le mensonge et la déloyauté.
Pour base à nos calculs il faut la vérité.
Partout où la nature, et dévie, et chancelle,
La science faiblit et s'égare avec elle.
C'est superstition d'avoir résisté, moi,
A déshonorer l'homme en soupçonnant sa foi ?
Cette faiblesse-là n'a rien dont je rougisse.
Dans l'instinct de la bête elle-même se glisse
Une religion ; et l'on ne verrait pas
Le sauvage, jamais, partager le repas
De celui dont bientôt son arme meurtrière
Aura percé le cœur. — Ce que tu viens de faire
N'est pas de l'héroïsme, Octavio. Pour toi,
Serait-ce avoir été plus habile que moi ?
Non : sur mon cœur loyal c'est que ton âme noire
Vient d'obtenir enfin une infâme victoire ;
Et, le coup de la mort, tu l'osas diriger
Vers le sein qui n'avait rien pour se protéger !
Je ne suis qu'un enfant contre de telles armes.

SCÈNE X.

Les précédents, BUTTLER.

TERZKY.

C'est Buttler! Un ami, du moins!

WALLENSTEIN va à lui les bras ouverts et l'embrasse avec effusion:

      Vieux frère d'armes!
Sur mon cœur! Le soleil est moins doux, au printemps,
Que l'aspect d'un ami dans de pareils instants!

BUTTLER.

Mon général... je viens...

WALLENSTEIN, s'appuyant sur son épaule:

      Sais-tu déjà, peut-être,
Qu'auprès de l'empereur il m'a vendu, ce traître,
Ce vieil Octavio? Qu'en penses-tu, Buttler?
Ensemble nous avons, trente ans, vécu, souffert,
Côte à côte dormi sur notre lit de guerre,
Partagé notre pain, bu dans le même verre;
De même que sur toi je m'appuie aujourd'hui,
Mon fidèle Buttler, je m'appuyais sur lui,
Et c'est dans le moment où, tout à ma tendresse,
Plein d'abandon, sur moi je l'attire et le presse,
Qu'il me guette, saisit l'avantage, et, bientôt,
Lentement dans le cœur m'enfonce le couteau!

(Il se cache le visage dans le sein de Buttler.)

BUTTLER.

Oubliez-le, ce fourbe!... A présent, que décide
Mon général?

WALLENSTEIN.

Bien dit! Qu'il parte, le perfide!
J'ai des amis encor, n'est-ce pas? Le Destin
M'aime encore et m'en donne un indice certain :
Le fourbe qu'il démasque à mes yeux se révèle,
Et dans le même instant s'offre l'ami fidèle!
— Ne parlons plus de lui. — Ce serait une erreur
De vouloir à sa perte imputer ma douleur:
Sa déloyauté seule à mon cœur est amère.
Ils m'étaient chers tous deux, et le fils, et le père.
Ce Max m'était vraiment attaché, je le sais.
Lui, du moins, il ne m'a trompé jamais. — Assez
Sur tous les deux! — Pour l'heure, action prompte et
nette!
De Prague à chaque instant peut venir l'estafette
Que m'adresse Kinsky. Quoi qu'elle apporte, il faut
Qu'elle échappe aux mutins. Envoyez au plus tôt
Quelqu'un qui jusqu'à moi par des circuits l'amène.

(Illo veut sortir.)

BUTTLER, le retenant:

Pardon, mon général, vous attendez que vienne...?

WALLENSTEIN.

L'estafette qui doit bientôt m'apprendre ici
La façon dont mon plan à Prague a réussi.

BUTTLER.

Hum!

WALLENSTEIN.

Qu'avez-vous?

BUTTLER.

Ainsi vous ignorez...?

WALLENSTEIN.

Quoi ? Dites !

BUTTLER.
La cause, dans le camp, de ces clameurs subites ?

WALLENSTEIN.
Quoi ?

BUTTLER.
L'estafette...

WALLENSTEIN, avec la plus vive impatience :
Eh bien !

BUTTLER.
Est venue.

TERZKY et ILLO.
Elle est là ?

WALLENSTEIN.
Mon courrier ?

BUTTLER.
Et depuis plusieurs heures déjà.

WALLENSTEIN.
Et je ne l'ai pas su ?

BUTTLER.
Sa lettre, interceptée...

ILLO, frappant du pied :
Par l'enfer !

BUTTLER.
Dans le camp est déjà colportée.

WALLENSTEIN, attentif :
Vous l'avez lue aussi ?

BUTTLER, *hésitant:*
Ne m'interrogez pas.

TERZKY.
Malheur à nous, Illo! Tout croule sous nos pas!

WALLENSTEIN.
Je puis entendre tout et je m'attends au pire :
Prague est perdue? — Allons! soyez franc à le dire!

BUTTLER.
Oui. Tous les régiments, à Budweiss, à Tabor,
Kœnigingrætz, Braunau, Znaïm, Brünn, sont d'accord
Pour vous abandonner. Chacun d'eux renouvelle
Le serment de rester à l'empereur fidèle.
Vous et trois généraux au même arrêt compris,
Illo, Kinsky, Terzky, vous êtes tous proscrits.

(Terzky et Illo donnent des marques d'effroi et de fureur. Wallenstein demeure ferme et calme.)

WALLENSTEIN, *après une pause:*
C'est donc fini! Tant mieux! Des angoisses du doute
Je suis sorti, du moins, par une prompte route.
Cœur et tête ont repris leur pleine liberté.
Aux astres de Friedland, pour jeter leur clarté,
Il faut la nuit. C'était hésitant, sans courage,
Sans goût, que, libre encor du choix où je m'engage,
J'allais tirer l'épée. — Autre chose, aujourd'hui!
La nécessité parle; eh bien! le doute a fui :
Maintenant, j'ai ma vie à défendre.

(Il sort. Les autres le suivent.)

SCÈNE XI.

LA COMTESSE TERZKY.

(Elle entre par une porte latérale.)

                    Impossible
D'endurer plus longtemps cette angoisse terrible!
Où sont-ils?... Tout est vide! Ils me laissent ici
Seule, en proie aux terreurs dont mon cœur est saisi.
Devant ma sœur il faut me faire violence,
Il faut paraître calme et forcer au silence
Le cri de la douleur toujours prêt à sortir
De mon sein torturé. C'est trop longtemps souffrir!
S'il échouait! S'il faut qu'aux Suédois il passe
Sans rien leur apporter; en proscrit qu'on pourchasse;
Non pas en allié qu'on honore; non pas
En général puissant suivi de ses soldats!
Et si, du Palatin partageant la misère,
Il nous faut, comme lui, sur la terre étrangère,
De contrée en contrée, en honteux monument
D'une grandeur déchue, errer... J'en fais serment,
Je ne la verrai pas cette affreuse journée!
Qu'à cet abaissement son âme condamnée
S'y résigne, jamais à le voir aussi bas
Je ne me résoudrai!

SCÈNE XII.

LA COMTESSE, LA DUCHESSE, THÉCLA.

THÉCLA, *cherchant à retenir la duchesse:*
    Ma mère, n'entrez pas!

ACTE III. — SCÈNE XII.

LA DUCHESSE.

Ah! l'on me cache ici quelque horrible mystère :
D'où vient donc que ma sœur m'évite ainsi? Qu'elle erre
Livrée à cette angoisse? — Et toi, ma fille, toi,
Pourquoi donc témoigner un si visible effroi?
Pourquoi donc entre vous ces airs d'intelligence?

THÉCLA.

Ma mère, ce n'est rien.

LA DUCHESSE.

    Rompez donc ce silence !
Je l'exige, ma sœur!

LA COMTESSE.

    A quoi donc servirait,
Après tout, de vouloir prolonger ce secret?
La chose est-elle donc de celles que l'on cache?
Mon Dieu, non : tôt ou tard il faut qu'elle la sache,
Et qu'elle se résigne à cet événement.
D'être faible, abattu, ce n'est pas le moment,
Mais d'être prêt à tout, de montrer du courage.
De fermeté d'esprit faisons apprentissage.
Il vaut mieux d'un seul mot l'informer de son sort :
— On vous trompait, ma sœur, et vous croyez à tort
Le duc destitué; non : pour ne rien vous taire...

THÉCLA, allant à la comtesse :

Voulez-vous la tuer?

LA COMTESSE.

   Le duc s'est...

THÉCLA, jetant les bras autour de sa mère:

       O ma mère !
Du courage !

LA COMTESSE.

Le duc en révolte s'est mis.
Au moment de passer dans les rangs ennemis,
Il est abandonné de l'armée ; il échoue.

(Pendant ces derniers mots, la duchesse chancelle et tombe sans connaissance dans les bras de sa fille.)

SCÈNE XIII.

Une grande salle, chez le duc de Friedland.

WALLENSTEIN, en tenue de bataille:

Eh bien ! Octavio ! le drame se dénoue !
Voilà ton but atteint ! Aujourd'hui, je me vois
Délaissé, peu s'en faut, une seconde fois,
Comme au jour où, quittant la Diète à Ratisbonne,
Je n'avais plus pour moi que ma seule personne.
Mais vous avez appris déjà ce que je vaux.
Vous venez d'enlever à l'arbre ses rameaux,
Sa parure. Je suis comme un tronc sans feuillage.
Mais, au cœur de ce tronc qui reçut votre outrage,
Dans sa moelle, est encor la force, le levier
Qui créa, qui soutint un monde tout entier.
Un jour, déjà, pour vous j'ai valu des armées.
Les vôtres tour à tour se fondaient, abîmées
Sous les coups suédois. Tilly mort, avec lui
Vous perdiez sur le Lech votre dernier appui.
Comme un torrent gonflé qui rompt toute barrière,
Gustave se ruant ravageait la Bavière.

A Vienne, l'empereur dans son château tremblait.
Les soldats étaient chers, car la foule se plaît
A suivre la Fortune, et, dans votre détresse,
Vers moi, votre sauveur quand le danger vous presse,
Vous tournâtes les yeux. Devant l'homme offensé,
L'orgueil de l'empereur alors s'est abaissé.
Je dus surgir encor; de mon âme ulcérée
Faire sortir pour vous la parole qui crée,
Et dans vos camps déserts rassembler des soldats.
Et le tambour battit pour de nouveaux combats;
Et mon nom retentit aux deux bouts de la terre.
Le monde vit en moi comme un dieu de la guerre.
L'atelier, la charrue, on les déserte, on part,
Et l'on vient se presser sous mon vieil étendard,
Ce drapeau bien connu, ce gage d'espérance!
— Eh bien! je sens qu'en moi vit la même puissance.
L'esprit, l'esprit lui seul, du corps fait ce qu'il vaut.
Ainsi fera Friedland de son camp que, bientôt,
Il aura su remplir. — Au point où nous en sommes,
Essayez de lancer sur moi vos milliers d'hommes!
Ils sont habitués à vaincre, ces soldats;
Mais sous moi! Contre moi, non, non, n'y comptez pas!
Séparez tête et corps, et qu'après ce partage
On dise où siégeait l'âme!

(Entrent Illo et Terzky.)

      Amis, prenez courage!
Tes régiments, Terzky, nous restent; nous aurons,
Avec eux, de Buttler les braves escadrons;
Cela compte! On nous croit plus bas que nous ne
            sommes;
Demain, les Suédois viendront : seize mille hommes.

Je n'étais pas plus fort lorsque, voici neuf ans,
J'ai conquis l'Allemagne à l'empereur.

SCÈNE XIV.

Les précédents, NEUMANN, qui prend Terzky à part et s'entretient avec lui.

TERZKY, à Neumann:

Ces gens,
Une telle démarche? Et qu'est-ce qu'ils attendent?

WALLENSTEIN.

Qu'est-ce?

NEUMANN.

Dix cuirassiers de Pappenheim demandent,
Au nom du régiment, à vous entretenir.

WALLENSTEIN, vivement, à Neumann:

Qu'ils entrent!

(Neumann sort.)

A propos ils me semblent venir.
Ils hésitent: j'en puis espérer quelque chose.
Nous pouvons les gagner encore à notre cause.

SCÈNE XV.

WALLENSTEIN, TERZKY, ILLO, DIX CUIRASSIERS, conduits par **UN BRIGADIER**, s'avancent au pas et, à un commandement, se placent sur un seul rang devant le duc et font un salut militaire.

WALLENSTEIN, après les avoir examinés pendant quelques instants, au brigadier:

Je te connais: la Flandre est ton pays; c'est toi
Qui te nommes Mercy?

LE BRIGADIER.

Henri Mercy ; c'est moi.

WALLENSTEIN.

Par un corps de Hessois, dans certaine journée,
Ta troupe fut surprise, et coupée, et cernée.
Pourtant à te frayer passage tu parvins.
Vous n'étiez pas, en tout, plus de cent quatre-vingts.

LE BRIGADIER.

C'est vrai, mon général.

WALLENSTEIN.

Et quelle récompense,
Mon brave, te valut cet acte de vaillance ?

LE BRIGADIER.

C'est alors, général, que me fut accordé
L'honneur que je cherchais et que j'ai demandé,
De servir dans ce corps.

WALLENSTEIN, se tournant vers un autre:

Ceux que je fis descendre
Du haut de l'Altenberg, avec ordre de prendre [1]
Les canons suédois qui nous traitaient si mal,
Dans leurs rangs te comptaient.

LE SECOND CUIRASSIER.

C'est vrai, mon général.

---

1. Lors de l'attaque téméraire de Gustave-Adolphe contre Wallenstein, dans son camp près de Nuremberg, Wallenstein avait son artillerie sur les hauteurs de l'Altenberg et du Vieux-Fort, le roi la sienne sur le bord de la Rednitz.

WALLENSTEIN.

J'ai de qui m'a parlé des souvenirs fidèles.
— Exposez votre affaire.

LE BRIGADIER commande:
Arme au bras!

WALLENSTEIN, à un troisième:
Tu t'appelles
Risbeck? Ton lieu natal est Cologne?

LE TROISIÈME CUIRASSIER.
Oui.

WALLENSTEIN.
C'est toi
Qui, près de Nuremberg, amenas devant moi
Le colonel Dubald, que tu venais de faire
Prisonnier?

LE TROISIÈME CUIRASSIER.
Non; c'était....

WALLENSTEIN.
Eh! c'est juste : ton frère;
L'aîné des trois. — Que fait le jeune?

LE TROISIÈME CUIRASSIER.
En ce moment,
Il est devant Olmutz avec son régiment;
Soldat de l'empereur.

WALLENSTEIN, au brigadier:
Qu'avez-vous à me dire?

LE BRIGADIER.
Un pli de l'empereur que l'on nous a fait lire....

ACTE III. — SCÈNE XV.

WALLENSTEIN, l'interrompant :

Qui vous a désignés pour venir ?

LE BRIGADIER.
Le sort, tous :
Par compagnie un homme.

WALLENSTEIN.
Eh bien ! que voulez-vous ?

LE BRIGADIER.

L'ordre de l'empereur, qu'on nous a fait connaître,
Vous dit un ennemi de la patrie, un traître,
Et de vous obéir fait défense.

WALLENSTEIN.
Et comment
Entendez-vous agir ?

LE BRIGADIER.
Dans chaque régiment,
A Braunau, Prague, Olmutz, Budweiss, on vous condamne ;
Celui de Tiefenbach de même, et de Toscane.
Mais nous ne croyons pas qu'il faille voir en vous
Le traître, l'ennemi qu'on nous signale à tous ;
Tout cela n'est pour nous que mensonge et que ruse :
L'Espagne et son parti, voilà qui vous accuse.

(Avec cordialité :)

Dites-nous donc quels sont vos projets, général :
Avec nous vous avez toujours été loyal,
Et nous avons dans vous la foi la plus entière.
Ne mettons entre nous nulle bouche étrangère,
Entre le général et ses braves soldats.

WALLENSTEIN.

C'est bien, mes cuirassiers ! Vous ne démentez pas
Le nom de Pappenheim.

LE BRIGADIER.

                     Nous venons donc vous dire,
Au nom du régiment tout entier, qu'il désire
Savoir si vos projets consistent seulement
A vouloir conserver votre commandement,
L'autorité par vous si justement acquise,
L'épée, entre vos mains, par l'empereur remise ;
Si vous voulez rester son brave général,
Serviteur de l'Autriche, et serviteur loyal.
Alors, contre vos droits quoi qu'on veuille entreprendre,
Comptez que nous serons fermes à les défendre.
Dussent les autres corps vous abandonner tous,
Vous nous verrez rester les seuls fidèles, nous,
Et pour vous de nos jours faire le sacrifice,
Comme c'est le devoir d'un soldat qu'il périsse
Plutôt que de laisser tomber son général.
Mais, comme on nous le dit dans l'ordre impérial,
Si vous voulez trahir, et, par supercherie,
Faire que nous passions à l'armée ennemie,
— Nous en garde le ciel ! — sur nous ne comptez plus :
A suivre l'ordre, alors, nous sommes résolus.

WALLENSTEIN.

Écoutez, mes enfants....

LE BRIGADIER.

                  Général, veuillez dire
Soit un oui, soit un non. Ce mot va nous suffire.

ACTE III. — SCÈNE XV.

WALLENSTEIN.

Écoutez-moi : dans vous j'ai des hommes sensés ;
Par vous-mêmes, toujours, vous jugez, vous pensez.
Je ne vous range pas dans la gent moutonnière.
Aussi, vous savez bien que, dans l'armée entière,
Je vous ai distingués parmi tous vos égaux :
Le général ne peut que compter les drapeaux ;
On ne saurait de lui prétendre qu'il arrête
Son rapide coup d'œil sur telle ou telle tête.
Dur, inflexible, aveugle est son commandement.
Pour lui, l'homme isolé ne compte aucunement.
Envers vous, cependant, je ne fus point sévère :
Dans ce rude métier qu'on appelle la guerre,
A voir se comporter vos vaillants escadrons,
Et la pensée humaine illuminer vos fronts,
Je vous diminuai le poids de ces entraves ;
En hommes libres, vous, je vous traitai, mes braves,
Et vous donnai le droit de votre opinion.

LE BRIGADIER.

C'est vrai, mon général : en toute occasion,
Vous avez eu pour nous égards et préférence ;
Nul autre régiment n'obtint la confiance,
La très-grande faveur dont vous nous honoriez.
Aussi n'avons-nous pas suivi, vous le voyez,
L'exemple que la masse en ce moment nous donne.
Nous désirons rester tout à votre personne.
Dites, — nous vous croirons et tout sera fini : —
« Je ne veux point trahir, passer à l'ennemi. »

WALLENSTEIN.

Mais, c'est moi qu'on trahit ! Je vous le certifie !

Moi, qu'à mes ennemis l'empereur sacrifie !
Moi, qui succomberai, moi, si je ne dois pas
Compter, pour me sauver, sur mes braves soldats !
J'ai foi dans votre cœur : qu'il me couvre ! — Où
                                              l'on vise,
C'est à cette poitrine, à cette tête grise.
Telle est la gratitude espagnole ; voilà
Comme elle entend payer tout le sang qui coula,
Et près de Nuremberg, et dans ce jour de gloire
Où Lützen a donné son nom à la victoire.
C'est bien pour ce prix-là que nous aurons offert
Aux glaives ennemis notre sein découvert,
Et dormi sur le roc, sur la terre glacée.
Point d'épaisse forêt que nous n'ayons percée ;
De torrent qui nous ait retenus sur ses bords.
Nous sommes-nous jamais découragés, alors
Qu'il fallait de Mansfeld opérer la poursuite
Dans les moindres détours de son habile fuite ?
A marcher sans repos nous étions condamnés,
Et, semblables aux vents dans les airs déchaînés,
Sans asile comme eux, nous traversions la terre,
Qu'en ouragan de feu bouleversait la guerre.
Et quand notre travail enfin est achevé,
Travail si rude, ingrat, travail de réprouvé ;
Après que notre bras, fidèle, infatigable,
A vaillamment roulé ce fardeau redoutable,
C'est nous, nous qui verrions l'impérial enfant
Remporter une paix facile, et, triomphant,
Nous ravir, — en orner sa blonde chevelure, —
Le rameau d'olivier, notre juste parure ?

LE BRIGADIER.

Vous ne le verrez pas à son front l'attacher
Tant que le régiment pourra l'en empêcher.
A vous seul de finir cette terrible guerre!
A vous qu'avec éclat nous avons vu la faire!
C'est à vous seul, encore, à vous, que nous suivions
Dans les champs où la mort teint de sang les sillons,
De ramener gaîment dans leurs plaines riantes,
Où la paix va fleurir, vos troupes triomphantes;
A vous de partager au milieu du repos,
Avec elles, les fruits de longs et durs travaux!

WALLENSTEIN.

Comment? Espérez-vous que pour votre vieillesse,
Ces fruits dont vous parlez, enfin on vous les laisse?
Ah! perdez cet espoir! Nul de vous ne verra
La fin de cette guerre. Elle dévorera
Jusqu'au dernier de nous. La paix, comment la faire?
L'Autriche n'en veut pas. Je l'appelle, au contraire,
Et je succomberai victime de ce vœu.
L'Autriche, mes amis, se préoccupe peu
De cette longue lutte, en malheurs si féconde.
Périssent les soldats, qu'on dévaste le monde,
Qu'importe! si l'Autriche a, dans tous ces combats,
Augmenté sa puissance, agrandi ses États.
Ce tableau vous émeut; une noble colère
Dans vos regards se mêle à votre ardeur guerrière.
Puisse mon âme ici vous enflammer encor,
Comme elle vous donnait votre intrépide essor,
Quand son souffle aux combats poussait votre vaillance!
Vous voulez, mes amis, me prêter assistance,

Et soutenir mes droits les armes à la main?
C'est un beau sentiment. Mais, c'est vouloir en vain.
Croyez-vous qu'à vous seuls vous puissiez quelque chose
Pour votre général? Ce serait à sa cause
Vous être immolés tous bien inutilement.

(D'un ton de confiance.)

Non; cherchons des amis et marchons sûrement.
Les Suédois aussi m'ont offert assistance;
Je veux de leur secours user en apparence,
Jusqu'à ce qu'aux deux camps redoutables enfin,
C'est nous qui de l'Europe assurions le destin,
Et que nous amenions du sein de notre armée,
La paix, la douce paix, à la terre charmée.

LE BRIGADIER.

Avec les Suédois si vous êtes d'accord,
Ce n'est donc qu'un semblant? On vous accuse à tort
De trahir l'empereur? Vous ne voulez pas faire
Des Suédois de nous? — Très-bien! La chose est claire.
Nous n'en voulions pas plus, comme je vous disais.

WALLENSTEIN.

Les Suédois! Pour moi que sont-ils? Je les hais
Comme je hais l'enfer. Dieu m'aidant, je me pique
De leur faire bientôt repasser leur Baltique.
Je n'ai qu'un seul souci : l'intérêt général.
De ce peuple allemand les plaintes me font mal;
Car, mes amis, un cœur bat dans cette poitrine.
Vous n'êtes pas issus d'une noble origine,
Mais vous n'avez en vous que nobles sentiments.
Je vous ai jugés, seuls de tous mes régiments,
Dignes de recevoir ma confidence entière :

Voyez! voici quinze ans que sévit cette guerre,
Et, de paix, nulle part. Papiste, Luthérien,
Suédois, Allemand, aucun ne cède rien.
Partout, les bras tendus échangent la menace.
De juge? il n'en est point : le parti prend sa place.
Ce mal, — qui peut le dire? — où s'arrêtera-t-il?
A qui réserve-t-on de démêler le fil
Dont l'écheveau grossit et s'embrouille sans cesse?
Qu'on le coupe! Ce soin, le Destin me le laisse :
Tout me dit qu'il m'appelle, et, si vous êtes prêts,
J'espère, grâce à vous, accomplir ses décrets.

SCÈNE XVI.

Les précédents, BUTTLER.

BUTTLER, avec vivacité:

On a tort, général!

WALLENSTEIN.

En quoi?

BUTTLER.

Ça doit nous nuire
Auprès des bien-pensants.

WALLENSTEIN.

Mais qu'est-ce donc?

BUTTLER.

C'est dire
Qu'on se met en révolte, et bien ouvertement.

WALLENSTEIN.

Mais, enfin, qu'est-ce donc?

BUTTLER.

     Dans chaque régiment
Du comte de Terzky, du drapeau l'on arrache
Les aigles de l'Empire; aux hampes on attache
Vos couleurs...

LE BRIGADIER, aux cuirassiers:

Tour à droite !

WALLENSTEIN.

      Une telle action !
Sur qui l'a conseillée, oh ! malédiction !
  (Aux cuirassiers, qui se retirent:)
Mes enfants ! Arrêtez ! Une erreur a pu faire...
Écoutez !... J'y réserve un châtiment sévère...
Écoutez donc ! Restez ! — Ils ne m'entendent pas !
  (A Illo:)
Va ! suis-les ! parle-leur ! Tu les ramèneras !
Coûte que coûte, il faut qu'ils soient à nous. Va ! vite.
     (Illo sort en toute hâte.)
Dans le gouffre, à coup sûr, ceci nous précipite...
— Vous êtes mon mauvais génie, en vérité,
Buttler ! Un tel avis devant eux apporté !
Ils étaient à demi gagnés par ma parole...
Croire ainsi me servir ! Oh ! quelle action folle !
La fortune de moi se rit cruellement,
Hélas ! De l'amitié l'excès d'empressement,
Le zèle maladroit, beaucoup plus que la haine
De tous mes ennemis, à ma perte m'entraîne !

SCÈNE XVII.

Les précédents, LA DUCHESSE, qui entre avec précipitation, suivie de THÉCLA et de la COMTESSE; puis, ILLO.

LA DUCHESSE.

Oh! qu'as-tu fait, Albert!

WALLENSTEIN, à part :

Et, pour tout couronner,
Ses reproches!

LA COMTESSE.

Mon frère, il faut me pardonner :
Je devais rompre enfin pour elles le silence.

LA DUCHESSE.

Qu'as-tu fait!

LA COMTESSE, à son mari:

Tout est-il perdu sans espérance?

TERZKY.

Tout. L'empereur tient Prague, et la troupe, à nouveau,
Vient de prêter serment.

LA COMTESSE.
Perfide Octavio!
— Et Max?

TERZKY.

Où serait-il? Il fait comme son père,
Lui.
(Thécla se précipite sur le sein de sa mère et s'y cache le visage.)

LA DUCHESSE, la serrant dans ses bras:

Malheureuse enfant! Plus malheureuse mère!

WALLENSTEIN, prenant Terzky à part:

Que dans l'arrière-cour on ait soin de sortir
Une voiture, vite! et les fasse partir!
(Il désigne les femmes.)
Et préviens Scherfenberg pour qu'il les accompagne.
Il est sûr celui-là. — Qu'avec elles il gagne
Égra. — Nous les suivrons.
(A Illo, qui revient:)
Tu n'as pas réussi?

ILLO.

Écoutez la rumeur qui s'approche d'ici!
Le corps des Pappenheim est en marche. Il demande
Son colonel absent. Il veut qu'on le lui rende,
Dit que vous le gardez de force en ce château,
Et que s'il ne le voit revenir au plus tôt,
C'est l'épée à la main qu'il viendra le reprendre.
(Ils restent tous stupéfaits.)

TERZKY.

Que faire?

WALLENSTEIN.

Oh! que mon cœur m'avait bien fait comprendre
Que Max nous resterait! Ne l'avais-je pas dit?
Pouvait-il arriver jamais qu'il me trahît?
Non! je le savais bien.

LA COMTESSE.

S'il est ici, j'espère.
Rien n'est encor perdu. Je sais bien qui va faire
Qu'il ne nous quitte plus.
(Elle embrasse Thécla.)

TERZKY.

        Réfléchis ! Quelle erreur !
Son père nous trahit et passe à l'empereur,
Et Max aurait osé nous rester ?

ILLO, à Wallenstein :

           Sur la place,
Tout à l'heure, passait l'équipage de chasse
Qu'il a reçu de vous à son retour ici.

LA COMTESSE.

Ma nièce ! il n'est pas loin !

THÉCLA, qui a fixé les yeux sur la porte, s'écrie :
        Le voici !

SCÈNE XVIII.

LES PRÉCÉDENTS, MAX PICCOLOMINI.

MAX, s'avançant au milieu de la salle :
        Le voici !
Oui ! lui ! qui jusqu'à vous à venir se décide.
Je ne puis plus longtemps errer d'un pas timide
Autour de ce château, ni guetter le moment
Où je pourrais.... C'est trop d'attente et de tourment !
   (Il s'avance vers Thécla, qui s'est jetée dans les bras de sa mère.)
Oh ! ne détourne pas les yeux, ange adorable !
Non ! — Parle ! — Nul témoin n'est pour toi redoutable.
Dis ton secret du cœur ! Qu'il éclate au grand jour !
Entende qui voudra l'aveu de notre amour !
Pourquoi donc le cacher ? Aux heureux le mystère !
Mais, pour les malheureux, pour qui plus rien n'espère,

Tout voile est inutile. Au jour nous agirons,
Dussent mille soleils resplendir sur nos fronts !
(Il remarque la comtesse, qui jette sur Thécla un regard triomphant.)
Non, madame, sur moi nul espoir, nulle attente :
Ce n'est pas pour rester qu'ici je me présente ;
J'y viens pour dire adieu. — C'en est fait ! me voilà
Sous la cruelle loi de te quitter, Thécla !
Mais, du moins, qu'un regard de pitié me soutienne !
Tu ne peux me laisser partir avec ta haine.
Non, tu ne me hais pas ! Dis-moi que non !
(Lui prenant la main avec une vive émotion :)
          Mon Dieu !
Mon Dieu ! je ne puis pas m'éloigner de ce lieu,
Je ne puis pas quitter cette main adorée !
— Dis-moi que tu me plains ; dis-toi bien assurée
Qu'autrement je ne puis agir que je ne fais !
(Thécla, toujours en évitant son regard, lui montre de la main le duc.
Max, qui ne l'avait pas encore aperçu, se tourne vers lui.)
Vous ici, duc ? Ce n'est pas vous que j'y cherchais.
Non, je ne devais plus vous voir. Ils sont pour elle
Ces suprêmes moments d'une heure solennelle,
Et mon cœur a voulu ne faire appel qu'au sien :
Je veux en être absous. Le reste ne m'est rien.

WALLENSTEIN.

Crois-tu que je me porte à l'acte de folie
De te laisser partir ? Qu'à ce point je m'oublie
De jouer avec toi la grandeur d'âme ? Non :
A ton père je songe. Après sa trahison,
Je ne vois plus en toi que le fils de ce traître.
A ma discrétion en vain tu ne peux être.
Irai-je respecter le vieil attachement,

Dont il vient de couper le nœud si méchamment ?
De notre affection, pour moi, les temps s'effacent ;
La haine et la vengeance à présent la remplacent,
Et je puis, comme lui, me montrer inhumain [1].

MAX.

De vous dépend mon sort ; je suis sous votre main.
Vous ne me verrez point, — vous le savez de reste, —
Braver votre courroux, ni le craindre. Je reste !
Pourquoi ? Vous le savez encore.
(Il prend la main de Thécla :)
　　　　　　　　　　　Oui, je voulus
Un bonheur comparable à celui des élus.
Je comptais le tenir de votre main de père.
Que vous l'ayez détruit ne vous importe guère.
C'est froidement qu'aux pieds vous foulez le bonheur
De ceux qui sont à vous par le sang, par le cœur.
Le dieu que vous servez, il est inexorable ;
Et comme l'élément aveugle, redoutable,
Terrible, qui jamais ne transige, Friedland
Ne connaît de son cœur que le farouche élan.
Oh ! malheur à qui place en vous sa confiance !
Malheur à qui, séduit par la vaine apparence,
Croit sincère un accueil que vous faites si doux,
Et, cherchant le bonheur, l'ose fonder sur vous !
Soudain, la nuit, quand tout est silence et mystère,

---

1. Le vers :
　　　Ich kann auch Unmensch sein wie er,
　　　Je puis aussi être inhumain comme lui,

manque dans presque toutes les éditions de Schiller. On le trouve dans celle de Cotta, Stuttgart et Tubingen, 1844, 10 vol., in-8°. — Il est si bien dans la situation que j'ai cru devoir l'adopter.

Le perfide volcan fermente, son cratère
Se décharge en furie, et, torrent destructeur,
Ravage et couvre au loin l'espoir d'un long labeur!

WALLENSTEIN.

Ton père est à ces traits le seul à reconnaître.
Tout ce que tu décris est au fond de son être;
Du tableau dans son cœur je vois l'original.
Oh! l'art qui me trompa n'est qu'un art infernal!
Contre moi, tout à coup, l'abîme un jour suscite
L'Esprit qui ment le mieux et le plus hypocrite,
Et, comme mon ami, le place à mon côté.
Jamais l'homme à l'Enfer a-t-il donc résisté?
Le peut-il? Ce serpent, sur mon cœur je le presse,
Je nourris de mon sang cette bête traîtresse,
Il s'abreuve, il se gorge aux flots de mon amour;
Nul soupçon dans mon cœur ne vient jeter le jour;
Les portes qui fermaient mes secrètes pensées,
Ouvertes devant lui je les avais laissées;
Imprudent! j'en avais bien loin jeté les clés;
Et dans l'immensité, dans les cieux étoilés,
Mon ennemi, j'étais à le chercher sans cesse,
Quand au fond de mon cœur le gardait ma tendresse!
Si de moi Ferdinand avait fait son ami,
Ainsi que moi le mien de Piccolomini,
Je n'eusse osé jamais lui déclarer la guerre.
Mais qu'ai-je en lui trouvé? rien qu'un maître sévère;
D'ami, point. Il doutait de ma fidélité.
Nous étions ennemis quand à ma dignité,
Contraint, il m'appela. La guerre est éternelle
Entre ruse et soupçon : c'est la loi naturelle.

La foi, la confiance en paix vivront toujours,
Et les empoisonner c'est arrêter le cours
Des races à venir, dans le sein de la mère.

MAX.

Je n'ai pas le dessein de défendre mon père,
Et malheur, oui, malheur sur moi qui ne le peux!
Des faits se sont passés, graves, bien malheureux.
Un crime produit l'autre, et tous ceux qu'il entraîne,
Les lie étroitement par une affreuse chaîne.
Mais, ce réseau de crime et de malheur, pourquoi
Nous enveloppe-t-il innocents, elle et moi?
Sommes-nous traîtres, nous? Nos pères sont coupables;
Mais, pourquoi leur forfait, de replis effroyables,
Comme un double serpent, nous a-t-il enlacés?
C'est d'une haine à mort que vous vous haïssez;
Mais nous? pourquoi faut-il qu'une haine barbare,
Quand nos cœurs sont unis par l'amour, les sépare?

(Il presse Thécla dans ses bras, avec une violente douleur.)

WALLENSTEIN, qui l'a regardé en silence, s'approche de lui:

Max! reste auprès de moi. Ne m'abandonne pas.
Un jour,—ainsi que moi, Max, tu t'en souviendras,—
Dans mes quartiers d'hiver, à Prague, sous ma tente,
A peine adolescent, souffrant, on te présente:
Notre hiver allemand était pour toi nouveau.
Ta main s'était raidie à porter ton drapeau,
Et cependant, en homme, à ton devoir fidèle,
Tu n'avais pas lâché ce poids, trop lourd pour elle.
Alors, mon pauvre enfant, dans mes bras je te pris;
Alors, de mon manteau c'est moi qui te couvris;
D'une garde-malade accomplissant l'office,

Je n'ai pas rougi, moi, du plus petit service ;
De mon empressement tu ne reçus pas moins
Qu'une femme ne donne à de semblables soins.
La chaleur de mon sang réchauffant tout ton être,
A la vie, au bonheur tu te sentis renaître....
Sont-ils changés pour toi mes sentiments premiers ?
J'ai, depuis, enrichi des hommes par milliers :
Les uns en récompense ont eu de grosses terres ;
De postes élevés d'autres sont dignitaires ;
Toi, je t'aimais ; mon cœur, mon être était à toi.
Tous les autres restaient des étrangers pour moi.
Mais toi, comment, toi seul, t'ai-je traité sans cesse ?
En fils de la maison. — Et que Max me délaisse ?
C'est impossible ! Non ! Je ne puis ni ne veux
Admettre que lui, Max, me quitte.

MAX.

Justes cieux !

WALLENSTEIN.

Je t'ai tenu, porté dès ta plus tendre enfance.
Ton père, qu'a-t-il fait pour toi, qu'en abondance
Je n'aie aussi fait, moi ? J'avais su t'entourer
D'un vrai réseau d'amour. Ose le déchirer !
Pas un des nœuds si doux que la nature crée
Pour unir les humains, pas de chaîne sacrée
Qui ne te lie à moi ! Mais, fais taire ton cœur !
Abandonne-moi, Max ! Va ! sers ton empereur !
La clef d'or, la Toison seront ta récompense
D'avoir compté pour rien l'ami de ton enfance,
Qui pour toi fut un père, et d'avoir, à la fois,
Violé hautement les plus sacrés des droits.

MAX, en proie à une lutte violente:

O mon Dieu!—Puis-je donc faire autrement? Le puis-je?
A vous abandonner je sens que tout m'oblige;
Mon serment... mon devoir...

WALLENSTEIN.

Ton devoir? Envers qui?
Si j'ai pour l'empereur injustement agi,
J'en suis coupable seul; toi, tu ne saurais l'être.
Tu ne t'appartiens pas; non, tu n'es pas ton maître.
Te sens-tu dans le monde aussi libre que moi,
Et de tes actions l'auteur est-ce bien toi?
A moi ne tiens-tu pas comme au sol la bouture?
Je suis ton empereur, moi. Ta loi de nature,
Ton honneur, sont d'accord pour te dire aujourd'hui:
« Il faut n'appartenir et n'obéir qu'à lui!»
Que l'astre où tu te meus, sortant de son orbite,
Sur un monde voisin en feu se précipite
Et l'embrase, crois-tu que de le suivre ou non,
Le choix te resterait? Violent tourbillon,
Avec lunes, anneau, dans son immense chute,
Max, il t'entraînerait. — Ta faute, à cette lutte,
Est d'un poids bien léger. Nul ne te blâmera
D'avoir mis avant tout ton ami; ce sera,
Aux yeux du monde entier, ton honneur au contraire.

SCÈNE XIX.

LES PRÉCÉDENTS, NEUMANN.

WALLENSTEIN.

Qu'est-ce?

NEUMANN.

Les Pappenheim qui mettent pied à terre

Et vont se rendre ici, dans le ferme dessein
De prendre ce château les armes à la main.
Ils veulent délivrer leur colonel.

WALLENSTEIN, à Terzky:

Qu'on aille
Lever le pont, braquer les pièces. La mitraille
Va me faire raison de leur témérité.

(Terzky sort.)

En armes, m'imposer, à moi, leur volonté !
Va ! Neumann ; je défends que leur troupe s'avance.
Dis-leur que je le veux. Qu'elle attende en silence
L'ordre qu'il me plaira de leur donner.

(Neumann sort. Illo s'est approché de la fenêtre.)

LA COMTESSE.

Albert !
Laisse-le s'en aller, je t'en supplie.

ILLO, à la fenêtre:

Enfer !

WALLENSTEIN.

Quoi donc ?

ILLO.

L'hôtel de ville escaladé ! Ces hommes
En enlèvent le toit, et sur l'aile où nous sommes
Ils braquent les canons !

MAX.

Comment ! Les furieux !

ILLO.

Ils vont tirer sur nous !

LA DUCHESSE et LA COMTESSE.

Oh ! Dieu du ciel !

MAX, à Wallenstein :
                          Je veux
Les ramener; souffrez...

            WALLENSTEIN.
                Ne bouge pas!

        MAX, montrant Thécla et la duchesse :
                          Pour elles!
Pour vous! Vos jours...
                    (Terzky revient.)

            WALLENSTEIN.
            Eh bien! Quoi, Terzky?

SCÈNE XX.

LES PRÉCÉDENTS, TERZKY.

            TERZKY.
                         Des nouvelles
Des régiments qui t'ont gardé fidélité :
On n'en peut modérer l'impétuosité.
D'engager le combat ils implorent la grâce.
Ils se sont assuré les accès de la place :
Et la porte de Prague, et celle du Moulin.
Sur un signe de toi tu les verrais soudain
Prendre à dos l'ennemi, le pousser dans la ville,
Et sur lui remporter un triomphe facile :
Des gorges de la rue il ne pourrait sortir.

            ILLO.
Venez! ne laissez pas ce zèle refroidir.
Le fidèle Buttler est là, plein de courage,

Et du nombre sur eux nous avons l'avantage.
Allons! culbutons-les! De ces rébellions,
Il faut que, d'un seul coup, ici, nous triomphions!

WALLENSTEIN.

Qu'en un champ de combat je change cette ville?
Déchaîner dans la rue une guerre civile?
Et la rage, à laquelle on ne peut commander,
La laisser, désormais, libre de décider?
Ici, pour se combattre, où trouverait-on place?
S'égorger, voilà tout ce qu'y permet l'espace.
Quand la fureur sans frein s'est laissée emporter,
La voix d'un général ne saurait l'arrêter...
Soit! Je l'avais prévu ce moment. Que, rapide
Et sanglante, la lutte éclate et se décide!

(Se tournant vers Max.)

Eh bien! oseras-tu contre moi t'engager?
Pars! en face de moi va, Max, va te ranger!
Mène-les au combat! Je t'enseignai la guerre,
Et n'ai pas à rougir de toi comme adversaire;
Plus belle occasion ne se montrerait plus
De payer les leçons que de moi tu reçus.

LA COMTESSE.

En sommes-nous donc là? Max! Max! est-il possible
Qu'à tout ce qu'il vous dit vous restiez insensible?

MAX.

Je dois à l'empereur rendre fidèlement
Les corps dont en son nom j'ai le commandement.
On me verra tenir le serment qui m'engage,
Ou mourir. Mon devoir ne veut pas davantage.

Je ne vous combattrai que si vous m'y forcez,
Car, bien qu'en ennemis le sort nous ait placés,
Vos jours me sont sacrés. Jusque-là, je refuse.

<small>(On entend deux coups de feu. Illo et Terzky se précipitent à la fenêtre.)</small>

WALLENSTEIN.

Qu'entends-je ?

TERZKY.

Il tombe !

WALLENSTEIN.

Qui ?

ILLO.

C'est un coup d'arquebuse
Des gens de Tiefenbach.

WALLENSTEIN.

Sur qui ?

ILLO.

Sur l'officier
Que, pour les retenir, vous veniez d'envoyer.

WALLENSTEIN, s'emportant:

Mort et diable ! Je vais...

<small>(Il veut sortir.)</small>

TERZKY.

A toute leur furie
T'exposer ?

LA DUCHESSE et LA COMTESSE.

Oh ! pour Dieu !

ILLO.

Plus tard! Je vous en prie,
Mon général!

LA COMTESSE.

Sachez, sachez le retenir!

WALLENSTEIN.

Laissez-moi!

MAX.

N'allez pas, dans ce moment, sortir!
Ce sang versé n'a fait qu'accroître leur colère;
Le repentir viendra, prince; attendez!

WALLENSTEIN.

Arrière!
J'ai déjà trop tardé. Pourquoi leurs attentats?
Parce que mon aspect ne les retenait pas.
Je veux que l'on me voie et je veux qu'on m'entende.
Ces gens ne sont-ils plus de ceux que je commande?
Et moi leur général, leur maître redouté?
Ils ne connaîtraient plus ce front que j'ai porté,
Comme un soleil pour eux, dans la sombre bataille?
Nous allons voir! Il n'est pas besoin que j'en aille
Jusqu'à m'armer contre eux. Ce sera bien assez
Qu'au balcon je me montre à tous ces insensés,
Et le flot, un moment mis en effervescence,
Rentrera dans son lit et dans l'obéissance.

(Il sort; Illo, Terzky et Buttler le suivent.)

SCÈNE XXI.

LA COMTESSE, LA DUCHESSE, MAX, THÉCLA.

LA COMTESSE, à la duchesse:

Ils vont le voir ! Ma sœur, nous devons espérer.

LA DUCHESSE.

Je ne puis !

MAX, qui pendant la dernière scène s'est tenu à l'écart, en proie à une lutte visible, s'avance:

Quel supplice il me faut endurer !
Je viens, tout résolu, tout ferme au fond de l'âme,
Je crois que ma conduite est à l'abri du blâme,
Et me voici chargé de malédiction
Par les plus chers objets de mon affection,
Comme dur, inhumain, digne qu'on me haïsse ;
Contraint de voir du sort la cruelle injustice
S'appesantir sur ceux que j'aime, sur tous ceux
Que d'un seul mot, d'un seul, je pourrais rendre heureux !
Dans le fond de mon cœur tous mes sentiments luttent,
Et j'entends s'élever deux voix qui s'y disputent.
Mais, dans ce même cœur est la nuit. Je ne sais
Où choisir mon chemin. — Ah ! tu me le disais
Que je me fiais trop à moi-même, mon père !
Je chancelle, incertain de ce que je dois faire.

LA COMTESSE.

Vous ne le savez pas ? A vous le révéler
Le cœur est impuissant ? Eh bien ! je vais parler :
Votre père nous a trahis ; sa perfidie
Pour le prince, est un crime : elle attente à sa vie.

Il cause notre honte et notre abaissement.
C'en est assez, je crois, pour que, bien clairement,
Vous voyiez, vous, son fils, ce qu'il vous reste à faire :
Au fils de réparer le crime de son père,
Et de fidélité, lui, l'exemple accompli,
D'empêcher que le nom de Piccolomini,
Au nom des Wallenstein rattaché par l'histoire,
Ne rappelle à jamais l'action la plus noire,
Et qu'éternellement aussi, dans leur maison,
Il ne reste chargé de malédiction.

MAX.

Et d'où la vérité me fera-t-elle entendre
La voix qui me dira quel parti je dois prendre?
Nous, un désir ardent nous passionne tous.
Oh! qu'un ange du ciel descende jusqu'à nous,
Et de sa pure main, à sa source première
Puisant la vérité, m'en donnant la lumière,
Me montre où sans faillir je sois sûr de marcher!
(Ses regards tombent sur Thécla.)
Cet ange, puis-je bien l'attendre, le chercher!
(Il s'approche d'elle et l'entoure du bras.)
Oh! non, non! A ce cœur, à ce cœur infaillible,
Pur, saint, je m'en remets de mon doute terrible;
A ton amour! c'est lui que pour juge je veux :
Je suis digne de toi si tu combles mes vœux.
Tu me rejetterais coupable. — Si je reste,
Peux-tu m'aimer encor? — Que ta bouche l'atteste!
Dis que tu le pourras : je suis à vous!

LA COMTESSE, d'un ton expressif:

Thécla,
Réfléchissez...!

MAX, l'interrompant:

    Non! non! c'est inutile. — Va!
Dis comme dit ton cœur!

LA COMTESSE.

    Songez à votre père!...

MAX, l'interrompant encore:

La fille de Friedland ici n'a rien à faire!
Je le demande à toi, ma bien-aimée; à toi!
On ne vient pas t'offrir la couronne d'un roi;
Alors, il serait bien d'écouter la prudence :
C'est le sort d'un ami que tu tiens en balance;
Le bonheur d'un millier de héros, qu'aujourd'hui
Son exemple fera tous agir comme lui.
Dis! envers l'empereur faut-il que l'on me voie
Parjure à mon serment? Ou faut-il que j'envoie
Ma balle parricide au camp d'Octavio?
Car elle le serait : qu'elle parte, aussitôt
L'agent de mort n'est plus aveugle, il reçoit l'être,
Il s'anime, un esprit s'y loge, en devient maître,
Et les démons vengeurs, par leur art infernal,
Ont soin de le conduire au but le plus fatal!

THÉCLA.

Max!...

MAX, l'interrompant:

    Ne te hâte point! — Dans ton âme si belle
Je lis; je la connais : peut-être verrait-elle
Dans le plus dur devoir, le premier à remplir.
Point d'héroïsme! il faut humainement agir.
Songe à ce que pour moi le prince a daigné faire;

Dis-toi ce qu'en retour il en a de mon père.
Ah! les épanchements de l'hospitalité,
De la pieuse foi dans la fidélité,
Sont aussi pour le cœur un culte. La nature,
Punit en frémissant l'audacieux parjure
Qui les a profanés. Pèse, examine bien,
Et remets à ton cœur de décider.

THÉCLA.

Le tien
T'a dit depuis longtemps ce qu'il te reste à faire :
Il faut en suivre, Max, l'impulsion première.

LA COMTESSE.

Malheureuse!

THÉCLA.

Comment verrait-on le devoir
Où d'inspiration ce cœur n'a pu le voir?
— Va! fais le tien! Je t'aime, et t'aimerai sans cesse.
Quel qu'ait été ton choix, toujours avec noblesse,
Digne de toi toujours, tu te serais conduit.
Gardons que le remords, commençant aujourd'hui,
N'empoisonne la paix de ton âme si belle.

MAX.

Il faut donc nous quitter!

THÉCLA.

C'est me rester fidèle
Que de l'être à toi-même. On nous sépare, mais
Nos cœurs n'en seront pas moins unis désormais.
Le sort veut aujourd'hui qu'une sanglante haine
Divise à tout jamais ta maison et la mienne,

Mais nous, à nos maisons nous n'appartenons pas.
Pars! Hâte-toi! Ta cause est la bonne. — Tu vas
Bien vite en isoler notre fatale cause.
C'est sur les Wallenstein, mon ami, que repose
La malédiction. A périr condamnés,
Ils vont se voir bientôt dans l'abîme entraînés.
Moi-même j'expierai la faute de mon père.
Ne pleure pas sur moi, Max : je n'attendrai guère
Que mon sort soit fixé.

(Max, vivement ému, la presse dans ses bras. On entend derrière la scène des cris bruyants et répétés de « Vive Ferdinand ! », accompagnés de musique guerrière. Max et Thécla restent immobiles dans les bras l'un de l'autre.)

SCÈNE XXII.

LES PRÉCÉDENTS, TERZKY.

LA COMTESSE, allant au devant de lui:

    Nous avons entendu
S'élever des clameurs. Qu'est-ce?

TERZKY.

      Tout est perdu!

LA COMTESSE.

Quoi? sur eux son aspect n'a pas eu d'influence?

TERZKY.

Aucune. Rien n'a fait.

LA COMTESSE.

    Pourtant en sa présence,
Ces vivat...?

TERZKY.

Ils étaient pour l'empereur, ces cris.

LA COMTESSE.

Quel oubli du devoir!

TERZKY.

C'était un parti pris;
Jamais ils n'ont voulu permettre qu'il s'explique :
Au moindre mot de lui, leur fatale musique
Éclatait. — Le voici.

SCÈNE XXIII.

LES PRÉCÉDENTS, WALLENSTEIN, accompagné d'ILLO
et de BUTTLER; puis, DES CUIRASSIERS.

WALLENSTEIN, en entrant:

Terzky!

TERZKY.

Mon prince!

WALLENSTEIN.

Fais
Qu'à partir aujourd'hui nos régiments soient prêts :
Nous quitterons Pilsen avant que le soir vienne.

(Terzky sort.)

Buttler!

BUTTLER.

Mon général!

WALLENSTEIN.

Un courrier, qui prévienne
Le commandant d'Égra d'être prêt dès demain

ACTE III. — SCÈNE XXIII. 383

A nous ouvrir la place. — Un mot de votre main :
Gordon est votre ami ; cet ordre vous regarde.
Vous et vos escadrons ferez l'arrière-garde.

BUTTLER.

C'est bien, mon général !

WALLENSTEIN, s'avançant entre Max et Thécla, qui, pendant tout ce
temps, ont continué à se tenir embrassés :

Séparez-vous !

MAX.

Mon Dieu !

(Des cuirassiers, le sabre nu, entrent et se rangent dans le fond de la
salle. En même temps, on entend, en bas, quelques passages animés de la marche de Pappenheim, qui semblent comme un appel
adressé à Max.)

WALLENSTEIN, aux cuirassiers :

Je ne le retiens plus ; il peut quitter ce lieu.

(Il se détourne et se place de telle sorte que Max ne peut ni aller à lui
ni s'approcher de Thécla.)

MAX.

Ainsi, j'ai votre haine, et la colère inspire
Cet adieu qui me chasse ! Il faut que se déchire
Le nœud qui nous liait ! Que de lui-même, hélas !
Il s'ouvre doucement, vous ne le voulez pas !
Elle brise mon cœur cette rupture affreuse,
Et vous me la rendez encor plus douloureuse !
Vous savez si pour moi le lien était doux.
Je ne sais pas encor comment vivre sans vous.
Que je sorte, pour moi c'est le désert ; je laisse
Ici tous ceux à qui j'ai donné ma tendresse.
Oh ! ne détournez pas de moi les yeux ! souffrez

Que ces traits, toujours chers et toujours vénérés,
Je les voie une fois encore, — la dernière !
Ne me repoussez pas !

(Il veut lui prendre la main, Wallenstein la retire.)

MAX, se tournant vers la comtesse:

Sous aucune paupière,
Ici, ne trouverai-je un regard de pitié?
— Comtesse !...

(Elle se détourne. Il s'adresse à la duchesse:)

Et vous, sa mère !... Aurai-je supplié
Vainement?

LA DUCHESSE.

Comte, ailleurs le devoir vous appelle.
Vous nous pourrez un jour être un ami fidèle,
Un ange protecteur auprès du trône.

MAX.

Hélas !
C'est pour qu'au désespoir je ne succombe pas
Que vous voulez encor me laisser l'espérance.
Non, toute illusion serait de la démence.
Mon malheur est certain, mais je sais, grâce au ciel,
Le moyen d'en finir.

(La musique guerrière recommence. La salle se remplit de plus en
plus de soldats armés. Il aperçoit Buttler:)

Vous ici, colonel? —
Et sans vouloir me suivre? — Eh bien! soit! sachez être
Plus fidèle au second qu'à votre premier maître.
Promettez que, ses jours, vous les protégerez;
Que de tout attentat vous le préserverez.
Pour gage, mettez-en votre main dans la mienne.

(Buttler lui refuse sa main.)

ACTE III. — SCÈNE XXIII.

Sur lui pèse l'arrêt qu'on a lancé de Vienne;
Où l'empereur le livre au premier assassin
Qui pour le prix du sang lui percerait le sein.
A cette noble tête il faut l'ami fidèle,
Au dévoûment pieux, toujours veillant sur elle....
   (Jetant un regard de défiance sur Illo et sur Buttler:)
Ceux que je laisse ici....

ILLO.

    Ne le trahiront pas!
C'est dans le camp où sont votre père et Gallas
Que vous aurez à qui donner le nom de traître.
Ici, nous n'en avons qu'un seul à reconnaître :
Allez! épargnez-nous son aspect odieux!
 (Max essaie encore une fois de s'approcher de Thécla; Wallenstein
 l'en empêche. Il s'arrête, irrésolu, en proie à une vive douleur. La
 salle se remplit de plus en plus. En bas, les clairons sonnent, tou-
 jours plus pressants et à des intervalles plus rapprochés.)

MAX.

Sonnez, clairons! sonnez! Pour ces tristes adieux,
Que ceux des Suédois ne se font-ils entendre!
Aux champs de mort, d'ici, que ne puis-je descendre,
Et tous ces glaives nus, qu'à voir vous me forcez,
Les sentir à la fois dans mon sein enfoncés!
— Que voulez-vous? D'ici m'arracher? Oh! de grâce!
Non, non! Ne faites point qu'au désespoir je passe.
Croyez-moi, vous pourriez en avoir repentir.
   (La salle est entièrement remplie de soldats armés.)
Encor? La pression plus fort se fait sentir,
Et leur masse m'entraîne. — Imprudents que vous êtes!
Vous ne songez donc pas à ce qu'ici vous faites?

Pouvez-vous bien pour chef prendre un désespéré?
Au bonheur, qu'à présent pour jamais je perdrai,
C'est vous qui m'arrachez par cette violence?
Eh bien! je vous dévoue au dieu de la vengeance!
Vous ne pouviez plus mal décider votre sort :
Tous ceux qui me suivront, qu'ils soient prêts à la mort!

(Il se tourne vers le fond du théâtre. Un mouvement soudain se fait parmi les cuirassiers, qui l'entourent et l'accompagnent en tumulte. Wallenstein reste immobile. Thécla tombe dans les bras de sa mère. La toile se baisse.)

FIN DU TROISIÈME ACTE.

ACTE QUATRIÈME.

LA MORT DE WALLENSTEIN.

ACTE QUATRIÈME.

La maison du bourgmestre, à Egra.

SCÈNE PREMIÈRE.

BUTTLER, qui arrive à l'instant :

Il est ici! Le sort avait marqué sa route.
Derrière lui la herse a refermé la voûte,
Et le pont, un moment abaissé sous ses pas,
Pour le laisser sortir ne retombera pas.
De ta perte à présent, Friedland, l'heure est sonnée :
« Jusqu'ici! pas plus loin! » t'a dit la destinée.
De ce sol s'éleva ton astre merveilleux ;
Au loin il a tracé son sillon dans les cieux ;
Eh bien! à sa frontière, au même sol encore,
La Bohême va voir tomber le météore.
Loin des anciens drapeaux qu'on te vit déserter,
Sur ton premier bonheur tu crois pouvoir compter?
Aveugle! Ce bonheur n'est plus qu'une chimère.
Tu veux à l'empereur, chez lui, faire la guerre?
Des saints dieux du foyer tu veux briser l'autel?
Et ton bras s'est armé pour ce but criminel?
Prends garde! le démon de vengeance t'anime :
La vengeance de toi peut faire sa victime.

SCÈNE II.

BUTTLER, GORDON.

GORDON.

C'est vous? Que de vous voir mon désir était vif!
Le duc un traître! O Dieu! Le duc un fugitif!
Et la proscription sur cette noble tête!
Donnez-moi, colonel, la nouvelle complète
Du grand événement à Pilsen accompli.
De grâce!

BUTTLER.
    Mon courrier vous a remis le pli…?

GORDON.
Et j'ai fidèlement suivi l'ordre qu'il porte :
J'ai, tout d'abord, au prince ouvert ma place forte,
Puisqu'il m'était prescrit de par Sa Majesté,
D'obéir en aveugle à votre autorité.
Mais, — pardon! — quand le duc s'est offert à ma vue,
Mon hésitation première est revenue.
Ce n'est pas en proscrit, soyez-en assuré,
Que le duc de Friedland dans la ville est entré.
Son front portait encor la majesté sereine
Du maître qui commande obéissance pleine;
Il a tranquillement voulu, reçu de moi,
Comme en temps régulier, compte de mon emploi.
Sous le poids du malheur, ou lorsqu'on est coupable,
Au faible, d'ordinaire, on se fait voir affable,
Et l'orgueil abattu jusqu'à flatter descend;
Mais c'est en peu de mots, c'est en me les pesant,
C'est avec dignité qu'il me faisait connaître

Son approbation ; absolument en maître
Qui loue un serviteur exact à son devoir.

BUTTLER.

Comme tout s'est passé, je vous l'ai fait savoir :
La trahison était bel et bien consommée ;
Le prince aux ennemis avait vendu l'armée ;
Il devait leur ouvrir, si tout eût réussi,
Et la ville de Prague, et cette place-ci.
Tous les corps l'ont quitté quand ils ont su l'affaire ;
Il n'amène avec lui que ceux de son beau-frère :
Cinq. — Sa tête est proscrite, et tout bon serviteur
Est sommé, — tout sujet fidèle à l'empereur, —
De livrer, mort ou vif, le coupable.

GORDON.

                                  Lui ! traître
Envers son empereur ! Mais, cela peut-il être ?
Un homme de son rang et doué comme lui ?...
Que la grandeur humaine à bien peu se réduit !
Ah ! je l'ai dit souvent qu'il aurait malechance :
Cette même grandeur, cette étrange puissance,
Cet esprit violent, toujours sombre, indécis,
Lui préparaient le piége où lui-même il s'est pris.
Toujours autour de soi l'homme cherche à s'étendre ;
A le voir se borner on ne peut pas s'attendre ;
Contre cette tendance il lui faut, à la fois,
Et les termes précis de rigoureuses lois,
Et l'ornière profonde où l'habitude range.
C'était du tout nouveau, quelque chose d'étrange
Que ce pouvoir immense aux mains du général :
De l'empereur lui-même il se posait l'égal.

On a vu cet esprit orgueilleux, téméraire,
A toute obéissance, à la fin, se soustraire.
Quel malheur! Un tel homme! Et qui pourrait-on voir
Se maintenir au rang d'où lui-même a pu choir?

BUTTLER.

Attendez pour gémir que le duc soit à plaindre :
Il est puissant encore et nous devons le craindre.
Voilà les Suédois en marche sur Égra ;
Bientôt leur jonction avec lui se fera,
Si nous n'y trouvons vite un obstacle efficace.
Or, nous ne pouvons pas souffrir qu'elle se fasse.
Il ne doit plus d'ici s'en aller librement.
Sur la vie et l'honneur, Gordon, j'ai fait serment
De m'emparer de lui dans ces murs, et je pense
Pouvoir compter sur vous dans cette circonstance.

GORDON.

Oh! pourquoi donc ce jour s'est-il levé pour moi!
C'est de ses propres mains que je tiens mon emploi.
Pour faire sa prison de cette forteresse,
Qu'à ma garde il remit, c'est à moi qu'on s'adresse!
Un subalterne, hélas! n'a point de volonté.
A celui qui se voit puissance et liberté,
A lui seul de pouvoir abandonner son âme
A tout ce que de nous l'humanité réclame.
Exécuter la loi, la rigoureuse loi,
De tout inférieur voilà quel est l'emploi,
Et la seule vertu que nous ayons licence
De nous approprier, s'appelle obéissance.

BUTTLER.

Ne vous affligez pas d'un pouvoir limité :

Souvent marchent ensemble erreur et liberté.
La route du devoir, voilà la seule bonne.

GORDON.

C'en est fait, dites-vous, et chacun l'abandonne ?
Il a fait des heureux et par milliers. Son cœur
Avait des sentiments de royale grandeur.
Sa main, pleine toujours, il l'ouvrait tout entière.

(Jetant un regard de côté sur Buttler.)

Il en a fait sortir plus d'un de la poussière,
Pour l'élever bien haut, pour assembler sur lui
Honneurs et dignités ; et voilà qu'aujourd'hui
Pas une affection en échange, pas une
Ne lui reste fidèle aux jours de l'infortune !

BUTTLER.

A peine espérait-il celle qu'ici je voi.

GORDON.

Il n'a pas étendu ses grâces jusqu'à moi.
Au sein de sa grandeur, sans doute, Son Altesse
N'a pas eu souvenir d'un ami de jeunesse.
Du prince mon devoir me tenait écarté ;
Et comme, ici, jamais sur moi ne s'est porté
Son œil ni sa faveur, j'ai pu, dans le silence,
Conserver de mon cœur la pleine indépendance.
Alors qu'il m'a placé dans ce commandement,
Il était au devoir attaché fermement.
Ce n'est pas le tromper que de rester fidèle
Au poste qu'autrefois il avait à mon zèle,
A ma foi, confié.

BUTTLER.

Dites, êtes-vous prêt ?
Avec moi voulez-vous exécuter l'arrêt ?
Vous emparer de lui ?

GORDON, après un moment de silence et avec douleur:

Si vraiment il est traître
A l'empereur, — il l'est, dites-vous ? — à son maître;
S'il a vendu vraiment l'armée aux ennemis,
Et si, vraiment encor, le prince s'est permis
De vouloir leur livrer les places de l'Empire,
Il est perdu. Pourtant, permettez-moi de dire
Que je puis trouver dur que ce soit, justement,
Moi que de sa ruine on fasse l'instrument.
A la cour, à Burgau, bien qu'il n'eût pas mon âge,
Ensemble nous avons porté l'habit de page[1].

BUTTLER.

Je le savais.

GORDON.

Voici bien trente ans de cela.
Il pouvait en compter vingt à peine, et déjà
Tout annonçait en lui le plus hardi courage.
Son esprit, sérieux plus qu'il n'est à cet âge,
Vers le beau, vers le grand mâlement s'élevait.
Toujours silencieux parmi nous il vivait,
Et pour société ne voulait que lui-même.
Il dédaignait les jeux que, jeune homme, l'on aime.
Mais il avait souvent des accès merveilleux,
Et, de ce sein, pour nous toujours mystérieux,

---

1. Wallenstein avait été page de Charles, margrave de Burgau, fils de l'archiduc Ferdinand, de la branche du Tyrol.

S'échappaient tout à coup de profondes pensées,
Toutes pleines de sens, brillamment énoncées;
Et chacun, étonné, se demandait en vain :
Est-ce de la folie ou le souffle divin?

BUTTLER.

C'est bien là qu'on le vit choir d'un second étage,
Pour s'être à la croisée endormi. — Sans dommage
Il put se relever. Depuis, à ce qu'on dit,
On remarque parfois du trouble en son esprit.

GORDON.

C'est aller un peu loin : pour être véridique,
Il devint plus rêveur; il se fit catholique.
Sauvé par un miracle, il crut qu'également
Un miracle avait fait en lui ce changement.
En privilégié, depuis cette journée,
On le vit se poser : De lui la destinée
Avait fait, pensait-il, un être à part : c'était,
De la commune loi, le Ciel qui l'exceptait.
Dès lors il se jeta, hardi, dans l'existence,
Comme le bateleur sur la corde s'élance,
Sûr d'arriver au bout sans avoir trébuché.
Le sort rompit la route où nous avions marché.
Nous fûmes séparés par un immense espace.
A pas précipités, toujours rempli d'audace,
Il suivit le chemin qui mène à la grandeur;
Il devint comte, prince, et duc, et dictateur.
Je l'ai vu qui passait tout en proie au vertige.
Il n'est titre assez haut qu'à présent il n'exige,
Et quand sa main s'étend vers le sceptre aujourd'hui,
Un abîme sans fond va l'engloutir!

BUTTLER.

C'est lui :
Plus un mot là-dessus !

SCÈNE III.

LES PRÉCÉDENTS ; WALLENSTEIN, s'entretenant avec
le BOURGMESTRE D'ÉGRA.

WALLENSTEIN.

De bien ancienne date
Votre ville d'Égra fut ville immédiate.
Je vois une moitié d'aigle en son écusson ;
La moitié seulement. Quelle en est la raison ?

LE BOURGMESTRE.

Jadis en ville libre on l'avait érigée.
Plus tard, à la Bohème elle fut engagée ;
C'est depuis deux cents ans, prince. Voilà comment
Nous portons la moitié de l'aigle seulement.
L'autre, l'inférieure, en doit rester frettée
Jusqu'à ce que la ville un jour soit rachetée,
Si toutefois l'Empire en a jamais souci.

WALLENSTEIN.

Vous aviez mérité d'être libres. — Ici
Sachez maintenir l'ordre, et si l'on vous conseille
Quelque agitation, ne prêtez pas l'oreille.
— A combien vos impôts montent-ils ?

LE BOURGMESTRE, haussant les épaules :

A si haut
Que nous n'en pouvons plus supporter le fardeau.
A nos frais le soldat, toujours.

ACTE IV. — SCÈNE III.

WALLENSTEIN.

Soyez tranquille,
On vous soulagera. — Dites-moi, dans la ville
Est-il des protestants encore ?

(Le bourgmestre fait un mouvement de surprise.)

Ah ! oui ! Je sais :
Il s'en cache beaucoup dans vos murs. — Confessez
Que vous-même.... C'est vrai, n'est-ce pas ?

(Il le regarde fixement. Le bourgmestre témoigne de la crainte.)

Allons ! dites !
N'ayez aucune peur ! Moi, je hais les jésuites.
Du sol impérial depuis longtemps, ma foi !
Ils seraient expulsés s'il ne tenait qu'à moi.
Que m'importe, en effet, le Missel ou la Bible ?
Le monde en a de moi mainte preuve sensible :
Moi-même n'ai-je pas fait construire à Glogau
L'église qu'il fallait pour le culte nouveau ?
— Votre nom ?

LE BOURGMESTRE.

Pachhælbel.

WALLENSTEIN.

Écoutez, — mais, silence !
Je ne veux qu'à vous seul faire ma confidence.

(Il lui met la main sur l'épaule ; puis, avec une certaine solennité :)

Bourgmestre ! désormais les temps sont accomplis.
Les grands vont s'abaisser, s'élever les petits :
— Gardez bien ce secret ! — Pour l'Espagne s'avance
L'anéantissement de sa double puissance.
Un ordre tout nouveau va surgir à vos yeux.
— Naguère, avez-vous vu les trois lunes aux cieux ?

LE BOURGMESTRE.

Avec grande terreur.

WALLENSTEIN.

Deux se sont allongées;
En deux poignards sanglants elles se sont changées :
Une seule a gardé sa forme et sa splendeur,
C'est celle du milieu.

LE BOURGMESTRE.

Présage de malheur.
Nous l'appliquions aux Turcs.

WALLENSTEIN.

Aux Turcs? Vous voulez rire :
Un Empire à l'Ouest, à l'Est un autre Empire
Dans le sang crouleront. Voilà ce qu'on verra;
Et la foi luthérienne alors triomphera.

(Il aperçoit Buttler et Gordon.)

Sur notre gauche, en marche, une mousqueterie
Ce soir s'est fait entendre. Elle était bien nourrie.
Le bruit est-il venu jusqu'à vous?

GORDON.

Oui; c'était
Du Sud, précisément, que le vent l'apportait.

BUTTLER.

Du côté de Neustadt ou de Weiden, sans doute.

WALLENSTEIN.

Les Suédois ici viennent par cette route.
— De vos hommes, Gordon, donnez-moi l'effectif.

ACTE IV. — SCÈNE III.

GORDON.

Cent quatre-vingts pouvant faire un service actif;
Le reste est invalide.

WALLENSTEIN.

Au fond de la vallée
De Joachim, combien?

GORDON.

Là, garnison doublée;
Deux cents arquebusiers à ce poste ont passé.
Contre les Suédois le voilà renforcé.

WALLENSTEIN.

Je suis très-satisfait de votre prévoyance....
Et vous avez poussé les travaux de défense :
J'en ai fait la remarque au moment où j'entrais.

GORDON.

Le Rhingrave aujourd'hui nous serre de si près
Que j'ai fait élever deux redoutes nouvelles.

WALLENSTEIN.

Bien! vous êtes parmi les serviteurs fidèles
Que compte l'empereur. De vous je suis content,
Lieutenant-colonel.
(A Buttler.)
Qu'on retire à l'instant,
Et ce poste, et tous ceux qu'à leur marche on oppose.
(A Gordon.)
En vos fidèles mains, commandant, je dépose
Et ma femme, et ma fille, et ma sœur. J'ai compté
Que je serais ici peu de temps arrêté.
Je dois, dès que viendront des lettres qu'on m'adresse,
Avec mes régiments quitter la forteresse.

SCÈNE IV.

Les précédents, TERZKY.

TERZKY.

Bon message! Vivat!

WALLENSTEIN.

Qu'est-ce donc, cette fois?

TERZKY.

Combat près de Neustadt! Vainqueurs les Suédois!

WALLENSTEIN.

D'abord, de qui l'avis? C'est là ce qu'il importe
Qu'on sache.

TERZKY.

Un paysan de Tirschenreut l'apporte.
C'est vers le soir, dit-il, qu'on a vu l'action :
Un corps d'Impériaux a fait irruption
Dans le camp suédois. — Deux heures de carnage!
Et c'est aux Suédois qu'est resté l'avantage.
Avec leur colonel, mille Impériaux morts!
Et c'était de Tachau qu'était venu ce corps.
L'homme n'en sait pas plus.

WALLENSTEIN.

Les étranges nouvelles!
Ces troupes, vers Neustadt comment se trouvaient-elles?
Altringer.... Il aurait fallu qu'il fendît l'air :
Il en était encore à trois marches hier.
Et celles de Gallas ne sont pas rassemblées.
Et c'est à Frauenberg qu'elles sont appelées.

Suys a-t-il osé se risquer jusque-là ?
Impossible !
(Illo entre.)

TERZKY.

Bientôt nous le saurons : voilà
Illo qui tout joyeux accourt.

SCÈNE V.

LES PRÉCÉDENTS, ILLO.

ILLO, à Wallenstein:
Une ordonnance
Demande à vous parler.

TERZKY.
Le bruit prend consistance ?
La victoire ?

WALLENSTEIN.
Que veut, d'où vient le cavalier ?

ILLO.

Le Rhingrave a pris soin de vous l'expédier.
Son message, je puis vous le dire d'avance :
Les Suédois ne sont qu'à petite distance.
Max Piccolomini sur eux, près de Neustadt,
Est venu fondre hier. Dans ce sanglant combat,
C'était au petit nombre à subir la défaite,
Et tous les Pappenheim, leur colonel en tête,
Sont restés morts sur place.

WALLENSTEIN.
Auprès du messager,
Vite, conduisez-moi, je veux l'interroger.

(Il veut sortir. Au même moment MADEMOISELLE DE NEUBRUNN se précipite dans la salle, suivie de plusieurs domestiques, qui courent éperdus.)

MADEMOISELLE DE NEUBRUNN.

Au secours ! Au secours !

ILLO et TERZKY.

Qu'est-ce ?

MADEMOISELLE DE NEUBRUNN.

Mademoiselle...

WALLENSTEIN et TERZKY.

Est-ce qu'elle saurait déjà cette nouvelle ?
Parlez !

MADEMOISELLE DE NEUBRUNN.

Elle est peut-être au moment de mourir !

(Elle sort précipitamment. Wallenstein, Terzky et Illo la suivent.)

SCÈNE VI.

BUTTLER, GORDON.

GORDON, étonné.

Quelle scène ! Qu'ont-ils ainsi tous à courir ?

BUTTLER.

Pour elle, cette mort qu'on annonce est affreuse :
Ce Max, elle l'aimait.

GORDON.

Hélas ! la malheureuse !

BUTTLER.

Vous avez entendu tout à l'heure ceci :
Les Suédois, vainqueurs, seront bientôt ici.

ACTE IV. — SCÈNE VI.

GORDON.

Oui.

BUTTLER.

Douze régiments! et, dans le voisinage,
Pour protéger le duc, cinq autres qu'on ménage.
Nous n'avons que le mien, et, dans la garnison,
Deux cents hommes à peine.

GORDON.

En effet.

BUTTLER.

Pourrait-on
Avec si peu, garder comme il faudrait le faire,
Un prisonnier d'État tel que lui?

GORDON.

Lourde affaire!

BUTTLER.

Une si faible troupe, on la désarmerait.
Ils sont nombreux. Le duc, on le délivrerait.

GORDON.

C'est à craindre.

BUTTLER, *après un moment de silence*:

Écoutez! Ou sa tête, ou la mienne!
J'ai donné ma parole, il faut que je la tienne,
Peu m'importe la voie où je m'engagerai,
Et si ce n'est vivant, mort, du moins, je l'aurai.

GORDON.

Ai-je compris? Ciel! Vous...?

BUTTLER.

Qu'il vive davantage,
Ne se peut.

GORDON.

Vous auriez cet horrible courage ?

BUTTLER.

Vous ou moi : le dernier de ses matins a lui.

GORDON.

Vous voulez le tuer ?

BUTTLER.

Tel est mon dessein.

GORDON.

Lui !
Qui se confie à vous ?

BUTTLER.

Sa tête m'est livrée
Par son mauvais destin.

GORDON.

La personne sacrée
De votre général ?

BUTTLER.

Il le fut.

GORDON.

Son passé,
Si grands que soient ses torts, ne peut être effacé.
Par le juger, du moins, il faut que l'on commence,
Et....

ACTE IV. — SCÈNE VI.

BUTTLER.

L'exécution tiendra lieu de sentence.

GORDON.

Une telle justice est de l'assassinat :
On écoute d'abord même le scélérat.

BUTTLER.

Le crime est clair; l'arrêt de l'empereur, de même :
Je ne fais qu'obéir à son ordre suprême.

GORDON.

Pour un arrêt sanglant, se hâter est un tort :
On peut bien rétracter un mot, jamais la mort.

BUTTLER.

Agréable est aux rois quiconque les sert vite.

GORDON.

Au métier de bourreau tout honnête homme hésite.

BUTTLER.

Et l'on ne verra point le vrai brave pâlir
A tel acte hardi qu'il s'agit d'accomplir.

GORDON.

Il expose sa vie et non sa conscience.

BUTTLER.

Vous voulez que le duc s'échappe et recommence
Cette guerre terrible, aux éternels combats?

GORDON.

Faites-le prisonnier, mais ne le tuez pas.
N'attentez pas aux droits de l'ange qui pardonne.

BUTTLER.

Je me bornerais bien à garder sa personne,
Si l'ennemi sur nous n'avait eu ce succès.

GORDON.

Que de la place au duc n'ai-je fermé l'accès !

BUTTLER.

Le lieu n'importe pas, c'est son sort qui le tue.

GORDON.

Du moins, en chevalier je l'aurais défendue ;
En servant l'empereur j'aurais trouvé la mort.

BUTTLER.

Et mille braves gens auraient eu votre sort.

GORDON.

En faisant leur devoir; mort glorieuse et pure !
L'assassinat, il est maudit par la nature.

BUTTLER, tirant un écrit:

Tenez! A cet écrit vous ajouterez foi :
«L'arrêter!» — C'est pour vous aussi bien que pour moi.
Répondez-vous de tout si de la forteresse
Il passe aux ennemis grâce à notre faiblesse ?

GORDON.

Moi? Dans mon impuissance? O mon Dieu!

BUTTLER.

         Décidez!
Advienne que pourra, de tout vous répondez.
Je mettrai tout sur vous.

GORDON.

  Ciel!

BUTTLER.
　　　　　　Si d'autre manière
A l'ordre impérial vous savez satisfaire,
Soit! De difficulté dites comment sortir :
Je veux le renverser et non l'anéantir.

GORDON.
Je prévois comme vous l'événement extrême,
Hélas! mais nos deux cœurs ne battent pas de même.

BUTTLER.
Cet Illo, ce Terzky, si le duc doit périr,
Il faut qu'en même temps nous les fassions mourir.

GORDON.
Ah! qu'ils m'importent peu! D'eux on ne saurait dire
Que des astres jamais ils aient subi l'empire.
Tous deux n'ont obéi qu'à leur perversité.
Dans son tranquille cœur ces hommes ont jeté
De ses mauvais désirs la fatale semence,
Et par leur art maudit, par leur persévérance,
En lui la réchauffant, ont fait lever le fruit,
Le fruit plein de malheur qu'enfin elle a produit.
Le sort qui les attend ne sera que justice :
Il faut mauvais salaire à leur mauvais service!

BUTTLER.
Ils mourront les premiers, et tout est prêt déjà :
Ce soir, dans le festin qui les réunira,
Au milieu de la joie et du bruit de l'orgie,
On devait les saisir, mais leur laisser la vie;
On devait leur donner le château pour prison.
Tout sera plus tôt fait de cette autre façon.
Je vais vite donner les ordres nécessaires.

SCÈNE VII.

Les précédents, ILLO, TERZKY.

TERZKY.

A la fin nous allons voir changer les affaires!
Demain, les Suédois! Ils seront arrivés!
Douze mille soldats à la guerre éprouvés!
Sur Vienne, alors, tout droit! Gai! gai! vieux camarade!
A ce joyeux avis pourquoi cet air maussade?

ILLO.

C'est nous qui maintenant allons faire la loi,
Et nous venger enfin de ces hommes sans foi
Qui nous ont délaissés lâchement! De sa vie
L'un d'eux, Max, a déjà payé son infamie.
A qui n'est pas pour nous, même part de malheur!
Ce vieil Octavio, quelle rude douleur!
S'être tant tourmenté durant sa vie entière
Pour changer sa couronne en couronne princière,
Et son unique fils, à présent, l'enterrer!

BUTTLER.

Héroïque jeune homme, et que l'on doit pleurer!
Le duc en a lui-même une grande tristesse;
Il ne l'a pas cachée.

ILLO.
        Eh bien! je le confesse,
Ce qui du général m'a toujours désolé,
Un défaut dont je l'ai vivement querellé,
C'est d'avoir préféré ces hommes d'Italie.
S'il pouvait racheter au prix de notre vie

Colle de son ami, sur mon âme, je crois
Que, tous, il nous verrait, volontiers, morts dix fois!

TERZKY.

Silence! Paix aux morts! Il s'agit d'autre chose :
Enivrer des vivants, voilà ce qu'on propose,
Car votre régiment nous invite à souper.
C'est d'un vrai carnaval qu'il faut nous occuper.
Attendons en buvant que l'aurore renaisse,
Et que des Suédois l'avant-garde paraisse.

ILLO.

Oui, donnons-nous encore aujourd'hui du bon temps,
Car nous allons avoir de bien rudes instants :
Je ne veux pas remettre au fourreau mon épée,
Qu'au sang autrichien elle ne soit trempée!

GORDON.

Fi donc! feld-maréchal. Contre votre empereur
Pourquoi donc faire voir une telle fureur?

BUTTLER.

Sur un premier succès comptez moins, je vous prie :
Songez que la fortune en un moment varie.
Il est bien ferme encor le trône impérial.

ILLO.

Ce trône a des soldats, mais pas un général.
Ferdinand de Hongrie est inepte à la guerre;
Gallas n'est pas heureux : celui-là ne sait guère
Que gâter une armée. Et l'autre, ce serpent,
Ce Piccolomini, par derrière, en rampant,

Sait bien porter un coup, mais comptez peu qu'il aille
Tenir devant Friedland quand viendrait la bataille.

TERZKY.

Regardez que pour nous le succès est certain.
Le duc ne sera pas trahi par le destin,
Et l'Autriche ne peut obtenir la victoire
Que conduite aux combats par Friedland. C'est notoire!

ILLO.

Le prince parviendra bien vite à réunir
Une puissante armée. En foule on va venir,
Pour l'honneur de servir sous sa vieille bannière.
Je revois nos beaux jours! A sa grandeur première
Il revient! Quel soufflet ils se seront donné
Les sots qui maintenant l'auront abandonné!
Il va de ses amis récompenser le zèle,
Payant en empereur tout service fidèle,
Et les plus avancés dans sa faveur, c'est nous.

(A Gordon.)

Alors aussi le duc s'occupera de vous;
Il vous fera quitter enfin cette tanière,
Et dans un rang meilleur voudra mettre en lumière
Votre fidélité.

GORDON.

J'ai tout ce qu'il me faut;
Je ne demande pas qu'on m'élève plus haut :
Plus grande est la hauteur, plus la chute est profonde.

ILLO.

Vous n'aurez plus affaire ici le moins du monde :
Les Suédois y vont entrer demain matin.
— Mais il est temps, Terzky, de nous rendre au festin...

Ah! j'oubliais : c'est bien votre avis, j'imagine,
Que pour les Suédois la ville s'illumine?
Déclarons Espagnol, traître, tout habitant
Qui s'y refuserait.

TERZKY.

Non; ne faites pas tant.
La démonstration au duc pourrait déplaire.

ILLO.

Qu'est-ce? Où nous commandons vous voulez qu'on
tolère
Qui se déclarerait pour l'empereur? Non! non!
Que nul ne l'ose ici! — Venez! — Bonsoir, Gordon!
Pour la dernière fois, ayez l'œil sur la place;
Et des rondes surtout! Que sans cesse on en fasse!
Si vous êtes d'avis, pour mieux nous protéger,
Qu'on change le mot d'ordre, on va vous le changer.
A dix heures, portez les clefs à Son Altesse;
Vous serez quitte alors. Dans cette forteresse,
Les Suédois seront demain, pour l'occuper.

TERZKY, en s'en allant, à Buttler:

Au château vous viendrez aussi pour ce souper?

BUTTLER.

Vous m'y verrez à temps.
(Illo et Terzky sortent.)

SCÈNE VIII.

BUTTLER, GORDON.

GORDON, les suivant des yeux:

Ah! quelle imprévoyance!
Leur victoire les a portés à la démence.

Dans quel aveuglement ils vont, les malheureux,
Au piége meurtrier qu'on a tendu pour eux!
Je ne saurais les plaindre. — Et cet Illo! ce drôle,
Ce scélérat, qui fait ouïr cette parole :
Qu'il prétend se baigner dans le sang, dans celui
De l'empereur!

BUTTLER.

    Gordon! vous ferez aujourd'hui
Ce qu'il vient d'ordonner : des patrouilles sans cesse ;
Qu'on surveille avec soin toute la forteresse.
Ils seront réunis tout à l'heure au château,
Et j'en ferai fermer les portes aussitôt,
Pour que du coup de main pas un mot ne transpire.

GORDON, avec inquiétude:

Oh! ne vous hâtez pas! Veuillez d'abord me dire....

BUTTLER.

Vous l'avez entendu : demain les Suédois.
De remettre ou d'agir nous n'avons plus le choix.
Nous pouvons disposer d'à présent à l'aurore,
Voilà tout. Ils sont prompts ; soyons plus prompts encore.

GORDON.

Hélas! dans vos regards je ne lis rien de bon.
Promettez....

BUTTLER.

    Le soleil descend à l'horizon ;
Bien fatale sera cette nuit qui s'avance.
C'est leur présomption qui fait leur confiance.
De leur heureuse étoile ils sont abandonnés :
Les voilà sans défense en nos mains amenés.

Au milieu de leur joie et du plus heureux songe,
Il faut que dans leur sein le fer aigu se plonge.
Le prince fut toujours un fort calculateur,
Tirant parti de tout en habile jouteur,
Disposant et poussant les hommes à sa guise
Vers le but où tendait telle ou telle entreprise,
Comme on ferait marcher les pièces d'un damier;
Sans scrupule, toujours prompt à sacrifier,
A jouer, pour gagner la partie entamée,
L'honneur, la dignité d'autrui, sa renommée.
Eh bien! dans ses calculs, qui l'ont tant occupé,
A la fin, cependant, il se sera trompé.
Il y comprit sa vie et sera mort lui-même,
Comme un ancien mourut : en cherchant son problème.

GORDON.

Ses torts, oubliez-les! Songez à sa grandeur,
A son esprit si bon, aux qualités du cœur
Qu'on admirait en lui; songez, je vous supplie,
Aux nobles actions dont sa vie est remplie!
Qu'elles soient, quand le fer pour sa mort est tout prêt,
Comme une voix du ciel qui vous implorerait!

BUTTLER.

Il est trop tard. Pour lui, pitié? C'est impossible!
Je n'ai qu'une pensée, elle est de sang, terrible.
(Prenant la main de Gordon.)
Gordon! je ne suis point par la haine animé.
Je n'aime pas le duc, — pourquoi l'eussé-je aimé? —
Je le tue, et pourtant non par haine, vous dis-je :
C'est son mauvais destin qui de ma part l'exige,
C'est mon malheur à moi, c'est le concours des faits,

C'est ce concours fatal qui veut ce que je fais.
La liberté d'agir n'est en nous qu'apparence.
L'homme n'est qu'un jouet de l'aveugle puissance
Qui pour lui, tout à coup, change en nécessité
Ce qu'elle a, d'elle-même, à sa place arrêté.
Mettons que pour le duc mon âme soit émue,
A quoi bon ? Il ne faut pas moins que je le tue.

GORDON.

Ah ! si la voix du cœur vous parle, écoutez-la !
Songez qu'elle est la voix de Dieu cette voix-là !
Tandis que les calculs où la prudence mène,
Tout habiles qu'ils soient, ne sont rien qu'œuvre humaine !
Quel heureux résultat vous promettez-vous donc ?
Ah ! le sang répandu ne produit rien de bon :
Vous pourriez bien glisser si vous comptez y faire
Votre route aux honneurs. Le meurtre aux rois peut plaire,
Le meurtrier jamais !

BUTTLER.

                Vous ignorez que moi....
Vous ne demandez pas la cause... Aussi, pourquoi
Ces Suédois vainqueurs ? leur troupe qui s'avance ?
Il eût de l'empereur attendu la clémence,
Sans obstacle de moi. Je ne veux pas sa mort :
Sans ce grave incident il eût pu vivre encor ;
Mais on a ma parole, il faut que je la tienne ;
Il faut qu'il meure, ou bien, — et qu'il vous en souvienne :
— Je suis déshonoré s'il nous échappe.

GORDON.

                             Eh bien ?
Un tel homme à sauver...

ACTE IV. — SCÈNE VIII.

BUTTLER, vivement.

Comment !

GORDON.

N'est-ce donc rien ?
Montrez-vous généreux ! — Empêcher qu'il périsse
Me semble bien valoir qu'on fasse un sacrifice.
C'est dans les sentiments, c'est dans le fond du cœur,
Non dans l'opinion, que réside l'honneur.

BUTTLER, froidement et avec orgueil.

Il est un grand seigneur et je suis peu de chose.
Votre observation a ce sens, je suppose ?
La naissance fait tout ? Qu'il s'honore ou soit vil,
En quoi donc l'homme obscur au monde importe-t-il,
Pourvu que soit sauvée une tête princière ?
N'est-ce pas ? Mais chacun s'estime à sa manière.
C'est à moi de juger du rang où je me mets.
Si haut que soit un homme, il ne fera jamais
Que je m'estime moins. — La volonté fait l'homme :
Il est grand ou petit selon qu'il veut ; et comme
A la mienne je suis fidèle, il doit mourir.

GORDON.

Hélas ! c'est un rocher que je veux attendrir !
Allez ! vous n'avez rien de la nature humaine.
Eh bien ! pour vous fléchir si ma prière est vaine,
Qu'à vos horribles mains Dieu l'arrache !

(Ils sortent.)

SCÈNE IX.

L'appartement de la duchesse.

THÉCLA, dans un fauteuil, pâle et les yeux fermés; LA DU-
CHESSE et MADEMOISELLE DE NEUBRUNN, empressées
autour d'elle; WALLENSTEIN et LA COMTESSE, s'entretenant à part.

WALLENSTEIN.

         Comment
A-t-elle pu si tôt savoir l'événement?

LA COMTESSE.

Le seul pressentiment doit l'avoir éclairée :
Au bruit qui se répand de bataille livrée,
D'Autrichiens vaincus, de leur colonel mort,
Elle a peur; — je l'ai bien remarqué tout d'abord; —
Pour voir le Suédois bientôt elle s'élance,
Et par ses questions obtient que l'ordonnance
Livre l'affreux secret. De son fatal départ
On ne s'est, par malheur, aperçu que trop tard,
Et ma nièce déjà, quand nous l'avons suivie,
Dans les bras du courrier était évanouie.

WALLENSTEIN.

La malheureuse enfant! Un coup si douloureux,
Sans qu'on l'y préparât!

      (Se tournant vers la duchesse:)
      Se trouve-t-elle mieux?
Semble-t-il que les sens reprennent leur empire?

LA DUCHESSE.

Elle vient de rouvrir les yeux.

ACTE IV. — SCÈNE IX.

LA COMTESSE.
   Elle respire!

THÉCLA, regardant autour d'elle:
Où suis-je?

WALLENSTEIN, s'approchant d'elle et la soulevant:
  Chère enfant, reviens à toi. — Thécla,
Ma courageuse fille, entends-moi! — Tiens, voilà
Ta mère auprès de toi. Reconnais-la, ta mère.
Le bras qui te soutient est le bras de ton père.

THÉCLA, se redressant:
Est-ce qu'il n'est plus là?

LA DUCHESSE.
   Qui, ma fille?

THÉCLA.
     Celui
Dont la voix de malheur nous a dit aujourd'hui...

LA DUCHESSE.
Oh! tâche, mon enfant, d'oublier ce message!
Il faut de ton esprit écarter cette image.

WALLENSTEIN.
Non, non, de son chagrin qu'elle puisse parler:
Laissez cette douleur libre de s'exhaler;
Laissez couler ses pleurs et pleurez avec elle;
Car il faut qu'elle endure une peine cruelle.
Mais elle sera forte à souffrir, ma Thécla:
C'est le cœur indompté de son père qu'elle a.

THÉCLA.
Oh! je suis bien; je puis être debout, mon père.

— A-t-elle craint pour moi, qu'elle pleure, ma mère ?
Je n'ai plus mon malaise et j'ai repris mes sens.

(Elle s'est levée et promène ses regards dans la chambre.)

Ne me le cachez pas ce Suédois; je sens
Que je suis forte assez pour l'entendre.

LA DUCHESSE.
Non, laisse :
Il faut que devant toi jamais ne reparaisse
Cet homme de malheur.

THÉCLA.
Mon père...

WALLENSTEIN.
Mon enfant?..

THÉCLA.
Je suis mieux. Je serai très-bien dans un instant :
Ne me refusez pas une grâce.

WALLENSTEIN.
Laquelle ?

THÉCLA.
Eh bien! cet étranger, dites qu'on le rappelle.
Je veux, seule avec lui, l'ouïr, l'interroger.

LA DUCHESSE.
Jamais!

LA COMTESSE.
Quelle imprudence! Il n'y faut pas songer :
Refusez!

WALLENSTEIN.
Chère enfant! Pourquoi veux-tu l'entendre?
Dis!

ACTE IV. — SCÈNE IX.

THÉCLA.

Je serais plus calme à pouvoir tout apprendre.
Il ne faut pas user de détours avec moi.
— Tous vos ménagements, ma mère, je les voi;
Mais je ne les veux pas. Je sais déjà le pire,
Et rien de plus affreux ne lui reste à me dire.

LA COMTESSE et LA DUCHESSE, à Wallenstein:

Opposez-vous!

THÉCLA.

L'effroi m'a saisie, et, bientôt,
Devant cet étranger le cœur m'a fait défaut :
Il a vu ma faiblesse, et ses bras m'ont reçue.
En ce honteux état je rougis qu'il m'ait vue.
Dans son opinion je veux me relever,
Et le seul moyen sûr que j'en puisse trouver,
C'est de l'entretenir, pour faire disparaître
La fausse impression qu'il a de moi, peut-être.

WALLENSTEIN.

Elle a raison; je veux qu'elle en fasse à son gré :
Rappelez-le! *(Mademoiselle de Neubrunn sort.)*

LA DUCHESSE.

Mais moi, la mère, j'y serai?

THÉCLA.

J'aimerais mieux n'avoir que sa seule présence.
J'aurais en lui parlant beaucoup plus d'assurance.

WALLENSTEIN, à la duchesse:

Laissez-les être seuls pendant cet entretien.
L'homme, dans certains maux, est son meilleur soutien;

A sa propre vigueur l'âme forte se fie,
Et tout ce que Thécla doit trouver d'énergie
Pour supporter le coup qui la frappe aujourd'hui,
Elle l'a dans son cœur, non dans celui d'autrui.
C'est ma vaillante fille, et je veux qu'on la traite
En héroïne, et non en femme.
(Il veut sortir.)

LA COMTESSE, le retenant:

Albert! Arrête!
Où vas-tu? Mon mari donnait comme certain
Que tu veux repartir demain de grand matin,
Et nous laisser ici.

WALLENSTEIN.

Je t'y laisse avec elles :
Vous êtes sous les yeux de protecteurs fidèles.

LA COMTESSE.

Dans cette inquiétude et cet isolement,
Attendre quelle issue aura l'événement?
Jamais! Au nom du ciel, emmenez-nous, mon frère!
Au malheur que l'on souffre on arrive à se faire;
Mais, dans l'angoisse, on voit grossir à tout instant
Le malheur éloigné qu'on craint et qu'on attend!

WALLENSTEIN.

Qui parle de malheur? Ne tiens pas ce langage:
Je lis dans l'avenir un tout autre présage.

LA COMTESSE.

Eh bien! emmenez-nous! Nous ne pouvons rester
Dans ce sinistre lieu que vous allez quitter.
Tout mon cœur se resserre au sein de ces murailles :

On croit y respirer un air de funérailles.
Cet endroit me remplit d'une indicible horreur.
De grâce, emmenez-nous! A le fléchir, ma sœur,
Chère nièce, aidez-moi!

WALLENSTEIN.

Je vais, soyez-en sûres,
Effacer de ce lieu les funestes augures!
On dira qu'il a su protéger, à la fois,
Tout ce que j'ai de cher.

MADEMOISELLE DE NEUBRUNN, qui rentre:
L'officier suédois!

WALLENSTEIN.
Qu'on la laisse avec lui!
(Il sort.)

LA DUCHESSE, à Thécla:
Quelle pâleur soudaine!
Tu ne peux lui parler : souffre que je t'emmène.

THÉCLA.
Neubrunn pourra rester au fond de ce salon.
(La duchesse et la comtesse sortent.)

SCÈNE X.

THÉCLA, LE CAPITAINE SUÉDOIS, MADEMOISELLE
DE NEUBRUNN.

LE CAPITAINE, s'approchant respectueusement :
Princesse, je vous dois des excuses... Pardon :
Je fus bien imprudent... Ma nouvelle imprévue.
Pouvais-je...?

THÉCLA, avec dignité:

En ma douleur, monsieur, vous m'avez vue :
Vous m'étiez étranger, et de vous, cependant,
Un hasard malheureux a fait mon confident.

LE CAPITAINE.

Vous trouvez, je le crains, ma présence odieuse :
Je vous ai fait entendre une parole affreuse.

THÉCLA.

C'est ma faute, monsieur : malgré vous je l'obtins.
Vous n'étiez que la voix qu'empruntaient les destins.
— Ma terreur d'un moment vous avait fait suspendre
Votre récit. Veuillez, de grâce, le reprendre.

LE CAPITAINE, avec hésitation:

Princesse, il ne pourra qu'ajouter au tourment....

THÉCLA.

Je suis calme et saurai l'ouïr résolûment.
La bataille, comment s'était-elle engagée ?
Achevez !

LE CAPITAINE.

Dans son camp, faiblement protégée,
Mais sans que nous ayons de surprise à prévoir,
Vers Neustadt notre armée était hier au soir,
Lorsque d'une forêt que l'on voit à distance,
Un nuage poudreux sort et vers nous s'avance.
Notre avant-garde accourt, criant : Les ennemis !
Et nos hommes à peine en selle étaient remis,
Qu'à l'enceinte du camp venu bride abattue,
Déjà le régiment de Pappenheim s'y rue.

ACTE IV. — SCÈNE X.

Ces fougueux escadrons ne mettent qu'un instant
A franchir le fossé qui tout autour s'étend.
Mais, jusques au second lancés dans leur furie,
Ils s'étaient séparés de leur infanterie;
Seuls ils avaient suivi leur chef audacieux.

(Thécla fait un mouvement; le capitaine s'arrête jusqu'à ce qu'elle lui fasse signe de continuer.)

Notre cavalerie alors tombe sur eux,
Les prend en tête, en flanc, au fossé les rejette
Où notre infanterie, à les recevoir prête,
De piques leur oppose un monstrueux rateau.
Ils ne peuvent sortir de cet affreux étau.
Le Rhingrave à leur chef crie alors de se rendre
En brave, qui ne peut plus longtemps se défendre.
Sur quoi le colonel Piccolomini...

(Thécla chancelle et s'appuie sur un fauteuil.)

C'est
Au panache, aux cheveux qu'on le reconnaissait :
Dans ce rapide élan, sa longue chevelure,
Du casque s'échappait, flottant sur son armure.
Il montre le fossé d'un signe, et, le premier,
Part et le fait franchir à son ardent coursier.
Son régiment le suit.... Inutile courage!
D'un coup de pique atteint, le cheval, avec rage,
Se cabre et jette au loin son cavalier. Alors
Tous les autres chevaux lui passent sur le corps;
Rien ne peut ralentir leur fatale vitesse.
Ils n'obéissent plus au frein...

(Thécla qui, pendant les derniers mots, a donné tous les signes d'une anxiété croissante, est saisie d'un tremblement violent; elle va tomber. — Mademoiselle de Neubrunn accourt et la reçoit dans ses bras.)

MADEMOISELLE DE NEUBRUNN.

                        Chère maîtresse !

LE CAPITAINE, ému :

Je sors.

THÉCLA.

    Je suis remise. Achevez ce récit.

LE CAPITAINE.

A voir leur chef tombé, le désespoir saisit
Tous ces vaillants soldats ; c'est rage, c'est démence :
A son propre salut nul désormais ne pense,
Ils combattent, chacun, en tigre furieux.
Les nôtres, par l'exemple entraînés, font comme eux,
Et l'on ne voit finir la lutte meurtrière
Que quand leur dernier homme a mordu la poussière.

THÉCLA, d'une voix tremblante :

Et dans quel endroit...? C'est...? Vous n'avez pas fini.

LE CAPITAINE, après un moment de silence :

Nous l'avons, ce matin, au jour, enseveli,
Avec tous les honneurs dus à tant de vaillance :
Douze officiers, choisis pour leur haute naissance,
Le portaient. Il avait pour cortége de deuil
Notre armée. Un laurier décorait son cercueil
Où, vainqueur, le Rhingrave avait voulu, lui-même,
Placer sa propre épée en hommage suprême.
Sur son malheureux sort que de pleurs ont coulé !
Et combien, parmi nous, qui se sont rappelé
Sa magnanimité, sa bonté peu commune !
Nous étions tous émus de sa grande infortune.
Le Rhingrave eût voulu l'empêcher de mourir ;

Mais à la mort il s'est empressé de courir :
On dit qu'il la cherchait.

MADEMOISELLE DE NEUBRUNN, à Thécla, qui s'est caché le visage:

     Ma maîtresse chérie,
Mademoiselle! Ouvrez les yeux, je vous en prie!
Pour ce triste entretien avoir tant insisté!

    THÉCLA.

Sa tombe...? Dans quel lieu...?

    LE CAPITAINE.

       Nous l'avons transporté
Dans l'église d'un cloître. On attend que son père
En ordonne autrement.

    THÉCLA.

   Le nom du monastère?

    LE CAPITAINE.

Sainte-Catherine.

    THÉCLA.

   Et... quelle distance?

    LE CAPITAINE.

      C'est
Près de Neustadt.

    THÉCLA.

   D'ici, combien de milles?

    LE CAPITAINE.

       Sept.

    THÉCLA.

Et le chemin?

LE CAPITAINE.

Celui de Tirschenreut y mène.
Nos postes avancés l'occupent [1].

THÉCLA.

Capitaine,
Leur chef?

LE CAPITAINE.

Le colonel de Seckendorf.

THÉCLA.

C'est bien.

(Elle va à la table et tire une bague d'une cassette.)

Vous vîtes ma douleur, et dans cet entretien
Vous vous êtes montré sensible.

(En lui remettant la bague :)

Je vous laisse
Ce souvenir de moi. — Retirez-vous.

LE CAPITAINE, interdit :

Princesse !...

(Thécla lui fait signe de se retirer. Le capitaine hésite et veut parler.
Mademoiselle de Neubrunn répète le signe. Il s'éloigne.)

SCÈNE XI.

THÉCLA, MADEMOISELLE DE NEUBRUNN.

THÉCLA, se jetant au cou de mademoiselle de Neubrunn :

O ma chère Neubrunn! le voici le moment
Où tu peux me prouver tout ton attachement.
Que je te trouve amie et compagne fidèle....
Nous partons cette nuit.

1. Le dialogue est ici un peu plus fractionné que dans l'original, où ces huit répliques n'en font que six.

MADEMOISELLE DE NEUBRUNN.

Partir, mademoiselle!
Où voulez-vous aller?

THÉCLA.

Tu le demandes, toi?
Il n'est plus qu'un seul lieu dans l'univers, pour moi :
C'est près de son cercueil, c'est où son corps repose!

MADEMOISELLE DE NEUBRUNN.

Là-bas que ferez-vous?

THÉCLA.

Ce que je m'y propose?
Ah! cette question tu ne la ferais pas
Si ton cœur eût aimé. Songe que j'ai, là-bas,
Ce qui reste de lui. C'est dans ce monastère,
C'est là qu'est maintenant pour moi toute la terre.
Ne me retarde plus! Va te préparer! Viens!
Il faut fuir et je veux en trouver les moyens.

MADEMOISELLE DE NEUBRUNN.

Songez que vous allez irriter votre père.

THÉCLA.

Je ne crains désormais nulle humaine colère.

MADEMOISELLE DE NEUBRUNN.

Vous oubliez le monde et ses méchants discours.

THÉCLA.

Juste ciel! est-ce donc dans ses bras que je cours?
Celui que j'aime est mort; ce n'est que pour descendre
Dans sa tombe qu'auprès de lui je veux me rendre.

MADEMOISELLE DE NEUBRUNN.
Deux femmes, sans appui, s'exposer au danger...?

THÉCLA.
Armons-nous, et mon bras saura te protéger.

MADEMOISELLE DE NEUBRUNN.
La nuit?

THÉCLA.
Nous cachera.

MADEMOISELLE DE NEUBRUNN.
Par cette nuit d'orage?

THÉCLA.
Sous les pieds des chevaux il souffrit davantage.

MADEMOISELLE DE NEUBRUNN.
Les postes ennemis qu'il faudra traverser!
Mon Dieu! croyez-vous donc qu'ils nous laissent passer?

THÉCLA.
Ce sont des hommes. — Va! le malheur sur la terre
Circule librement.

MADEMOISELLE DE NEUBRUNN.
Ce long voyage à faire...

THÉCLA.
Quand vers l'image sainte il va, le pèlerin
Calcule-t-il jamais la longueur du chemin?

MADEMOISELLE DE NEUBRUNN.
Comment pouvoir franchir les portes de la ville?

THÉCLA.
L'or nous les ouvrira. — Va! dis-je, et sois tranquille.

ACTE IV. — SCÈNE XI.

MADEMOISELLE DE NEUBRUNN.

Si l'on nous reconnaît?

THÉCLA.
Dans celle qui fuira,
En proie au désespoir, personne ne verra
La fille de Friedland.

MADEMOISELLE DE NEUBRUNN.
Et des chevaux?

THÉCLA.
Je compte
Que par mon écuyer j'en aurai. — Dis qu'il monte.

MADEMOISELLE DE NEUBRUNN.

A l'insu de son maître il vous en donnerait?

THÉCLA.

Oui. — Sois sans crainte! — Va! Que bientôt tout soit
prêt!

MADEMOISELLE DE NEUBRUNN.

Et la duchesse? — Hélas! quelle douleur amère
Quand elle vous saura disparue!

THÉCLA, réfléchie et regardant devant elle, avec une expression de douleur:
O ma mère!

MADEMOISELLE DE NEUBRUNN.

Bonne mère! à ce cœur déjà tant éprouvé,
Ce dernier coup encore est-il donc réservé?

THÉCLA.

Je ne puis me résoudre à le détourner d'elle.
— Va donc!

MADEMOISELLE DE NEUBRUNN.

Réfléchissez encor, mademoiselle !

THÉCLA.

J'ai déjà tout pesé.

MADEMOISELLE DE NEUBRUNN.

Et quand nous serons là,
Qu'y prétendez-vous faire ?

THÉCLA.

Un dieu m'inspirera.

MADEMOISELLE DE NEUBRUNN.

A cette anxiété quand votre âme est en proie,
Pour chercher le repos vous faites fausse voie.

THÉCLA.

Près de lui, je l'aurai ; profond comme le sien.
— Mais, hâte-toi, de grâce ! et n'ajoute plus rien.
Je ne sais quelle force étrange, surhumaine,
Qu'en vain je combattrais, vers sa tombe m'entraîne.
J'y serai soulagée à l'instant. Pour mon cœur
S'ouvriront les liens où l'étreint sa douleur.
Mes larmes couleront. — Va donc ! Le temps se passe ;
Nous aurions pu déjà franchir un long espace.
Je n'aurai de repos qu'enfin si je me voi
De ces murs échappée. Ils vont crouler sur moi.
Un pouvoir inconnu, sombre, me précipite
Hors d'ici. — Quel est donc le trouble qui m'agite ?
Cette maison s'emplit de spectres. C'est partout
Que des fantômes, creux et pâles, sont debout !
— Plus d'espace pour moi ! — Leur nombre croît sans cesse.
L'épouvantable troupe et m'entoure et me presse :
Elle chasse d'ici la vivante !

MADEMOISELLE DE NEUBRUNN.
                    Dans moi
Vous jetez à ce point et l'angoisse et l'effroi,
Que je n'ose rester. Je vais, mademoiselle,
Amener Rosenberg.
                         (Elle sort.)

SCÈNE XII.

THÉCLA.
            Oui, son esprit m'appelle!
Ils m'appellent aussi ces fidèles soldats
Qui, pour venger leur chef, ont souffert le trépas.
Ils blâment mes retards; me reprochent de vivre.
C'est jusque dans la mort qu'ils ont voulu le suivre
Celui qui les guidait vivants! Et je ferais
Moins que ces rudes cœurs? et seule je vivrais?
— Non, non! Sur ton cercueil la couronne placée,
Pour ton amante aussi, cher Max, on l'a tressée;
Ce laurier, à la fois, c'est le tien, c'est le mien!
Une vie où l'amour ne brille pas, n'est rien.
La mienne perd son prix: je n'en veux plus.—La mienne?
Elle fut quelque chose en rencontrant la tienne,
Mon bien-aimé! C'est toi qui fis luire à mes yeux
Un jour que j'ignorais; jour d'or, jour radieux,
Et, grâce à toi, j'ai pu, pour nous, rêver des heures,
Comme on en doit goûter aux célestes demeures!
— Sur le seuil de ce monde alors tu te tenais.
Simple fille du cloître, en tremblant j'y venais.
Tu me le fis paraître éclatant de lumière,
Et tu semblais m'attendre en ange tutélaire
Qui, des riens où l'enfant avait dû s'arrêter,

Aux sommets de la vie allais me transporter.
Mon premier sentiment fut le bonheur céleste :
Mon premier regard vit ton cœur!

(Elle tombe dans une profonde rêverie, puis, éclate avec l'expression d'un sentiment d'horreur.)

Soudain, funeste,
Cruel, le Sort paraît! Froidement inhumain,
Il saisit mon ami, l'entraîne, et, de sa main,
Sous les pieds des chevaux jette l'image chère!...
— Ainsi périt, hélas! ce qu'a de beau la terre!

SCÈNE XIII.

THÉCLA, MADEMOISELLE DE NEUBRUNN, L'ÉCUYER.

MADEMOISELLE DE NEUBRUNN.

Le voici; qui promet d'agir à votre gré.

THÉCLA.

Nous aurons des chevaux?

L'ÉCUYER.

Je vous en donnerai.

THÉCLA.

Tu m'accompagneras?

L'ÉCUYER.

Fût-ce au bout de la terre!

THÉCLA.

Mais tu ne pourras plus revenir chez mon père.

L'ÉCUYER.

Je reste à vous.

THÉCLA.
Je veux te bien récompenser :
Dans une autre maison je te ferai placer.
— Peux-tu nous emmener secrètement?

L'ÉCUYER.
Sans doute.

THÉCLA.
Quand pourrai-je partir?

L'ÉCUYER.
Sur l'heure. — Quelle route?

THÉCLA.
C'est... Dis-le-lui, Neubrunn.

MADEMOISELLE DE NEUBRUNN.
La route de Neustadt.

L'ÉCUYER.
Je vais pour ce départ mettre tout en état.
(Il sort.)

MADEMOISELLE DE NEUBRUNN.
Dieu! votre mère!

THÉCLA.
O ciel!

SCÈNE XIV.

THÉCLA, MADEMOISELLE DE NEUBRUNN, LA DUCHESSE.

LA DUCHESSE.
Il est loin. — Je te trouve
Plus calme, mon enfant.

THÉCLA.

     Oui, ma mère... J'éprouve
Un besoin de repos. Souffrez qu'en ce moment
Je rentre avec Neubrunn dans mon appartement.

LA DUCHESSE.

Va reposer. — Ce mieux console un peu ta mère :
Elle peut te quitter pour rassurer ton père.

THÉCLA.

Chère mère, bonsoir !
  (Elle se jette à son cou et l'embrasse dans une vive émotion.)

LA DUCHESSE.

     Tu n'es pas encor bien :
Tu trembles et ton cœur bat fort contre le mien,
Ma fille.

THÉCLA.

   Le sommeil va me rendre, j'espère,
Le calme qui me manque. — Adieu, ma bonne mère !
  (Pendant qu'elle se dégage des bras de sa mère, le rideau tombe.)

FIN DU QUATRIÈME ACTE.

ACTE CINQUIÈME.

LA MORT DE WALLENSTEIN.

ACTE CINQUIÈME.

La chambre de Buttler.

SCÈNE PREMIÈRE.

BUTTLER, LE MAJOR GÉRALDIN.

BUTTLER[1].

Prenez douze dragons; de tout mon régiment
Les plus forts; armez-les de piques seulement :

---

1. Voici comment, dans son *Itinéraire* (édition de Londres, 1859, in-8°), Carve, chapelain de Buttler et, à la mort de ce dernier, passé en la même qualité au service de Dévéroux, devenu colonel, raconte le meurtre de Wallenstein :

« Avant de se rendre au souper, Buttler et Gordon firent choix de quelques hommes de confiance sur lesquels ils croyaient pouvoir compter pour les associer à l'honneur de leur entreprise. De ce nombre furent Géraldini, major du régiment de Buttler, et le lieutenant-colonel Walther Dévéroux. On les introduisit dans le château par une poterne, en leur recommandant d'entrer dans la salle du festin vers la fin du repas, et d'y tuer tous les traîtres à l'empereur. Le capitaine Edmond Borcke reçut l'ordre de parcourir les rues et de prévenir dans la ville tout tumulte. Ces mesures prises, et au moment où l'un des convives portait la santé de l'électeur de Saxe, alors en froid avec l'empereur, Buttler protesta en disant qu'il ne boirait à d'autre qu'à son empereur. Là-dessus, désordre dans l'assemblée. Géraldini et Dévéroux en profitent pour entrer, l'épée nue, avec leurs hommes, par deux portes opposées, en criant : « Vive Ferdinand II! Vive la maison d'Autriche! »
Il est facile de se figurer le trouble des traîtres à cette invasion inatten-

> Je ne veux pas un coup d'arme à feu. Qu'on les range
> Et les cache tout près de la salle où l'on mange;
> Et quand on vous dira : Le dessert est servi,

duc. Les uns renversent les tables toutes chargées, les autres se jettent sur leurs armes ou poussent des cris. Illo, sans perdre un instant et se confiant à sa vigueur, saute sur son épée, suspendue au mur, derrière lui. Il veut en vain s'opposer aux envahisseurs; il est tué avant d'avoir pu leur porter un seul coup. Puis ce fut le tour de Terzky; il tombe criblé de blessures, et les autres après lui. Au milieu de cette lutte, l'épée de Dévéroux, qui frappait de tous côtés, se brisa, et comme il lui restait encore de la besogne contre Wallenstein, il s'empara d'une pique en guise d'épée et marcha précipitamment vers la demeure du chef des traîtres. Il en touchait le seuil quand un soldat laissa maladroitement partir son escopette. Le coup, toutefois, ne donna pas l'éveil. Dévéroux entra le premier, et avec tant de bruit qu'il fut averti par le domestique qui veillait à la porte du prince, de faire plus doucement pour ne pas le réveiller : « Il ne s'agit plus de silence, le temps est venu de faire du bruit! » s'écrie Dévéroux. Puis, s'approchant de la porte, dont le valet de chambre avait retiré la clef, il essaie en vain à trois reprises de l'enfoncer à coup de pied; il n'y parvient pas davantage avec l'aide du plus vigoureux de ses hommes. Il ne la brise enfin qu'à un cinquième assaut, entre chez le duc et, sans préambule : « C'est bien toi, traître à l'Empire et à l'empereur? » De légers mouvements des lèvres et des sons inarticulés sont la seule réponse de Wallenstein. Dévéroux, avant de le frapper, veut lui laisser quelques moments pour faire sa paix avec Dieu, et il attend de lui un signe de contrition. N'en voyant aucun, il lui enfonce sa pique dans le ventre et le tue, tel qu'il était là, en chemise....

« Une trentaine de soldats de Buttler, parmi lesquels deux Écossais, un Espagnol et le reste Irlandais, tels furent les acteurs ou plutôt les spectateurs de cette tragédie. Ils aidèrent Dévéroux à envelopper dans un tapis le cadavre, qu'ils transportèrent sur une charrette jusque dans la citadelle. On alla aussitôt fouiller les archives de Friedland. Ses équipages et tout son mobilier furent mis en lieu sûr. Le lendemain matin, Buttler fut trouver les colonels, dans la ville et sous les tentes, au dehors. A la plupart d'entre eux il révéla la trahison du prince, cause de sa mort violente, et tous il les exhorta sérieusement à jurer de nouveau fidélité à l'empereur et à tenir de serment.... »

Pénétrez dans la salle en proférant ce cri :
« Qui tient pour l'empereur? » — Je renverse les tables,
Et vous, vous vous jetez sur les deux misérables,
Et les tuez. On ferme et garde, cette nuit,
Le château, pour qu'au prince il n'en vienne aucun bruit.
— Allez! — Et Dévéroux? Macdonald?

GÉRALDIN.

Vont paraître
Tous les deux.
(Il sort.)

BUTTLER.

Un retard pourrait tout compromettre.
Le bourgeois à son tour pour lui s'est prononcé.
Je ne sais quel esprit sur la ville a passé;
Le prince les fascine, et chacun le déclare
Le pacificateur, l'homme qui nous prépare
Un nouvel âge d'or. On s'arme dans Égra,
Et pour veiller sur lui c'est à qui s'offrira.
Il faut donc que l'affaire avec hâte se fasse :
Dedans comme au dehors l'ennemi nous menace.

SCÈNE II.

BUTTLER, LE CAPITAINE DÉVÉROUX, MACDONALD.

MACDONALD.

Nous voici, colonel.

DÉVÉROUX.

Le mot de ralliement...?

BUTTLER.

Est : Vive l'empereur...!

DÉVÉROUX et MACDONALD, reculant:
Que dites-vous? Comment!...

BUTTLER.
Et la maison d'Autriche !

DÉVÉROUX.
Eh! si je me rappelle,
C'est à Friedland que j'ai juré d'être fidèle?

MACDONALD.
C'est pour le protéger, je crois, que je venais?

BUTTLER.
Un traître? Un ennemi de l'Empire? Jamais!

DÉVÉROUX.
Vous m'avez enrôlé, pourtant, pour Son Altesse?

MACDONALD.
Et vous l'avez suivi dans cette forteresse ?

BUTTLER.
Pour être plus certain de le perdre.

DÉVÉROUX.
Ah! vraiment!

MACDONALD.
C'est autre chose!

BUTTLER, à Dévéroux:
Et toi, c'est si facilement
Qu'au devoir, au drapeau tu manques, misérable?

ACTE V. — SCÈNE II.

DÉVÉROUX.

Colonel, je suivais votre exemple. Que diable!
Si vous pouviez trahir, je le pouvais aussi.

MACDONALD.

D'ailleurs, vous avez seul à voir dans tout ceci :
Vous commandez! A vous yeux fermés on se livre.
Fût-ce même en enfer, on est prêt à vous suivre.

BUTTLER, d'un ton plus doux:

Bien! nous nous connaissons.

MACDONALD.

                Eh! oui, l'on se comprend.

DÉVÉROUX.

Nous appartenons, nous, toujours au plus offrant;
En soldats de fortune.

MACDONALD.

      Eh! oui.

BUTTLER.

                Soyez des hommes
Fidèles à l'honneur.

DÉVÉROUX.

          Volontiers nous le sommes.

BUTTLER.

Et vous ferez fortune.

MACDONALD.

      Encor mieux!

BUTTLER.

          Écoutez!

DÉVÉROUX et MACDONALD.

Parlez!

BUTTLER.

De l'empereur voici les volontés,
Et dans cette ordonnance à tous il les déclare :
Il faut que de Friedland, mort ou vif, on s'empare.

DÉVÉROUX.

L'ordonnance le dit?

MACDONALD.

Mort ou vif, c'est bien ça!

BUTTLER.

Et celui qui voudra remplir cet ordre-là,
En terres, en argent, croyez-moi, sera riche.

DÉVÉROUX.

Ces mots sonnent fort bien. Mais on n'en est pas chiche
En haut lieu. Nous savons à quoi nous en tenir.
Ces récompenses-là, nous les voyons venir :
Quelque cheval boiteux, quelque chaîne, un diplôme,
Ou n'importe quel rien. — Le duc est un autre homme!

MACDONALD.

Il est splendide, lui.

BUTTLER.

De son heureux destin
Les moments sont passés.

MACDONALD.

En êtes-vous certain?

BUTTLER.

Croyez-moi.

ACTE V. — SCÈNE II.

DÉVÉROUX.

Son bonheur...?

BUTTLER.

Fini! Plus d'espérance :
Aussi pauvre que nous.

MACDONALD.

Que nous?

DÉVÉROUX, à Macdonald:

Dis donc! je pense
Qu'il faut l'abandonner.

BUTTLER.

C'est ce qu'ont fait déjà
Vingt mille hommes. — Mais nous, nous irons au delà,
Camarades! Faisons besogne bonne et prompte :
Tuons-le!

(Ils reculent tous deux.)

DÉVÉROUX et MACDONALD.

Le tuer?

BUTTLER.

Oui, vous dis-je, et je compte
Sur vous, que j'ai choisis pour cet office.

DÉVÉROUX et MACDONALD.

Nous?

BUTTLER.

Oui, sur toi, Macdonald, et sur toi, Dévéroux.

DÉVÉROUX, après un moment de silence:

Allez chercher ailleurs!

MACDONALD.

   Choisissez-en un autre!

BUTTLER, à Dévéroux:

Aurais-tu peur, poltron ? Tu fais le bon apôtre?
Toi qui comptes déjà tes trente assassinats?

DÉVÉROUX.

Tuer le général!... Songez!... Je ne puis pas...

MACDONALD.

Il a notre serment.

BUTTLER.

   Qu'annule son parjure.

DÉVÉROUX.

Écoutez, colonel, l'alternative est dure.

MACDONALD.

On a sa conscience.

DÉVÉROUX.

    Au moins si je frappais
Un autre que cet homme, objet de nos respects,
Notre chef si longtemps.

BUTTLER.

   C'est là ce qui t'arrête?

DÉVÉROUX.

Oui. — Tenez! peu m'importe à moi quelle autre tête.
Je puis même à mon fils plonger l'épée au cœur,
S'il faut ce sacrifice au bien de l'empereur;
Mais nous sommes soldats. Prendre pour ma victime

Mon propre général? Ah! ce serait un crime
Dont aucun confesseur ne m'absoudrait jamais.

BUTTLER.

Eh bien! je suis ton pape et je te le remets.
— Vite, décidez-vous!

DÉVÉROUX reste pensif:

Ça ne va pas.

MACDONALD.

Non, certe.

BUTTLER.

Soit! Vous ne voulez pas la récompense offerte?
Appelez Pestalutz.

DÉVÉROUX, surpris:

Hum!

MACDONALD.

Pourquoi lui?

BUTTLER.

Je sais
Que par qui je voudrai vous serez remplacés.

DÉVÉROUX.

Du tout! S'il faut qu'il meure, en bonne conscience,
Nous pouvons aussi bien gagner la récompense.
— Qu'en dis-tu, Macdonald?

MACDONALD.

Si c'est un parti pris
Qu'il meure, à Pestalutz pourquoi laisser le prix?

DÉVÉROUX, *après un moment de réflexion :*
Et quand doit-il mourir?

BUTTLER.
Ce soir même. A nos portes,
Demain, des Suédois paraîtront les cohortes.

DÉVÉROUX.
Mais, me répondez-vous des suites, colonel?

BUTTLER.
De tout.

DÉVÉROUX.
De l'empereur l'ordre est-il bien formel?
Est-ce sa volonté? — Car, la chose s'est vue
Qu'on approuve le meurtre et punisse qui tue.

BUTTLER.
Le manifeste dit qu'on l'ait vivant ou mort.
Vivant ne se peut pas; nous en sommes d'accord.

DÉVÉROUX.
Donc, mort! — A l'approcher on aura de la peine :
Des soldats de Terzky la ville est toute pleine.

MACDONALD.
Sur Terzky, sur Illo nous ne saurions passer.

BUTTLER.
Il s'entend que par eux il faudra commencer.

DÉVÉROUX.
Eux aussi?

BUTTLER.
Les premiers.

MACDONALD.

     La nuit sera sanglante,
Dévéroux!

DÉVÉROUX.

   Pour ceux-là vous avez qui consente?
Abandonnez-les-moi.

BUTTLER.

    Le major Géraldin
S'en charge. Ils ont ce soir au château grand festin :
On les surprend à table et l'on s'en débarrasse.
Nous aurons Pestalutz, Lesley.

DÉVÉROUX.

     Soit! mais, de grâce!
Ma besogne au major et la sienne pour moi,
Colonel! Ça vous est indifférent, je crois.

BUTTLER.

Le danger est moins grand avec le duc.

DÉVÉROUX.

      Que diable!
De quoi donc, colonel, me croyez-vous capable?
Ce n'est pas son épée, allez! c'est son regard
Qui me fait peur.

BUTTLER.

  Pourquoi?

DÉVÉROUX.

     Je ne suis pas couard,
Sacrebleu! C'est connu; mais, tenez! ce bon maître
La semaine dernière encor, m'a fait remettre

Vingt pièces d'or, afin que je puisse acheter
Ce bon habit d'hiver que l'on me voit porter.
Or, mettez que de lui j'approche avec ma pique :
S'il jette par hasard l'œil sur cette tunique,
Alors... alors... tenez!... Et pourtant, sacré nom!
Je vous le dis encor : je ne suis pas poltron.

BUTTLER.

Pour ce vêtement chaud, tu fais, toi, pauvre hère,
De lui percer le cœur une bien grave affaire.
Il a de l'empereur reçu, tu le sais bien,
Un habit autrement fourré que n'est le tien :
C'est son manteau de prince; or, sa reconnaissance,
Qu'a-t-elle à l'empereur offert en récompense?
Révolte et trahison.

DÉVÉROUX.

                C'est que c'est vrai, ma foi!
— Que la reconnaissance aille au diable! — Eh bien! moi,
Je le tûrai.

BUTTLER.

        D'ailleurs, qu'un scrupule te reste,
Calme ta conscience en l'ôtant cette veste,
Et c'est frais et dispos que tu feras ton coup.

MACDONALD.

Fort bien; et cependant ce n'est pas encor tout.

BUTTLER

Que te faut-il de plus?

MACDONALD.

                Contre un homme semblable,
Que nous sert d'être armés? Il est invulnérable.

ACTE V. — SCÈNE II.

BUTTLER, avec colère:

Imbécile!

MACDONALD.

A l'épreuve et du plomb et du fer,
Un bloc de glace. Il a les ruses de l'enfer.
Son corps est garanti contre toute blessure.

DÉVÉROUX.

Un homme d'Ingolstadt avait même nature :
Sa peau, comme d'acier, ne pouvait s'entamer;
A coup de crosse enfin il fallut l'assommer.

MACDONALD.

Eh bien! vous allez voir ce que je m'en vais faire.

DÉVÉROUX.

Parle!

MACDONALD.

Aux Dominicains de cette ville, un Frère
Est mon compatriote; il peut tout arranger :
Il faut qu'en eau bénite il ait soin de plonger
Ma pique et mon épée, et dise sur mes armes
Ses bénédictions les meilleures. Les charmes
N'y résisteront pas; c'est infaillible.

BUTTLER.

Eh bien!
Tu pourras, Macdonald, user de ce moyen...
Maintenant vous savez à quel point nous en sommes :
Dans votre régiment prenez vingt ou trente hommes,
De ceux dont vous pouvez connaître la vigueur;
Vous leur ferez prêter serment à l'empereur;
Puis, onze heures sonnant, quand la première ronde

Sera rentrée au poste, avec tout votre monde,
En un profond silence, entrez dans la maison.
Je ne serai pas loin.

DÉVÉROUX.

Mais de quelle façon
Pourrons-nous traverser cette cour de service
Où veillent les archers?

BUTTLER.

Je connais l'édifice
A ne pas m'y tromper. Vous me trouverez prêt :
Je vous ouvre, derrière, un passage secret
Que garde seul l'un d'eux. Du prince la demeure,
A mon rang, à ma charge est ouverte à toute heure;
Je vous précède tous, je poignarde l'archer,
Et vous ouvre la route où vous devrez marcher.

DÉVÉROUX.

Quand nous serons montés, comment aller, ensuite,
A sa chambre à coucher, sans craindre que sa suite
Ne s'éveille et n'appelle? Il est bien escorté.

BUTTLER.

Elle est dans l'aile droite; il a l'autre côté,
Seul, par crainte du bruit [1].

DÉVÉROUX.

Que n'est-ce chose faite,
Macdonald! — Diable soit! dans mon cœur tout ça jette
Un trouble singulier.

1. Voir la note, page 42.

MACDONALD.

Je le voudrais aussi.
C'est s'attaquer trop haut. Je crains qu'après ceci
Du nom de scélérats on ne nous récompense.

BUTTLER.

Dans l'éclat des honneurs, au sein de l'abondance,
De ce que l'on dira vous pourrez vous moquer.

DÉVÉROUX.

Pourvu que ces honneurs n'aillent pas nous manquer!

BUTTLER.

Si par vous l'empereur sauve Empire et couronne,
Croyez-vous que ce soit chichement qu'il vous donne?

DÉVÉROUX.

Le duc à l'empereur, et grâce aux Suédois...?

BUTTLER.

Voulait ôter le trône et la vie à la fois.

DÉVÉROUX.

C'est le fer du bourreau qui trancherait la sienne,
Si nous voulions vivant le leur livrer à Vienne?

BUTTLER.

A cette destinée il n'échapperait pas.

DÉVÉROUX, à Macdonald:

Viens! Qu'il tombe, du moins, sous la main de soldats,
En général, avec honneur!
(Ils sortent.)

SCÈNE III.

Une salle d'où l'on arrive à une galerie qui se perd au loin dans le fond de la scène.

WALLENSTEIN, assis à une table. LE CAPITAINE SUÉDOIS, debout devant lui. Bientôt après, LA COMTESSE TERZKY.

WALLENSTEIN.

A votre maître
Portez mes compliments. Si vous trouvez, peut-être,
Qu'en vous disant la part qu'à ses succès je prend,
Je ne témoigne pas un plaisir aussi grand
Que peut le mériter sa nouvelle victoire;
Ce n'est point par mauvais vouloir; veuillez le croire :
La fortune est pour nous commune à l'avenir.
Adieu. Vous avez pris la peine de venir;
J'en suis reconnaissant. — Demain, la citadelle,
Dès que vous paraîtrez, s'ouvrira.

(Le capitaine suédois sort. Wallenstein reste absorbé dans ses pensées, regardant fixement à terre, la tête appuyée sur la main. La comtesse Terzky entre et se tient quelque temps devant lui sans qu'il la remarque. Enfin, il fait un mouvement subit, l'aperçoit et se domine aussitôt.)

Que fait-elle?
Vous venez de la voir? Va-t-elle mieux?

LA COMTESSE.

Ma sœur
Me dit que l'entretien a calmé sa douleur.
Elle dort.

WALLENSTEIN.

Sa douleur deviendra moins amère
Quand elle pleurera.

ACTE V. — SCÈNE III.

LA COMTESSE.

Mais vous aussi, mon frère,
Je ne vous trouve plus le même qu'autrefois.
Nous avons la victoire, et triste je vous vois?...
— Oh! garde ton courage et soutiens-nous! Qu'il brille
Le flambeau, le soleil de toute la famille!

WALLENSTEIN.

Je n'ai rien. — Ton mari?

LA COMTESSE.

D'un grand repas, ce soir,
Il est avec Illo.

WALLENSTEIN.

(Il se lève et fait quelques pas dans la salle.)

Le ciel est déjà noir.
— Va dans ta chambre.

LA COMTESSE.

Oh! non; pas cet ordre, de grâce!
Permets que, cette nuit, près de toi je la passe!

WALLENSTEIN, qui est allé à la fenêtre:

D'un profond mouvement tout le ciel agité....
Le drapeau de la tour par le vent tourmenté....
Les nuages vont vite et la lune vacille....
Parfois quelque lueur à travers la nuit brille....
Pas un astre! Une seule, une terne clarté
Dit que Cassiopée éclaire ce côté.
C'est là qu'est Jupiter. — Mais cette nuit d'orages
Le couvre en ce moment de ses sombres nuages.

(Il tombe dans une profonde rêverie et regarde fixement au dehors.)

LA COMTESSE, *qui le considère avec tristesse, lui prend la main :*
A quoi réfléchis-tu ?

WALLENSTEIN.

Je crois que si mes yeux
Pouvaient l'apercevoir, pour moi tout serait mieux ;
C'est l'astre qui préside à ma vie, et sa vue
L'a merveilleusement, bien souvent, soutenue.

(Moment de silence.)

LA COMTESSE.

Tu le reverras.

WALLENSTEIN, *qui est retombé dans une profonde distraction, revient tout à coup à lui et se tourne vers la comtesse :*

Lui ? Le revoir ? — Oh ! jamais !

LA COMTESSE.

Pourquoi ?

WALLENSTEIN.

C'est qu'il n'est plus. — Il est poussière !

LA COMTESSE.

Mais,
De qui veux-tu parler ?

WALLENSTEIN.

Heureuse destinée !
Voilà sa mission désormais terminée.
Il n'est plus d'avenir qui doive l'occuper ;
D'artifices du sort qui puissent le tromper.
Sa vie est déroulée, et sans plis, et brillante,
Nulle tache n'y reste, et l'heure menaçante
Où viendra le malheur, n'y retentira plus.
Plus de désir, de crainte : il est bien au-dessus.

Il échappe à l'errante et trompeuse planète.
Oh! pour lui, maintenant, félicité complète!
Mais, pour nous, qui dirait ce que doit amener
L'heure qu'un voile noir couvre et qui va sonner?

LA COMTESSE.

A Piccolomini dans ce moment tu penses.
De cette mort de Max dis-moi les circonstances;
L'officier suédois te faisait ses adieux
Au moment où j'entrais.

(Wallenstein, de la main, lui fait signe de se taire.)

Ne porte pas les yeux
Vers des jours écoulés. Nous devons, au contraire,
Regarder devant nous vers un temps plus prospère.
Jouis de la victoire et prends soin d'oublier
De quel prix tu t'es vu contraint de la payer.
La perte de l'ami, d'aujourd'hui compte-t-elle?
Du jour qu'à ta fortune il devint infidèle,
Il était mort pour toi.

WALLENSTEIN.

Je sais que, ce malheur,
Je le supporterai : quelle est donc la douleur
Dont on ne se console? — Élevée ou vulgaire,
L'homme de l'habitude apprend à se défaire :
La puissance du temps le dompte. Cependant,
Je sens ce que je viens de perdre en le perdant.
Ma vie est devant moi froide, décolorée;
Elle n'a plus la fleur dont elle était parée :
Ma jeunesse dans lui marchait à mon côté,
Donnant l'attrait du songe à la réalité,
Et voilant des objets la vérité vulgaire

Comme des vapeurs d'or dont le matin s'éclaire.
J'en suis venu souvent à l'admiration
A voir comment, au feu de son affection,
Ennoblis à mes yeux, les aspects de la vie
Perdaient leur platitude et leur monotonie.
—Quand je le conquerrais ce grand prix où je cours,
Le beau s'est de ma vie effacé pour toujours ;
Car, avant tout bonheur, c'est l'ami qu'il faut mettre,
Lui qui, d'abord, le crée, et dans nous le fait naître,
Et qui, le partageant, nous en double le prix.

LA COMTESSE.

Le doute de toi-même est dans ce que tu dis.
Va ! dans ton propre cœur assez forte est la vie
Pour n'avoir pas besoin de qui la vivifie.
Les vertus que dans Max tu vantes, n'est-ce pas
Celles qu'il eut de toi ? Qu'en lui tu cultivas ?

WALLENSTEIN, allant à la porte.

Qui nous trouble si tard ? Le commandant. —Des portes
Il vient rendre les clefs. — Il est temps que tu sortes,
Voici minuit, Thérèse.

LA COMTESSE.

    Oh ! m'éloigner de toi
Me coûte tant ce soir. J'ai si peur !

WALLENSTEIN.

      Peur ! de quoi ?

LA COMTESSE.

En hâte, cette nuit, que tu partes, mon frère,
Et qu'à notre réveil tu nous manques !

ACTE V. — SCÈNE III.

WALLENSTEIN.
                         Chimère!

LA COMTESSE.
Ah! c'est que ce n'est pas de ces derniers moments
Que mon âme est en proie aux noirs pressentiments;
De jour, je les combats, mais, au sommeil livrée,
C'est en rêves affreux que j'en suis torturée.
Pendant la nuit d'hier, en songe, je te vis,
En habits somptueux, à table, vis-à-vis
De ta première femme....

WALLENSTEIN.
                 Eh bien? heureux présage!
D'où date mon bonheur? C'est de ce mariage.

LA COMTESSE.
Et cette nuit, Albert, encor même tourment :
J'allais pour te chercher dans ton appartement;
J'entre... Rien qu'une chambre étroite, ténébreuse!
La tienne a disparu : je suis à la Chartreuse
Par tes ordres fondée à Gitschin, où tu dois
Avoir ta tombe un jour!

WALLENSTEIN.
                 Ces songes, je le vois,
Occupent ton esprit.

LA COMTESSE.
                 Est-ce que tu t'élèves
Contre l'opinion qui veut voir dans les rêves
De prophétiques voix et des avis?

WALLENSTEIN.
                         Je crois
Que dans certains moments l'homme entend de ces voix.

Mais je n'admettrai pas que ces voix nous avisent
Lorsqu'est inévitable un fait qu'elles prédisent.
Avant qu'à l'horizon le soleil ait atteint,
Dans un rond vaporeux son image se peint.
Les grands événements, de même, aux yeux des hommes,
Ont leurs avant-coureurs et comme leurs fantômes,
Et le jour où l'on est fait déjà deviner
Ce que le lendemain pour nous doit amener.
La mort de Henri-Quatre et ce qu'on en rapporte
Sur moi produit toujours une impression forte :
Le roi, longtemps avant que s'armât l'assassin,
Croyait déjà sentir son couteau dans le sein.
Il perdit le repos ; l'image meurtrière
Empêchait le sommeil de fermer sa paupière.
Au milieu de son Louvre on le voyait errer ;
Il fallait qu'au grand air il allât respirer ;
Les fêtes qu'on donnait à la reine de France
Pour son couronnement, dans leur magnificence
Retentissaient pour lui comme un funèbre glas ;
Dans ses pressentiments, il entendait les pas
De gens qui le cherchaient dans Paris.

LA COMTESSE.

A cette heure,
Ne te dit-elle rien la voix intérieure ?

WALLENSTEIN.

Non, rien. Sois bien tranquille.

LA COMTESSE, absorbée dans de sombres pensées :

Une autre fois encor,
Je cherchais à te suivre : en un long corridor

Devant moi tu courais, et par de vastes salles
Qui n'en finissaient plus. Sur nous, par intervalles,
Des portes se fermaient avec un grand fracas.
Je suivais hors d'haleine et ne t'atteignais pas.
Par derrière, une main, tout à coup, main glacée,
Me saisit; — c'était toi! Puis, tu m'as embrassée,
Et j'ai cru voir sur nous s'étendre, au même instant,
Un drap rouge.

WALLENSTEIN.
Un reflet de ma chambre.

LA COMTESSE, le regardant:
Et, pourtant,
S'il devait s'accomplir le sinistre présage!
Si toi, qu'ici je vois dans la force de l'âge...!
(Elle se jette dans ses bras en pleurant.)

WALLENSTEIN.
Ma mise au ban te trouble. Or, que fait un papier?
L'empereur ne saurait trouver un meurtrier.

LA COMTESSE.
Et s'il en trouvait un? — Que Dieu me soit en aide!
A mes maux j'ai sur moi de quoi porter remède.
(Elle sort.)

SCÈNE IV.

WALLENSTEIN, GORDON, puis, LE VALET DE CHAMBRE.

WALLENSTEIN.
La ville est bien tranquille?

GORDON.
Oui, Monseigneur.

WALLENSTEIN.

                                      Gordon,
Ces chants, cet éclairage au château, qu'est-ce donc?
Quels sont ces gens joyeux?

GORDON.

                     C'est, en l'honneur du comte
Et du feld-maréchal, un banquet.

WALLENSTEIN, à part:

                            Où l'on compte
Bien fêter le succès des Suédois. — Ces gens
Ne savent être heureux que buvants et mangeants.

        (Il sonne; LE VALET DE CHAMBRE entre.)
Couche-moi.

            (Il prend de Gordon les clefs.)
Voilà donc notre nuit assurée
Contre tout ennemi; ma personne, entourée
D'amis sûrs; car tout trompe, ou ce visage-là

                      (Il regarde Gordon.)
Ne peut pas me masquer un hypocrite.

   (Le valet de chambre lui ôte son manteau, son hausse-col et son
   écharpe.)
                              Holà!
Qu'est-ce qui tombe? vois!

LE VALET DE CHAMBRE.

                    Votre chaîne; brisée!

WALLENSTEIN.

Depuis que je la porte elle peut être usée.
Donne!

                    (Il regarde la chaîne.)
Je l'ai reçue un jour de l'empereur,
Et ce fut là pour moi sa première faveur.

ACTE V. — SCÈNE IV.

Il était archiduc quand il me l'a donnée ;
Nous étions en Frioul, et, depuis la journée
Où sa main attacha cette chaîne à mon cou,
L'habitude m'a fait y porter le bijou,
— La superstition, si l'on veut. — Cette chaîne
Devait rendre pour moi la fortune certaine,
Tant qu'à ce talisman je voudrais avoir foi,
A ce signe premier de sa faveur pour moi.
Soit ! D'une autre fortune il me faut l'influence,
Puisque le talisman a perdu sa puissance.

(Le valet de chambre s'éloigne avec les vêtements. Wallenstein se lève, se promène un moment dans la salle, puis, s'arrête pensif devant Gordon.)

Comme les anciens temps se rapprochent de moi!
A la cour, à Burgau, Gordon, je me revoi,
Lorsque nous y portions tous deux l'habit de page.
Nous discutions souvent. Toi, tu faisais le sage ;
Tu me voulais du bien, volontiers me prêchais,
Et mon ambition, tu me la reprochais :
J'avais tort de vouloir tenter les hautes sphères ;
Mes rêves te semblaient des rêves téméraires.
Et que de fois, alors, ne m'as-tu pas vanté
Le chemin d'or que suit la médiocrité!
Crois-tu que ta sagesse ait été la meilleure?
Elle a fait de toi l'homme usé bien avant l'heure,
Et dans ce triste coin te laisserait mourir,
Si je ne venais pas à temps pour te couvrir
De la protection de ma puissante étoile.

GORDON.

Prince, un pauvre pêcheur ramène à temps sa voile,

Et dans le port tranquille attache son bateau,
Tandis que la tourmente engloutit le vaisseau.

WALLENSTEIN.

Au port te voilà donc, vieillard ? Loin du rivage,
Moi, je me tiens encor. J'ai toujours mon courage,
Toujours frais, toujours grand, et, sans me fatiguer,
Sur les flots de la vie il me pousse à voguer.
L'Espérance est toujours encore ma déesse ;
Je sens que mon esprit a toujours sa jeunesse,
Et si je me compare à toi, je suis tenté
De dire avec orgueil qu'en leur rapidité,
Les ans n'ont qu'effleuré ma chevelure brune,
Sans pouvoir y laisser leur trace.

(Il se promène à grands pas, puis, s'arrête en face de Gordon, de l'autre côté du théâtre.)

La fortune
Est-elle donc trompeuse ? On ne le dira plus :
Elle me fut fidèle entre tous ses élus ;
Dans la foule elle vint me prendre avec tendresse,
Et dans ses bras puissants, dans ses bras de déesse,
Légère, m'emporta pour me faire monter
A des sommets que, seul, je n'eusse osé tenter.
Dans la route où je marche il n'est rien d'ordinaire,
Et ma main n'offre pas les lignes du vulgaire.
Pour expliquer ma vie, on ne peut pas songer
Sous la règle commune à vouloir me ranger.
Je semble bien déchu maintenant, je l'avoue ;
Mais c'est pour un instant seulement que j'échoue :
Je saurai relever mon navire, et, bientôt,
La vague reviendra pour le remettre à flot.

ACTE V. — SCÈNE IV.

GORDON.

Pourtant, j'ai retenu cette maxime ancienne :
« Ne vante pas le jour avant que le soir vienne. »
Est-ce du long bonheur qu'il faut tirer l'espoir ?
C'est le lot du malheur ; c'est à lui de l'avoir.
La crainte doit planer sur une tête heureuse :
La balance du sort est si capricieuse !

WALLENSTEIN, souriant :

Je crois entendre encor le Gordon d'autrefois.
Les choses de la terre ont de changeantes lois,
Je le sais ; et je sais qu'il est des dieux contraires,
Dont le sort des mortels est d'être tributaires.
Les païens le savaient et payaient ces impôts :
Ils attiraient sur eux de volontaires maux,
Et pour ces dieux jaloux, pour les rendre propices,
Ils offraient à Typhon leurs humains sacrifices.

(Après un moment de silence, sérieusement et plus bas :)

Il a reçu le mien aussi : le voilà mort
Mon ami le plus cher, et par ma faute, encor !
Quel que soit, désormais, le bonheur qui m'arrive,
Je n'en saurais avoir une joie aussi vive
Que ne l'est ma douleur après ce coup affreux.
Le voilà satisfait le Destin envieux :
Pour une vie, hélas ! il prend une autre vie !
Et sur mon bien-aimé, sur l'innocent, dévie
La foudre qui devait m'abattre et m'écraser.

SCÈNE V.

LES PRÉCÉDENTS, SÉNI.

WALLENSTEIN.

Séni? — Tout hors de lui! Que dois-je supposer?...
— A cette heure...? Tu viens...?

SÉNI.

     Tremblant pour Votre Altesse.

WALLENSTEIN.

Eh bien? Parle!

SÉNI.

    Fuyez avant que le jour naisse,
Et ne vous fiez pas aux Suédois!

WALLENSTEIN.

     Séni!

SÉNI, élevant la voix.

Qu'entre les Suédois et vous tout soit fini!

WALLENSTEIN.

Pourquoi?

SÉNI.

   N'attendez pas ces Suédois, de grâce!
De la part d'amis faux un danger vous menace.
De signes effrayants le ciel est plein. Les rets
Où vous devez périr sont près de vous, tout près.

WALLENSTEIN.

Va! tu rêves, Baptiste, et la crainte te mène
A la folie.

SÉNI.

  Oh! non; ce n'est pas crainte vaine :

Venez, et dans le ciel vous verrez annoncés
De perfides amis, et vos jours menacés.

WALLENSTEIN.

De perfides amis mon malheur est l'ouvrage,
Je le sais. C'est trop tard qu'arrive le présage,
Et je n'ai plus besoin de ces signes aux cieux.

SÉNI.

Venez, je vous en prie, et croyez-en vos yeux!
Un signe affreux paraît dans la maison de vie :
Un ennemi tout proche, un malfaisant génie
Derrière votre étoile est aux aguets. Je viens
Vous en supplier, prince ; écartez ces païens :
Ne font-ils pas la guerre à notre sainte Église?

WALLENSTEIN, souriant:

Ah! ah! c'est dans ce sens que le ciel prophétise?
Très-bien! Mon alliance avec les Suédois,
J'y pense maintenant, n'a jamais eu ta voix.
Baptiste, va dormir! Peu m'importe ton signe.

GORDON, qui, pendant cet entretien, s'est montré vivement ému,
se tourne vers Wallenstein :

Oserai-je parler, prince? Une bouche indigne
Peut fournir bien souvent un avis précieux.

WALLENSTEIN.

Parle!

GORDON.

Si ce qu'il dit de ces signes aux cieux
N'était pas seulement un effet de sa crainte?
Si, pour vous préserver, une volonté sainte
Voulait, en l'inspirant, faire un miracle?

WALLENSTEIN.

Allez !
C'est dans la fièvre ici que tous deux vous parlez.
Craindre des Suédois un malheur qu'on présage ?
Lorsque mon alliance est à leur avantage ?
Quand ils l'ont recherchée ?

GORDON.

Et si, précisément
Parce qu'ils vont venir... vous deviez... au moment
Où je vous vois si sûr de n'avoir rien à craindre...
Si... l'horrible malheur... il devait vous atteindre ?

(Il tombe à ses pieds.)

Prince ! il est temps encore...

SÉNI, se jetant à genoux :

Il vous ouvre les yeux !

WALLENSTEIN.

Temps de quoi ? Levez-vous !... Levez-vous, je le veux !

GORDON, se levant :

Le Rhingrave est en route encor : que Votre Altesse
Dise un mot, je lui fais fermer la forteresse.
Qu'il ose l'assiéger alors ! Nous sommes sûrs
Que son armée et lui périront sous ces murs,
Sans lasser de nos cœurs l'héroïque constance.
Qu'il apprenne jusqu'où porteront la vaillance
Quelques braves, qu'anime et que rendra plus forts
Un héros, résolu de réparer ses torts.
Et l'empereur s'émeut, et l'empereur pardonne :
Il le fait volontiers, car il a l'âme bonne ;

Et Friedland repentant devient plus grand pour lui
Qu'il ne le fut jamais avant d'avoir failli!

WALLENSTEIN *le considère avec étonnement et garde un moment le silence, en témoignant d'une vive émotion intérieure:*

Votre zèle est allé bien loin; mais j'autorise
L'ami de ma jeunesse à certaine franchise.
— Il a coulé du sang: impossible, Gordon,
Que jamais l'empereur m'accorde son pardon;
Et quand il le pourrait, je te dis que moi-même
Je la refuserais cette faveur suprême.
Ah! si j'avais prévu l'événement d'hier,
Et qu'il dût m'en coûter mon ami le plus cher;
Qu'hier, mon cœur d'aujourd'hui m'eût tenu le langage,
Peut-être que j'aurais réfléchi davantage,
— Peut-être non. — Pourquoi de vains ménagements?
L'entreprise est trop grave en ses commencements
Pour ne pas l'achever. — Qu'elle ait son cours!

(Allant à la fenêtre:)

Regarde!
Nuit profonde. Au château tout dort hormis la garde.

(Au valet de chambre:)

Qu'on m'éclaire!

(Le valet de chambre, qui est entré en silence et s'est tenu à l'écart pendant l'entretien, en y prenant une part visible, s'avance, profondément ému, et se précipite aux pieds du duc.)

Et toi? Bon! Auprès de l'empereur,
Je sais pourquoi tu veux que je rentre en faveur.
— Pauvre homme! en Carinthie il est propriétaire,
Et le voilà tremblant pour ses lopins de terre
Que, parce qu'il me sert, il croit déjà perdus.
Suis-je donc pauvre au point que je ne puisse plus

Indemniser mes gens? — Je ne retiens personne.
Va-t'en si, selon toi, le bonheur m'abandonne.
Tu vas ce soir encore être mon serviteur,
Et demain, si tu veux, passe à ton empereur.
— Bonsoir, Gordon! Je vais dormir longtemps, je pense,
Après ces derniers jours de si vive souffrance.
— Dites qu'on ne soit pas pour moi trop matinal.

(Il sort; le valet de chambre l'éclaire; Séni le suit. Gordon reste dans l'obscurité, suivant des yeux le duc jusqu'à ce qu'il ait disparu à l'extrémité de la galerie. Alors il exprime, par gestes, sa douleur et s'appuie tristement contre une colonne.)

SCÈNE VI.

GORDON, BUTTLER, d'abord derrière la scène.

BUTTLER.

Qu'on reste là, tranquille. Attendez mon signal.

GORDON, tressaillant:

Déjà les meurtriers!

BUTTLER.

Plus aucune lumière;
Dans un sommeil profond tout est plongé.

GORDON.

Que faire?
Le sauverai-je encore, et dois-je l'essayer?
Donner l'alarme aux gens? A la garde crier?

BUTTLER, qui paraît dans le fond du théâtre:

Du fond du corridor cette lumière vive
Montre que c'est par là qu'à sa chambre on arrive.

ACTE V. — SCÈNE VI.

GORDON.

Et ce qu'à l'empereur par serment j'ai promis?
Qu'il puisse s'échapper, il passe aux ennemis,
Il les grandit, les rend plus forts par sa présence,
Et des suites c'est moi qui répondrai.

BUTTLER, qui se rapproche un peu:

Silence!
Quelqu'un parle. — Écoutons!

GORDON.

Hélas! le meilleur est
De m'en remettre au ciel. Eh! que suis-je, en effet,
Pour vouloir me mêler d'une si grosse affaire?
S'il meurt, je reste pur; s'il échappe, au contraire,
Le fait est de moi seul, et moi seul je me vois
Responsable de tout.

BUTTLER, s'avançant:

Je connais cette voix.

GORDON.

Buttler!

BUTTLER.

C'est vous, Gordon? D'où vient que l'on vous voie
Encore ici? Si tard le prince vous renvoie?

GORDON.

Votre bras en écharpe?

BUTTLER.

Oui; blessé. Cet Illo,
En vrai désespéré nous disputait sa peau.
Enfin, il est tombé.

GORDON, tressaillant d'horreur:
Sont-ils morts?

BUTTLER.
Chose faite!
— Est-il couché?

GORDON.
Buttler!

BUTTLER, pressant:
L'est-il? point de défaite!
Cette action longtemps ne s'ignorera pas.

GORDON.
Il ne faut pas qu'il meure, et pas de votre bras!
Vous voyez bien, Buttler, qu'il ne faut pas qu'il meure.
Le ciel vous l'a montré clairement tout à l'heure :
Il rejette ce bras qu'il permit de blesser.

BUTTLER.
D'autres sont prêts : du mien on saura se passer.

GORDON.
Les coupables sont morts. Assez pour la justice!
Qu'il ait tout expié ce premier sacrifice!
(Le valet de chambre se fait voir dans la galerie, le doigt sur la bouche, pour commander le silence.)
Il dort! Ah! que pour vous son sommeil soit sacré!

BUTTLER.
Il mourra réveillé.
(Il veut sortir.)

GORDON.
S'il était préparé!

Mais, hélas! de son cœur le monde est encor maître;
Devant Dieu, serait-il en état de paraître?

BUTTLER.

Qu'il compte sur sa grâce.
(Il veut sortir.)

GORDON, le retenant:
Une nuit seulement!

BUTTLER.

Non; nous pouvons nous voir trahis à tout moment.
(Il veut sortir.)

GORDON, continuant à le retenir:
Une heure!

BUTTLER.
Non! lâchez! — A quoi bon? Non, vous dis-je!

GORDON.

La puissance du temps monte jusqu'au prodige.
Dans une heure, en milliers de grains le sable a fui :
La pensée est mouvante et prompte comme lui;
Une heure peut changer et votre âme et la sienne;
Il se peut qu'un avis favorable nous vienne,
Et que pour nous enfin le ciel fasse arriver
D'heureux événements qui puissent tout sauver!
Dans une heure, Dieu sait tout ce qui s'exécute!

BUTTLER.

C'est me dire quel est le prix d'une minute.
(Il frappe du pied.)

SCÈNE VII.

Les précédents, MACDONALD, DÉVÉROUX, avec des hallebardiers. Un peu après, **LE VALET DE CHAMBRE.**

GORDON, se jetant entre Buttler et les meurtriers :

Non, cruel ! Sur mon corps d'abord tu passeras,
Et tant que je vivrai ne s'accomplira pas
Cette atroce action !

BUTTLER, le repoussant :

Tais-toi, vieil imbécile !
(On entend des trompettes dans le lointain.)

MACDONALD et DÉVÉROUX.

Voilà les Suédois ! Ils sont devant la ville !
Vite ! Dépêchons-nous !

GORDON.

Ciel ! ô ciel !

BUTTLER.

Commandant !
A votre poste !
(Gordon sort précipitamment.)

LE VALET DE CHAMBRE, accourant :

Eh bien ! quel est ce bruit, pendant
Que Son Altesse dort ? Que l'on fasse silence !

DÉVÉROUX, d'une voix haute et terrible :

C'est le moment du bruit, camarade ; il commence !

LE VALET DE CHAMBRE, criant :

A l'aide ! A l'assassin !

BUTTLER.

Qu'on le tue!

LE VALET DE CHAMBRE, poignardé par Dévéroux et tombant à l'entrée de la galerie:

Oh! Jésus!

BUTTLER.

Entrez!

(Ils entrent dans la galerie, en passant sur le cadavre. — On entend dans le lointain deux portes tomber successivement. — Voix confuses. — Bruit d'armes. — Puis, profond silence.)

SCÈNE VIII.

LA COMTESSE TERZKY, une lumière à la main:

Sa chambre est vide. On ne la trouve plus!
Neubrunn, qui la veillait, qu'on ne voit point paraître!
Se serait-elle enfuie? En quel lieu peut-elle être?
Il faut la retrouver; tout mettre en mouvement!
Au prince comment dire un tel événement?
Ce festin! Mon mari se fait longtemps attendre.
Le duc, est-ce qu'il veille? Il me semblait entendre
Des voix, des pas... Allons à sa porte écouter...
Ah! précipitamment j'entends quelqu'un monter.

SCÈNE IX.

LA COMTESSE, GORDON, puis, BUTTLER.

GORDON, se précipitant dans la salle, empressé, hors d'haleine:

C'est une fausse alerte et, devant cette place,
Pas un seul Suédois. — Buttler! Buttler! de grâce!...
— O ciel! il n'est plus là!

(Apercevant la comtesse:)

Comtesse, est-il parti?

LA COMTESSE.

Vous venez du château, monsieur?... Et mon mari?

GORDON, avec effroi :

Oh! ne m'adressez pas de questions, madame!
Rentrez!
(Il veut sortir.)

LA COMTESSE, l'arrêtant :

D'abord, l'avis que de vous je réclame.

GORDON, avec insistance :

Il s'agit du destin du monde en ce moment!
Au nom du ciel, rentrez dans votre appartement!
Tandis que nous parlons et qu'ici je m'arrête...
Grand Dieu!
(Il crie :)
Buttler! Buttler!

LA COMTESSE.

      Il était de la fête,
Et doit avec le comte être encore au château.
(Buttler sort de la galerie.)

GORDON, qui l'aperçoit :

Ce n'était qu'une erreur, ces trompettes, tantôt :
Au lieu des Suédois, des troupes de l'Empire ;
Elles font leur entrée, et je viens vous le dire...
Le général en chef me suit... C'est de sa part...
Vous n'irez pas plus loin...

BUTTLER.

    Il arrive trop tard.

GORDON, s'appuyant contre la muraille:

O juste ciel!

LA COMTESSE, pleine d'un sombre pressentiment:

Trop tard? Pourquoi? Qui va paraître?
Serait-ce Octavio qui dans Égra pénètre?
Trahison! trahison! Le duc? Je veux le voir!
(Elle se précipite vers la galerie.)

SCÈNE X.

Les précédents, SÉNI; puis, LE BOURGMESTRE, UN PAGE, UNE FEMME DE CHAMBRE, DES DOMESTIQUES, parcourant la scène épouvantés.

SÉNI, sortant de la galerie avec tous les signes de la terreur:

O sanglante action! O forfait le plus noir!

LA COMTESSE.

Séni, qu'arrive-t-il?

LE PAGE, revenant:

Spectacle à fendre l'âme!
(Des domestiques avec des flambeaux.)

LA COMTESSE.

Mais, pour Dieu! qu'est-ce donc?

SÉNI.

Vous l'ignorez, madame?
Du prince, dans sa chambre, on a tranché les jours;
Ceux du comte, au château!
(La comtesse demeure glacée d'épouvante.)

LA FEMME DE CHAMBRE, entrant précipitamment :

La duchesse !... Au secours !

LE BOURGMESTRE, qui arrive tout effrayé :

Quels lamentables cris, quelle clameur subite
Réveillent ma maison ?

GORDON.

Ah ! qu'elle soit maudite !
On vient d'assassiner le duc, et c'est chez vous !

LE BOURGMESTRE.

Oh ! Dieu veuille que non !

(Il sort précipitamment.)

PREMIER DOMESTIQUE.

Ils nous égorgent tous !
Fuyez !

SECOND DOMESTIQUE, portant de l'argenterie :

De ce côté ! Personne, en bas, ne passe.

DES VOIX, derrière la scène :

Le général en chef ! Place ! Faites-lui place !

(A ces cris, la comtesse revient de sa stupeur, se maîtrise et sort à la hâte.)

UNE VOIX, derrière la scène :

Faites garder la porte et placez des soldats !
Tenez la foule loin !

SCÈNE XI.

Les précédents, moins la comtesse; OCTAVIO PICCOLO-
MINI, entrant avec sa suite; DÉVÉROUX et MACDONALD,
qui viennent du fond du théâtre avec des hallebardiers. On emporte par le fond de la scène le corps de Wallenstein, recouvert
d'un drap rouge.

OCTAVIO, entrant précipitamment:

Cela ne se peut pas !
Oh ! non ! — Buttler ! Gordon ! mon oreille est trompée ?
Dites ?

(Gordon, pour toute réponse, étend la main vers le fond du théâtre ;
Octavio y porte la vue et reste saisi d'horreur.)

DÉVÉROUX, à Buttler:

La toison d'or du prince et son épée.

MACDONALD.

A la chancellerie ordonnez-vous... ?

BUTTLER, montrant Octavio:

Voici
A qui seul, désormais, de commander ici.

(Dévéroux et Macdonald se retirent respectueusement. Tout le
monde s'éloigne en silence. Buttler, Octavio et Gordon restent
seuls sur la scène.)

OCTAVIO, se tournant vers Buttler:

Est-ce donc là, Buttler, est-ce bien la pensée
Qu'en vous notre entretien pouvait avoir laissée ?
J'en jure par le ciel miséricordieux,
Ma main n'a point trempé dans ce crime odieux !

BUTTLER.
Non; vous la gardiez pure en employant la mienne.

OCTAVIO.
Infâme scélérat! crois-tu qu'il t'appartienne
D'outrepasser ainsi l'ordre de l'empereur,
Et pour justifier un crime plein d'horreur,
De prétendre qu'au nom de ton auguste maître,
Nom sacré, ton devoir était de le commettre?

BUTTLER, tranquillement:
Je n'ai fait qu'accomplir sa sentence.

OCTAVIO.
                          Oh! c'est là
Un malheur qui toujours sur les rois pèsera :
Quelle terrible vie on donne à leur parole!
A leur moindre pensée, et bien qu'elle s'envole,
On enchaîne aussitôt l'action, sans songer
Que dans ses résultats on ne peut la changer!
Fallait-il donc montrer si prompte obéissance?
Ne pouvais-tu laisser du temps à sa clémence?
Le temps! il est pour l'homme un ange protecteur.
Dans l'exécution, l'inflexible rigueur
Après le jugement qui punit un coupable,
Ne peut appartenir qu'à Dieu, seul immuable.

BUTTLER.
Que me reprochez-vous, et quel est mon forfait?
Une bonne action, voilà ce que j'ai fait.
Cette mort, pour l'Empire, est une délivrance,
Et j'ai droit d'exiger que l'on m'en récompense.
La seule différence entre nous ce serait,
Vous, d'avoir aiguisé, moi, dirigé le trait.

Vous semâtes le sang, et la moisson sanglante,
Quand il faut la rentrer, vous remplit d'épouvante ?
Je sais ce que je fais, et jamais résultat
N'eut rien qui me surprît ou qui m'inquiétât.
Est-il quelque service encor qu'il vous convienne
De réclamer de moi ? Je vais partir pour Vienne [1] ;
Aux pieds de l'empereur je la déposerai
Cette sanglante épée, et de lui j'attendrai
Pleine approbation, la juste récompense
Que la plus ponctuelle et prompte obéissance
D'un équitable juge est en droit d'obtenir.

(Il sort.)

1. « Après avoir mis ordre aux affaires, Buttler, accompagné de Dévéroux, se rendit à Vienne auprès de l'empereur, qu'il trouva faisant ses dévotions dans sa chapelle et qui, déjà informé de l'événement, s'écria aussitôt : « Que Dieu conserve et bénisse notre bien-aimé Buttler ! » Après l'office, il le fit venir dans son cabinet particulier et le combla d'éloges pour sa fidélité, et de largesses. D'abord, tendant à l'archevêque de Vienne, qui se trouvait là par hasard, un riche collier d'or, il le pria de le passer au cou de Buttler au nom de l'empereur et avec les bénédictions de l'Église. Puis il lui remit de ses propres mains une médaille d'or pur, à l'effigie impériale : « Tu la porteras, lui dit-il, en souvenir de moi que tu as sauvé, ainsi que toute ma maison ; plus tard je trouverai l'occasion de te récompenser comme tu le mérites. » En même temps, il lui conféra le titre de comte et, pour que ce titre eût une valeur réelle, il y ajouta de grands domaines en Bohème ; enfin, en lui remettant la clef d'or, il lui annonça qu'il l'appellerait plus tard auprès de sa personne. — Dévéroux reçut également un collier d'or et divers honneurs. Lesly ne se vit pas moins comblé. A chaque capitaine fut payée une gratification de vingt mille florins. Quant à Gordon, qui était resté à Égra, jugeant convenable d'attendre un peu pour faire croire à son désintéressement, il reçut dans la suite plusieurs des domaines de Terzky....

« Enfin, l'excellent empereur, en qui la haine pour Wallenstein et pour ses complices n'allait pas au delà du tombeau, fit dire à Vienne trois mille messes pour le repos de leurs âmes. » (CARVE, *Itinéraire*.)

SCÈNE XII.

Les précédents, moins Buttler; LA COMTESSE TERZKY
s'avance pâle et défigurée; sa parole est faible, lente et sans
passion.

OCTAVIO, allant au devant d'elle:

Ah, comtesse, à ce point devions-nous en venir?
De faits bien malheureux voilà l'horrible suite.

LA COMTESSE.

Accusez-en, monsieur, votre seule conduite.
— Le duc et mon mari sont morts; dans cet instant,
Voilà contre la mort la duchesse luttant,
Et du sort de ma nièce on n'a pas connaissance.
Cette maison de gloire et de magnificence
Est déserte à présent, et, de tous les côtés,
On voit ses serviteurs s'enfuir épouvantés.
J'y reste la dernière et la ferme. — J'en laisse
Les clefs entre vos mains.

OCTAVIO, avec une profonde douleur:

Et ma maison, comtesse?
Elle est déserte aussi!

LA COMTESSE.

Qui doit encor périr?
Qui se réserve-t-on de faire encor souffrir?
Voilà le prince mort, et l'empereur, je pense,
Trouvera que c'en est assez pour sa vengeance.
Pour d'anciens serviteurs, pardon, humanité!
De leur affection, de leur fidélité,
On ne leur voudra pas, j'espère, faire un crime.
Du sort, trop brusquement, le duc fut la victime
Pour avoir pris soin d'eux à ses derniers moments.

OCTAVIO.

Plus un mot de vengeance et de durs traitements !
La faute est à présent grandement expiée,
Elle est par l'empereur pardonnée, oubliée :
Du père pour la fille il ne restera plus
Que sa gloire et l'éclat des services rendus.
L'impératrice plaint votre noble misère,
Et vous ouvre ses bras comme ceux d'une mère.
Soyez sans crainte ! Allez, la confiance au cœur,
Remettre votre sort aux mains de l'empereur ;
Allez à son pardon avec pleine espérance.

LA COMTESSE, en regardant le ciel :

En un plus haut que lui je mets ma confiance !
— Dans quel endroit le duc doit-il être inhumé ?
Je vous transmets un vœu qu'il avait exprimé :
Vous savez que, suivant sa volonté pieuse,
Il fit près de Gitschin fonder une Chartreuse ;
Là, dort celle qui fut comtesse Wallenstein.
Il disait lui devoir la faveur du destin,
Et dans sa gratitude il voulait qu'auprès d'elle
On déposât un jour sa dépouille mortelle :
Oh ! dites qu'à Gitschin on pourra l'enterrer !
— Pour mon mari je dois aussi vous implorer :
Nos châteaux, l'empereur en est propriétaire,
Et je viens demander qu'au comte il daigne faire
La faveur d'une tombe auprès de nos aïeux.

OCTAVIO.

Comtesse ! vous tremblez !... Vous pâlissez !... O cieux !
A vos discours quel sens voulez-vous que je donne ?

LA COMTESSE *rassemble ses dernières forces et dit avec vivacité et noblesse:*

Vous me jugez trop bien pour que je vous étonne
De ne pas vouloir, moi, survivre à ma maison.
Nous avons cru pour elle, avec quelque raison,
Que ce n'était pas trop d'y mettre une couronne.
Voilà que le destin autrement en ordonne.
Mais nous pensons en rois, et nous estimons mieux
Libre, héroïque mort que jours ignominieux.
— Le poison...

OCTAVIO.

Au secours!

LA COMTESSE.

Il est trop tard! Ma vie
N'a plus que peu d'instants pour se voir accomplie.

(Elle sort.)

GORDON.

O maison que remplit et le meurtre et l'horreur!

(Un courrier apporte une lettre. Gordon va au devant de lui.)

Qu'est-ce? — Je reconnais le sceau de l'empereur:

(Il a lu l'adresse et donne la lettre à Octavio en lui jetant un regard de reproche.)

Au PRINCE *Piccolomini.*

(Octavio tressaille et porte un regard douloureux vers le ciel. La toile tombe.)

FIN DE WALLENSTEIN.

TABLE DES MATIÈRES

DU SECOND VOLUME.

	Pages.
LE CAMP DE WALLENSTEIN	7
LES PICCOLOMINI.	73
Acte I.	73
Acte II	107
Acte III.	147
Acte IV.	181
Acte V	209
LA MORT DE WALLENSTEIN	237
Acte I.	237
Acte II	277
Acte III.	317
Acte IV.	389
Acte V	437

www.ingramcontent.com/pod-product-compliance
Lightning Source LLC
Chambersburg PA
CBHW050241230426
43664CB00012B/1779